FOM-Edition

FOM Hochschule für Oekonomie & Management

Reihe herausgegeben von

FOM Hochschule für Oekonomie & Management, Essen, Deutschland

Bücher, die relevante Themen aus wissenschaftlicher Perspektive beleuchten, sowie Lehrbücher schärfen das Profil einer Hochschule. Im Zuge des Aufbaus der FOM gründete die Hochschule mit der *FOM-Edition* eine wissenschaftliche Schriftenreihe, die allen Hochschullehrenden der FOM offensteht. Sie gliedert sich in die Bereiche Lehrbuch, Fachbuch, Sachbuch, International Series sowie Dissertationen. Die Besonderheit der Titel in der Rubrik Lehrbuch liegt darin, dass den Studierenden die Lehrinhalte in Form von Modulen in einer speziell für das berufsbegleitende Studium aufbereiteten Didaktik angeboten werden. Die FOM ergreift mit der Herausgabe eigener Lehrbücher die Initiative, der Zielgruppe der studierenden Berufstätigen sowie den Dozierenden bislang in dieser Ausprägung nicht erhältliche, passgenaue Lehr- und Lernmittel zur Verfügung zu stellen, die eine ideale und didaktisch abgestimmte Ergänzung des Präsenzunterrichtes der Hochschule darstellen. Die Sachbücher hingegen fokussieren in Abgrenzung zu den wissenschaftlich-theoretischen Fachbüchern den Praxistransfer der FOM und transportieren konkrete Handlungsimplikationen. Fallstudienbücher, die zielgerichtet für Bachelor- und Master-Studierende eine Bereicherung bieten, sowie die englischsprachige *International Series,* mit der die Internationalisierungsstrategie der Hochschule flankiert wird, ergänzen das Portfolio. Darüber hinaus wurden in der FOM-Edition jüngst die Voraussetzungen zur Veröffentlichung von Dissertationen aus kooperativen Promotionsprogrammen der FOM geschaffen.

Marcel Seidel · Jörg Macht
(Hrsg.)

China & Innovation

Was der deutsche Mittelstand von China lernen kann

Hrsg.
Marcel Seidel
FOM Hochschule für Oekonomie & Management
Stuttgart, Deutschland

Jörg Macht
Germaco AG
Rommerskirchen, Deutschland

ISSN 2625-7114   ISSN 2625-7122 (electronic)
FOM-Edition
ISBN 978-3-658-40439-0   ISBN 978-3-658-40440-6 (eBook)
https://doi.org/10.1007/978-3-658-40440-6

Die Deutsche Nationalbibliothek verzeichnet diese Publikation in der Deutschen Nationalbibliografie; detaillierte bibliografische Daten sind im Internet über http://dnb.d-nb.de abrufbar.

© Der/die Herausgeber bzw. der/die Autor(en), exklusiv lizenziert an Springer Fachmedien Wiesbaden GmbH, ein Teil von Springer Nature 2023
Das Werk einschließlich aller seiner Teile ist urheberrechtlich geschützt. Jede Verwertung, die nicht ausdrücklich vom Urheberrechtsgesetz zugelassen ist, bedarf der vorherigen Zustimmung des Verlags. Das gilt insbesondere für Vervielfältigungen, Bearbeitungen, Übersetzungen, Mikroverfilmungen und die Einspeicherung und Verarbeitung in elektronischen Systemen.
Die Wiedergabe von allgemein beschreibenden Bezeichnungen, Marken, Unternehmensnamen etc. in diesem Werk bedeutet nicht, dass diese frei durch jedermann benutzt werden dürfen. Die Berechtigung zur Benutzung unterliegt, auch ohne gesonderten Hinweis hierzu, den Regeln des Markenrechts. Die Rechte des jeweiligen Zeicheninhabers sind zu beachten.
Der Verlag, die Autoren und die Herausgeber gehen davon aus, dass die Angaben und Informationen in diesem Werk zum Zeitpunkt der Veröffentlichung vollständig und korrekt sind. Weder der Verlag, noch die Autoren oder die Herausgeber übernehmen, ausdrücklich oder implizit, Gewähr für den Inhalt des Werkes, etwaige Fehler oder Äußerungen. Der Verlag bleibt im Hinblick auf geografische Zuordnungen und Gebietsbezeichnungen in veröffentlichten Karten und Institutionsadressen neutral.

Planung/Lektorat: Angela Meffert
Springer Gabler ist ein Imprint der eingetragenen Gesellschaft Springer Fachmedien Wiesbaden GmbH und ist ein Teil von Springer Nature.
Die Anschrift der Gesellschaft ist: Abraham-Lincoln-Str. 46, 65189 Wiesbaden, Germany

Geleitwort

Kaum eine Volkswirtschaft hat sich in den letzten Jahrzehnten so rasant entwickelt wie die chinesische Wirtschaft. In der Folge haben immer mehr deutsche und europäische Unternehmen ihre Geschäftsbeziehungen zum Reich der Mitte ausgebaut. Angesichts eines sich verändernden Regulierungsrahmens und der steigenden Marktanforderungen stellt es hohe Anforderungen an die Mitarbeitenden im internationalen Management, sich gegenüber starken Wettbewerbern erfolgreich durchzusetzen. Zukunftssicherung bedeutet für Unternehmen daher immer mehr, sich in der Sicherung des Fach- und Führungskräftenachwuchses zu engagieren.

Seit der Gründung im Jahre 1991 ist es das Ziel der FOM Hochschule, Fach- und Führungskräfte gezielt für unternehmerische Belange akademisch zu qualifizieren und damit einen wichtigen Beitrag zur Nachwuchssicherung zu leisten. Inzwischen hat diese Idee bundesweit Anklang gefunden und die FOM betreut über 55.000 Studierende an 35 Hochschulzentren in Deutschland sowie in Wien.

Dieses anspruchsvolle Ziel verfolgt die FOM aber nicht nur in Deutschland und Europa. Seit dem Jahr 2002 bildet sie im Rahmen enger Kooperationen mit chinesischen Universitäten chinesische Studierende in deutscher Sprache zu betriebswirtschaftlichen Nachwuchskräften aus. Das Kooperationsstudium an der FOM führt zu einem international anerkannten Abschluss und zählt mit bereits über 3.000 erfolgreichen Absolventinnen und Absolventen zu den europaweit größten Austauschprogrammen mit Hochschulen in China. Mit ihrem fachlichen Know-how, ihrem interkulturellen Wissen und ihren Deutschkenntnissen sind sie ideale Mitarbeitende für deutsche Unternehmen auf dem chinesischen Markt sowie Brückenbauer für chinesische Unternehmen in Europa.

Die Gestaltung der Studienkooperation war für die FOM von Beginn an kein eindimensionaler Transfer deutschen Know-hows gen China. Nur durch das gemeinsame Wirken mit den Partnerhochschulen war es möglich, ein passgenaues Programm zu erstellen, das klare Regularien, aber auch weiche Faktoren beider Länder und Kulturen berücksichtigt. Über die Jahre hat sich die Zusammenarbeit erfolgreich tradieren können, weil die Partner stets offen für gegenseitige Lerneffekte waren und sind.

Lerneffekte können sich durch den Kontakt zu chinesischen Hochschulen und Studierenden auch für deutsche Unternehmen ergeben: Beispielsweise kann die deutsche Wirtschaft durch konkrete Erfahrungswerte und Hintergrundinformationen chinesischer Akteure über einen effizienten Aufbau sowie die Entwicklung internationaler Märkte und was dabei in rechtlicher und logistischer Hinsicht oder auch im Umgang mit den Kunden beachten werden muss profitieren. Der vorliegende Sammelband bietet den Transfer von Methoden, Analysen und Beispielen der chinesischen Wirtschaftspraxis, aus denen sich eine besondere Stärke des eigenen Handelns generieren lässt.

Wir danken den Herausgebern für ihre Initiative zu dem vorliegenden Sammelband und freuen uns, wenn er dem deutschen Mittelstand und allen weiteren Interessierten reichlich Anlass bietet, unternehmerisch von China zu lernen.

Essen
im Frühjahr 2023

Prof. Dr. Burghard Hermeier
Rektor der FOM Hochschule

Dr. Harald Beschorner
Kanzler der FOM Hochschule

Vorwort

Liebe Leserinnen und Leser,
die deutsche Wirtschaft ist seit vielen Jahren mit China verbunden. Vor allem von der Tätigkeit großer Unternehmen ist immer wieder in der Presse zu hören und zu lesen. Daneben gibt es aber zahlreiche mittelständische Unternehmen, die in China aktiv sind oder dort aktiv werden möchten.

Dieses Buch ist für den deutschen Mittelstand gedacht. Die Idee dazu entstand im Zuge zahlreicher Lehraufenthalte und Tätigkeiten für die FOM Hochschule in China. In China herrscht eine allgemeine Aufbruchsstimmung. Gleichzeitig wird an vielen Stellen deutlich, dass sich die chinesische Kultur von der deutschen Kultur unterscheidet. Für deutsche Firmen, die in China Geschäfte machen möchten, stellt sich zwangsläufig die Frage, welche landesspezifischen Unterschiede zu beachten sind.

Mit diesem Buch soll ergründet werden, worin Unterschiede erkennbar sind, was chinesische Firmen aus welchen Gründen anders machen und was der deutsche Mittelstand von chinesischen Unternehmen lernen kann. Für viele mittelständische Unternehmerinnen und Unternehmer mag das ein neuer Gedanke sein: Nicht deutsche Unternehmen lehren chinesische Unternehmen, etwas anders und möglichst besser zu machen. Nein, der deutsche Mittelstand kann von China lernen.

Wir meinen, dass der Blick nach China für manche deutsche Firmen sogar eine Innovation darstellen kann. Der Begriff „Innovation" ist nicht immer eindeutig definiert. Für die einen bezeichnet er etwas vollkommen Neues, für andere gilt eine noch nie dagewesene Anwendung aus anderen Branchen als Innovation. Diesem Verständnis wird auch hier gefolgt: Eine Innovation ist etwas, das grundsätzlich neu ist bzw. noch wenig Verbreitung gefunden hat. Unter dieser Prämisse sind die hier zusammengetragenen 14 Beiträge, die sich aus unterschiedlicher Sicht mit dem Thema „Was der deutsche Mittelstand von China lernen kann" auseinandersetzen, zu verstehen. Die Themen decken dabei ein relativ breites Spektrum in den Themenbereichen Strategie, Vertrieb und Kultur ab.

Das Buch konnte nur mit Unterstützung der FOM Hochschule entstehen, daher herzlichen Dank an die Hochschulleitung. Ein großer Dank gebührt auch dem Advisory Board – Prof. Dr. Rainer Eigenstetter, Prof. Andreas Oberheitmann und Prof. Dr. Xiaoyuan Ma – für die Unterstützung bei der Zusammenstellung und Bewertung der

Beiträge. Als Herausgeber bedanken wir uns an dieser Stelle insbesondere bei allen Autorinnen und Autoren für die kooperative Unterstützung durch ihre Beiträge. Wir wissen, dass diese oft in Nachtarbeit und Zusatzschichten entstanden sind. Aber der Erfolg gibt der gesammelten Veröffentlichung Recht, denn die Zusammenführung in einem Werk ist mehr als die Summe der einzelnen Kapitel.

Liebe Leserinnen und Leser: Das Buch soll Ihnen neue Impulse geben, Dinge zukünftig anders machen zu wollen und zu können als bisher. Wagen Sie neues Denken und setzen Sie es in die Praxis um. Das Gute durch das Bessere ersetzen – von China lernen, es ist an der Zeit, Neues anzunehmen oder zumindest Altes zu überdenken. Dies braucht auch der deutsche Mittelstand.

Leinfelden-Echterdingen und Rommerskirchen	Marcel Seidel
im Frühjahr 2023	Jörg Macht

Inhaltsverzeichnis

Teil I   Strategie

1 **Bedeutung der 36 Strategeme für den deutschen Mittelstand**   3
Jens Foerst

2 **Technologietransfer und Unternehmensübernahmen
aus der gesamtwirtschaftlichen Perspektive des Marktes – was
deutsche Unternehmen von China lernen können** 21
Ann-Katrin Voit

3 **Was der deutsche Mittelstand von China lernen kann** 33
Rainer Eigenstetter und Christian Albrecht

4 **Analyse der Wachstumsstrategie im Vergleich zwischen
Deutschland und China** 51
Jörg A. Macht und Runfei Li

5 **Lean Innovation als Erfolgsfaktor für das profitable
Wachstum mittelständischer Hightech-Unternehmen – Eine
Frage der Führungskultur?** 69
Frank Strüver

6 **Digitalisierung im chinesischen Mittelstand – was deutsche
KMU von China lernen können**. 83
Florian Braunegger

Teil II Vertrieb

7 Nachhaltige Impulse durch staatliche Regulierung – Windkraft, E-Mobilität und Co. am Beispiel von China.......................... 99
Ann-Katrin Voit

8 Vertrieb chinesischer KMUs im 21. Jahrhundert – Eine Betrachtung der Rolle des Onlinehandels 111
Florian Braunegger und Jannik Herzogenrath

9 Einflussfaktoren auf die Nutzungsabsicht von Produkten mit KI in China... 123
Oliver A. Gansser, Christina S. Reich und Andreas G. Oberheitmann

10 Methoden zur Analyse von chinesischen Kundenmeinungen............ 149
Jun Huo und Marcel Seidel

Teil III Kultur

11 Aufbau und Pflege persönlicher Beziehungen – das unterschätzte Erfolgsrezept 171
Tina Paul

12 Management-Mediation in China 183
Xiao Juan Ma

13 Mitarbeitermotivation im Vergleich zwischen deutschen und chinesischen mittelständischen Unternehmen 201
Jörg A. Macht und Yuanhao Chai

14 Kulturelle Neurowissenschaft für die Mitarbeiterführung.............. 219
Argang Ghadiri und Theo Peters

Herausgeber- und Autorenverzeichnis

Über die Herausgeber

Prof. Dr. Marcel Seidel lehrt seit März 2012 an der FOM Hochschule in den Themenfeldern Strategische Unternehmens- und Organisationsentwicklung, Human Resources und Marketing. In den letzten Jahren hat er außerdem regelmäßig Gastvorlesungen und Vorträge in China gehalten. Marcel Seidel ist gelernter Bankkaufmann und studierte Wirtschaftswissenschaften an der Universität Stuttgart. Nach mehreren beruflichen Stationen promovierte er 1996 zum Thema Fusionsmanagement in Banken. Er hat fast 20 Jahre Erfahrung in der Organisations- und Strategieberatung. In dieser Zeit hat er zahlreiche Strategieprojekte erfolgreich begleitet. Seine Beratungsschwerpunkte sind Strategieentwicklung/Fusionsmanagement, Innovationsmanagement, strategisches Marketing und Veränderungsmanagement.

Jörg Macht (Dipl.-Kfm., FH) ist Vorstandsvorsitzender der Germaco AG und Dozent an der FOM Hochschule in Deutschland und China. Er lehrt an den Standorten Köln, Düsseldorf, Neuss, Essen sowie an den chinesischen Standorten in Taian und Taiyuan Finanzierung und Investition, Investment und Investor Relations, Kosten- und Leistungsrechnung sowie Controlling.

Verzeichnis der Beitragsautorinnen und -autoren

Christian Albrecht FOM Hochschule für Oekonomie & Management, Nürnberg, Deutschland

Florian Braunegger Germaco AG, Rommerskirchen, Deutschland

Yuanhao Chai Essen, Deutschland

Rainer Eigenstetter FOM Hochschule für Oekonomie & Management, Taiyuan, China

Jens Foerst Foerst Consult GmbH, Münster, Deutschland

Oliver A. Gansser FOM Hochschule für Oekonomie & Management, München, Deutschland

Argang Ghadiri Hochschule Bonn-Rhein-Sieg, Sankt Augustin, Deutschland

Jannik Herzogenrath SupplyHero GmbH & Co. KG, Mönchengladbach, Deutschland

Jun Huo Stuttgart, Deutschland

Runfei Li Essen, Deutschland

Xiao Juan Ma FOM Hochschule für Oekonomie & Management, München, Deutschland

Jörg A. Macht Germaco AG, Rommerskirchen, Deutschland

Andreas G. Oberheitmann FOM Hochschule für Oekonomie & Management, Essen, Deutschland

Tina Paul Westsächsische Hochschule Zwickau, Zwickau, Deutschland

Theo Peters Hochschule Bonn-Rhein-Sieg, Sankt Augustin, Deutschland

Christina S. Reich FOM Hochschule für Oekonomie & Management, München, Deutschland

Marcel Seidel FOM Hochschule für Oekonomie & Management, Stuttgart, Deutschland

Frank Strüver CorporateContext GmbH, Dinslaken, Deutschland

Ann-Katrin Voit FOM Hochschule für Oekonomie & Management, Bochum, Deutschland

**Teil I
Strategie**

Bedeutung der 36 Strategeme für den deutschen Mittelstand

Über die Kenntnis der Strategeme zu besseren Geschäftsabschlüssen kommen

Jens Foerst

Inhaltsverzeichnis

1.1	Kulturelle Unterschiede in der Verhandlungsführung	4
1.2	Strategemkunde in der westlichen und der fernöstlichen Welt	6
1.3	Die 36 Strategeme	8
1.4	Empfehlungen zum Umgang mit den 36 Strategemen	13
1.5	Typische Situationen im Kontakt mit chinesischen Geschäftsleuten	15
	1.5.1 Anreise und informelle Zusammentreffen	15
	1.5.2 Fortgeschrittene Verhandlungssituationen	16
1.6	Fazit	18
Literatur		18

Zusammenfassung

Die chinesische Kultur im Allgemeinen und die Kultur des chinesischen Managements im Speziellen weicht deutlich von der deutschen ab. Dies hat vielfältige Auswirkungen darauf, wie Unternehmen des Mittelstands in China oder bei der Zusammenarbeit mit chinesischen Organisationen vorgehen sollten. Es ist nicht nur empfehlenswert, sich dieser Unterschiede im Umgang mit chinesischen Partnerfirmen bewusst zu sein. Es ist darüber hinaus ratsam, die in der chinesischen Kultur verankerten Stärken beispielsweise in der Verhandlungsführung zu kennen und

J. Foerst (✉)
Foerst Consult GmbH, Münster, Deutschland
E-Mail: info@foerst.online

© Der/die Autor(en), exklusiv lizenziert an Springer Fachmedien Wiesbaden GmbH, ein Teil von Springer Nature 2023
M. Seidel und J. Macht (Hrsg.), *China & Innovation*, FOM-Edition,
https://doi.org/10.1007/978-3-658-40440-6_1

gewinnbringend zu nutzen. In China gilt es als weise und klug, Gegenspielende vorausschauend und listig zu schlagen. Im abendländischen Umfeld aber wird die List schnell mit Lüge und Täuschung gleichgesetzt und aufgrund moralischer Überlegungen diskreditiert. Der wesentlich umfassendere und positiv gesehene Begriff der List im chinesischen Sinne erlaubte es im Laufe der Jahrhunderte, listige Vorgehensweisen in einem Katalog von 36 Strategemen zusammenzutragen. Diese sind heute den allermeisten chinesischen Führungskräften sehr vertraut, während deutsche diese nicht beherrschen und daher auch nicht erkennen. In diesem Kapitel werden das chinesische Verständnis zu listenreichen Vorgehensweisen analysiert und die 36 Strategeme vorgestellt. Darauf aufbauend werden Empfehlungen für deren Anwendung im chinesischen und deutschen Kontext sowie Beispiele zu typischen Situationen im Geschäftsalltag gegeben.

1.1 Kulturelle Unterschiede in der Verhandlungsführung

Die Zusammenarbeit mit chinesischen Unternehmen ist auf unterschiedlichen Ebenen eine Herausforderung für den deutschen Mittelstand. Sie bietet gleichzeitig für ihn aber auch viele Chancen. Neben technischen und organisatorischen Aspekten sind dafür insbesondere kulturelle Unterschiede verantwortlich. Daher ist es für erfolgreiche Geschäfte mit chinesischen Partnerfirmen unerlässlich, sich mit diesen auseinanderzusetzen. Kulturelle Unterschiede gibt es insbesondere in den Bereichen (vgl. Bayer, 2016, S. 29 f.)

- Beziehungen und persönliche Interaktion,
- Verhandlungsführung,
- Führungskultur und
- Sprache.

Das Thema Verhandlungsführung ist wesentlicher Bestandteil der Geschäftsvorbereitung und betrifft jedes Unternehmen, das mit chinesischen Firmen zusammenarbeitet. Chinesische und deutsche Unternehmen verfolgen bei Verhandlungen kurz- und langfristige Ziele. Allerdings erfolgt dies mit unterschiedlicher Gewichtung und differierenden Instrumenten. Im Westen wird beispielsweise darauf geachtet, Persönliches und Geschäftliches klar voneinander zu trennen (vgl. Fisher et al., 2015, S. 47 ff.). Dies ist in China undenkbar. Kooperationen mit chinesischen Unternehmen erfordern vielmehr zwingend, dass zunächst eine Beziehung auf der persönlichen Ebene geschaffen wird. Geschäftliche Lösungen werden zudem immer auch im persönlichen sozialen Kontext gesehen (vgl. Buder, 2014, S. 113 f.). Köster (2009) führt wesentliche Unterschiede im Gesprächsverhalten und in der Verhandlungsführung auf (s. Tab. 1.1). Gemeinsam ist beiden Kulturkreisen, dass sie sich des Zielkonflikts zwischen dem eigenen optimalen Verhandlungsergebnis einerseits und der Notwendig-

Tab. 1.1 Gesprächsverhalten und Verhandlungsführung im westlich-chinesischen Vergleich. (Quelle: Nach Köster, 2009, S. 70 ff.)

Vergleichskriterium	Westlich	Chinesisch
Allgemeines Gesprächsverhalten	Zielstrebig Selbstbewusst und selbstsicher Offensiv und direkt Engagiert und emotional Innovativ und analytisch Ziel: sich positiv hervorheben	Höflich und angenehm Respektvoll und hierarchisch distanziert Indirekt und defensiv Gelassen und beherrscht Anpassungsfähig und synthetisierend Ziel: sich zuordnen können
Grundorientierung	Ergebnisorientiert	Prozessorientiert
Verhandlungsablauf	Sequenzielle, individuelle Sichtweise	Holistische Sichtweise
Verhandlungsdauer	Zeit ist Geld	Gut Ding will Weile haben
Verhandlungsobjekt	Sachorientiert	Beziehungsorientiert
Erfolgsmaßstab	Effektivität	Konsensfindung
Zielverständnis	Das Ziel ist entscheidend	Der Weg ist das Ziel
Ziel	Einen guten Abschluss erzielen	Langfristige Beziehungen aufbauen

keit eines gemeinsam getragenen Ergebnisses andererseits bewusst sind. Letzteres ist notwendig, um eine Basis für die zukünftige erfolgreiche Zusammenarbeit zu haben (vgl. Köster, 2009, S. 56).

Dabei zeigt sich oft, dass Chinesinnen und Chinesen zwar langfristig und beziehungsorientiert vorgehen (vgl. Buder, 2014, S. 109 ff.). Gleichzeitig verhandeln sie aber auch hart (vgl. Vermeer, 2007, S. 129 ff.). Außerdem verfolgen sie systematisch Vorgehensweisen, die westlich geprägte Führungskräfte meist nicht beherrschen. Diese können unter dem Begriff „Strategeme" zusammengefasst werden. Dieser Begriff war in Deutschland bis ins 17. Jahrhundert geläufig und ist inzwischen so gut wie ungenutzt. Demgegenüber wird er im Englischen und Französischen weiterhin gebraucht. „Strategem" ist ursprünglich ein Synonym für „Kriegslist" und später auch für „Kunstgriff, Trick, geschickt erdachte Maßnahme" (Senger, 2004, S. 31). Im Folgenden wird der Begriff „Strategem" aufgrund seines wertneutralen Klangs in diesem Sinn gleichbedeutend mit „List" verwendet.

Strategeme sind weder der langfristig orientierten Strategie noch der kurzfristig ausgerichteten Taktik zuzuordnen. Listenreiche Ansätze können sowohl strategischen als auch taktischen Charakter haben. Gleichzeitig kann eine Strategie oder eine Taktik listenreich sein, muss es aber nicht. Strategeme werden jedoch immer im strategischen oder taktischen Kontext eingesetzt. Es handelt sich also zwar um verwandte, aber unabhängige Begriffe.

1.2 Strategemkunde in der westlichen und der fernöstlichen Welt

Im antiken Rom galt die Auseinandersetzung mit den Strategemen als hohe Kunst. Sextus Iulius Frontinus (ca. 35 bis 103 n. Chr.) verfasste mit „Strategemata" ein vielbeachtetes Werk (vgl. Frontin, 1978). Doch danach, spätestens seit der Aufklärung und der Orientierung an der gradlinigen menschlichen Ratio, wurde die List im abendländischen Kontext negativ belegt (vgl. Senger, 2016, S. 8 f.). Häufig wird die List mit dem Begriff der Täuschung gleichgesetzt, obwohl die folgenden Seiten zeigen werden, dass viele listige Vorgehensweisen keiner Täuschung bedürfen. Das deutsche Wort „List" stammt zwar vom germanischen Lis = Weisheit ab (vgl. Kluge, 1889, S. 214), diese Bedeutung ging aber inzwischen verloren. In Europa gab es immer wieder Ansätze zur Auseinandersetzung mit listenreichen Vorgehensweisen. So beschreibt Niccolò Machiavelli (1469 bis 1527) in seinem bekanntesten Werk „Der Fürst" listenreiche Anekdoten (vgl. Machiavelli, 2007), arbeitet aber nicht einzelne Regeln für listiges Vorgehen heraus (vgl. Senger, 2016, S. 27). Baltasar Gracián (1601 bis 1658) setzt sich in „Handorakel und Kunst der Weltklugheit" (vgl. Gracián, 2020) mit Regeln zur klugen Lebensführung und dabei auch mit listigen Vorgehensweisen auseinander. Viele der von ihm aufgestellten Regeln weisen Parallelen zu den in China formulierten Strategemen auf. Claus von Clausewitz (1780 bis 1831) beschreibt in „Vom Kriege" (vgl. Clausewitz, 2019), dass die List sich als letzte Hilfe in einer Notlage anbietet. Er verdeutlicht aber auch, dass aus seiner Sicht List und Macht sowie List und Weisheit nicht zusammengehören. Arthur Schopenhauer (1788 bis 1860) beschreibt in „Die Kunst, Recht zu behalten" (Schopenhauer, 2021) 38 rhetorische „Kunstgriffe", mit denen es gelingt, in Streitgesprächen Recht zu behalten – unabhängig von der Wahrheitsfindung. Es liegen also in Europa verschiedenste Werke mit Bezug zu Strategemen vor, die allerdings nie zu einer Lehre über Strategeme weiterentwickelt wurden. Daher ist eine solche Lehre der Strategeme in Deutschland auch nicht Inhalt der Ausbildung von Führungskräften, die Kontakt mit chinesischen Unternehmen haben. Natürlich werden in der westlich geprägten Geschäftswelt listenreiche Ansätze verfolgt, allerdings erfolgt dies aufgrund der fehlenden wissenschaftlichen Basis nicht systematisch, sondern häufig impulsiv, unbewusst und mit begrenzter Antizipation möglicher Auswirkungen und Konsequenzen.

Demgegenüber ist die List im ostasiatischen Raum positiv belegt. In Japan verfasste Yagyu Munenori (1571 bis 1646) mit „Der Weg des Samurai" ein angesehenes Standardwerk, das sich intensiv mit Strategemen auseinandersetzt (vgl. Munenori, 2017). In China steht das gleiche Schriftzeichen sowohl für Strategem als auch für Weisheit und Klugheit. Als das wesentliche Kennzeichen der List wird das „Außergewöhnliche" angesehen (vgl. Senger, 2001, S. 33). Nicht zuletzt der Daoismus und die Begriffe des Yin und Yang (vgl. Lischka, 2017, S. 113 ff.), die polar entgegengesetzte, aber sich nicht bekämpfende, sondern einander ergänzende Kräfte symbolisieren, erlaubt eine vielseitige und aktive Umgangsweise mit Strategemen in China. Hinzu kommt, dass die schwachen rechtlichen Regelungen Chinas und die für westliche Firmen häufig unerwartet geringe juristische Bedeutung von Verträgen den Einsatz von Listtechniken unterstützen (vgl. Köster, 2009, S. 66 f.). Dies äußert sich auch darin, dass es eine breite und tiefe Auseinandersetzung mit Strategemen insbesondere im Militär und heute auch im Managementumfeld und der Politik gibt (vgl. Schweizer, 2018). Dabei gilt für den Umgang mit Strategemen eine Mahnung von Hong Zicheng aus der Ming-Zeit: „Ein die Menschen schädigendes Herz darf man nicht haben! Aber ein sich vor den Menschen in Acht nehmendes Herz ist unverzichtbar (Senger, 2001, S. 188)." In diesem Sinne werden die Strategeme in China zunächst als sehr hilfreiches und aus moralischer Sicht wertneutrales Werkzeug angesehen. Daher sollte nicht das Werkzeug, sondern das spezifische Ziel seiner Anwendung hinsichtlich der Moral bewertet werden.

Schon Sun Zi (551 bis 479 v. Chr.) beschreibt in „Die Kunst des Krieges" (vgl. Sunzi, 1998) zwölf listenreiche Regeln der Kriegskunst, von denen heute die Formel „ausgeruht den erschöpften Feind erwarten" Teil der Strategemkunde ist (vgl. Senger, 2004, S. 47 ff.). In den folgenden Jahrhunderten wurden die Strategeme schrittweise in Form von 36 Metaphern formuliert, die oft auf in China allgemein bekannten historischen Erzählungen basieren. Die erste heute bekannte Sammlung der 36 Strategeme wird dem Ende der Ming-Zeit (1368 bis 1644) zugeschrieben. Heute befassen sich viele Wissensschaffende Chinas mit der Strategemkunde. Allein zwischen 1992 und 2006 kamen 105 Bücher zum Thema „Strategeme und Wirtschaft" in chinesischer Sprache heraus (vgl. Guo, 2008, S. 31). Der abendländischen Welt wurden die Strategeme erst durch Harro von Senger zugänglich gemacht (vgl. Senger, 1988 und Senger, 2004). In den letzten Jahren werden die 36 Strategeme auch in Deutschland bekannter und jüngst sogar mit aktuellen Themen wie dem Krisenmanagement verknüpft (vgl. Rieck, 2021). In aller Regel zeichnet sich die Literatur zu den Strategemen durch Präsentationen von Beispielen zu den einzelnen Strategemen aus (vgl. Senger, 2004, S. 20).

Basierend auf der Jahrhunderte alten Tradition, der positiven Bedeutung von Strategemen, der vorliegenden breiten Literatur und der intensiven Befassung mit den Strategemen bereits im Jugendalter (vgl. Senger, 2004, S. 23) kennen die meisten chinesischen Geschäftspartnerinnen und -partner diese Strategeme gut. Sie setzen diese aufgrund ihrer positiven Belegung auch gerne und ohne schlechtes Gewissen ein. Daher sollten westliche Führungskräfte sich mit diesen befassen. Zunächst dient die Kenntnis der Strategeme einer Sensibilisierung für die Verhaltensweisen chinesischer Unternehmen. Diesen ist die Strategemblindheit im Abendland meist nicht bewusst. Gleichzeitig reflektieren sie beispielsweise automatisch jede als unverständlich oder gar als potenziell feindlich eingestufte Verhaltensweise der Gegenseite an den Strategemen (vgl. Senger, 1988, S. 440). Daraus leiten sie ggf. Gegenreaktionen ab, die schnell zu Missverständnissen führen können. Daneben ist die Kenntnis der Strategeme Basis für eine erfolgreiche Strategemprävention, also dem Erkennen und Berücksichtigen einer möglichen Strategemanwendung. In einem weiteren Schritt ist es selbstverständlich auch möglich, die Strategeme selbst anzuwenden. Dabei sind sogar mehrstufige strategemische Konzepte denkbar im Sinne „vordergründig wird Strategem x angewendet, das aber nur der Ablenkung dient – parallel wird außerdem Strategem y umgesetzt, dessen Einsatz aber deutlich verdeckter erfolgt und das den eigentlichen Erfolg bringen soll". So gesehen ist es möglich, wie im Schach verschiedene auf den Strategemen basierende Züge unter Berücksichtigung möglicher Gegenreaktionen zu planen.

Die 36 Strategeme lassen sich in unterschiedliche Kategorien gliedern. Zwei Kategorien sind dabei wesentlich (vgl. Köster, 2009, S. 32 ff.). Zum einen gibt es die klassische Kategorisierung nach der Situation der Anwendenden:

- Strategeme aus der überlegenen Position heraus (Nr. 1–6),
- Strategeme für eine Konfrontation (Nr. 7–12),
- Strategeme für einen Angriff (Nr. 13–18),
- Strategeme für verworrene Situationen (Nr. 19–24),
- Strategeme unter Kriegsalliierten (Nr. 25–30) und
- Strategeme für verzweifelte Situationen (Nr. 31–36).

Zum anderen lassen sich die 36 Strategeme nach dem Ziel der Anwenderin bzw. des Anwenders einteilen (vgl. Senger, 2016, S. 36 f.):

- Verschleierungs-Strategeme,
- Vorspielungs-Strategeme,
- Enthüllungs-Strategeme,
- Ausmünzungsstrategeme (zur unmittelbaren Ausnutzung einer aktiv geschaffenen oder zufällig entstandenen Konstellation),
- Strategemverkettung (nacheinander oder parallel eingesetzte Strategeme, die dasselbe globale Ziel unterstützen) und
- Flucht-Strategeme.

1.3 Die 36 Strategeme

Im Folgenden sind die 36 Strategeme in der von Senger (vgl. 1988, 2004) vorgestellten Form zusammengefasst, wobei jeweils die klassische Nummer, der Wortlaut des Strategems, das Ziel der Anwenderin bzw. des Anwenders, eine Kurzbezeichnung sowie eine kurze Beschreibung des Strategems aufgeführt werden – häufig zusammen mit einer deutschen Redewendung, die zum Strategem passt. In der Literatur über die Strategeme wird eine Vielzahl von Beispielen, Geschichten und Anekdoten zu den einzelnen Strategemen aufgeführt. Dies macht sie verständlicher und zeigt indirekt die verschiedenen Auslegungsmöglichkeiten des jeweiligen Strategems auf. Da eine detaillierte Beschreibung dieser Hintergründe in diesem Beitrag nur ansatzweise möglich ist, sei hierzu insbesondere auf die Arbeiten von Senger verwiesen.

1. *Den Kaiser täuschen und [ihn so dazu veranlassen] das Meer [zu] überqueren*

Verschleierung/Zieltarnungs-Strategem/einer Person öffentlich ein falsches Ziel vorgaukeln und sie dann „vor vollendete Tatsachen stellen", sodass ihr keine Wahl mehr bleibt, als den eigenen Überlegungen zu folgen.

2. *[Die ungeschützte Hauptstadt des Staates] Wei belagern, um [den durch die Hauptstreitmacht des Staates Wei angegriffenen Staat] Zhao zu retten*
Ausmünzung/Achillesfersen-Strategem/Greift die Gegenpartei einen eigenen, wichtigen Punkt frontal an, so ist es im Sinne „eine Kette ist nur so stark wie das schwächste Glied" sinnvoll, den wunden Punkt der Gegenseite zu identifizieren und zu bedrohen. Daraufhin muss sich die konkurrierende Partei auf die eigene Verteidigung fokussieren und kann den bisherigen Angriff nur noch mit reduzierten Kräften fortführen. Dadurch wird es möglich, den Angriff abzuwehren.

3. *Mit dem Messer eines anderen töten*
Verschleierung/Strohmann-Strategem/„jemand anderen vor den eigenen Karren spannen" und so von der eigenen Rolle ablenken bzw. nach außen nicht in Erscheinung treten.

4. *Ausgeruht den erschöpften Feind erwarten*
Ausmünzung/Erschöpfungs-Strategem/die Gegenseite ermüden und dann den richtigen Moment zum eigenen Vorteil nutzen.

5. *Eine Feuersbrunst für einen Raub ausnützen*
Ausmünzung/Aasgeier-Strategem/ein Chaos, in dem sich ein anderer befindet, zum eigenen Vorteil nutzen – dieses Chaos kann selbsterzeugt sein.

6. *Im Osten lärmen, im Westen angreifen*
Verschleierung/Ablenkungs-Strategem/die Gegenseite auf ein inszeniertes Thema fokussieren, um von der verdeckten eigentlichen Stoßrichtung der eigenen Handlung abzulenken.

7. *Aus einem Nichts etwas erzeugen*
Vorspielung/Kreator-Strategem/„aus einer Mücke einen Elefanten machen" oder sich „etwas aus den Fingern saugen" und dies für einen Vorteilsgewinn oder Gesinnungswandel nutzen.
Anmerkung: auch anwendbar als Ausmünzungsstrategem beispielsweise im Sinne von Innovationen oder neuen Anwendungsmöglichkeiten für bestehende Produkte.

8. *Sichtbar die Holzstege wieder instand setzen, insgeheim nach Chencang marschieren*
Verschleierung/Einschläferungs-Strategem/die eigentliche Aktion normal erscheinen lassen und so eine Arglosigkeit und eine niedrige Aufmerksamkeit beim Gegenüber erreichen.

9. *Auf dem Berge sitzend dem Kampf der Tiger zuschauen*
Alternativ: [Scheinbar unbeteiligt] die Feuersbrunst am gegenüberliegenden Ufer beobachten
Flucht/Nichtinterventions-Strategem/im Sinne „wenn zwei sich streiten, so freut sich der Dritte" (bei richtigem Timing).

10. *Hinter dem Lächeln den Dolch verbergen*

Verschleierung/Doppelzüngigkeits-Strategem/die wahren Absichten hinter großer Freundlichkeit verbergen („der Wolf im Schafspelz"), und so die Gegenseite in Sicherheit wiegen.

11. *Den Pflaumenbaum anstelle des Pfirsichbaums verdorren lassen*
Flucht/Bauernopfer-Strategem/man opfert jemanden, um jemand anderen und wertvolleren zu retten.

12. *Mit leichter Hand das [einem unerwartet über den Weg laufende] Schaf [geistesgegenwärtig] wegführen*
Ausmünzung/Zusatzchancen-Strategem/im Sinne „die Gelegenheit beim Schopfe packen".

13. *Auf das Gras schlagen, um die Schlange aufzuscheuchen*
Enthüllung/Versuchsballon-Strategem oder Warnschuss-Strategem oder Provokations-Strategem/im Sinne „auf den Busch klopfen".

14. *Für die Rückkehr der Seele einen Leichnam ausleihen*
Ausmünzung/Renovations-Strategem/etwas „aus der Mottenkiste holen" oder „neuen Wein in alte Schläuche füllen", um beispielsweise bei einem neuen Produkt mit der alten Hülle zu motivieren oder einzuschüchtern.

15. *Den Tiger vom Berg in die Ebene locken*
Ausmünzung/Isolations-Strategem/andere aus bislang sicherer Position „aufs Glatteis führen" und so von ihrer vertrauten Umgebung oder ihren Helfenden trennen.

16. *Will man etwas fangen, so muss man es zuerst loslassen*
Ausmünzung/Laissez-faire-Strategem/„warten, bis einem die reife Frucht in den Schoß fällt" oder der Gegenseite Freiraum gewähren, um sie umzustimmen oder zumindest teilweise von sich einzunehmen oder zu unterwandern.

17. *Einen Backstein hinwerfen, um Jade zu erlangen*
Ausmünzung/Köder-Strategem/man opfert etwas Entbehrliches, um Vertrauen aufzubauen und dieses später zum eigenen Vorteil zu nutzen (auch: „Trojanisches Pferd").

18. *Will man eine Räuberbande unschädlich machen, muss man deren Anführer fangen*
Ausmünzung/Führerfang-Strategem/die Gegenseite führungslos machen bzw. der „Schlange den Kopf abschlagen", um sie ihrer Schaltzentrale zu berauben und gleichzeitig zu demotivieren (alternativ: den Kopf der Gegenseite nach der Gefangennahme für sich einnehmen).

19. *Unter dem Kessel das Brennholz wegziehen*
Ausmünzung/Wurzelbeseitigungs- oder Kraftentziehungs-Strategem/identifizieren, wie man der Gegenseite die Kraft nehmen kann, indem ihr beispielsweise der „Wind aus den Segeln genommen" oder „das Wasser abgegraben" wird.

20. *Das Wasser trüben, um die [ihrer klaren Sicht beraubten] Fische zu fangen*
Ausmünzung/Verwirrungs-Strategem/die Gegenseite verwirren oder eine uneindeutige Situation ausnutzen. Reagiert die Gegenseite dabei nicht oder für sich nachteilhaft, so entsteht einem selbst ein Vorteil.

21. *Die Zikade entschlüpft ihrer goldglänzenden Hülle*

Flucht/Entschlüpfungs-Strategem/sich unbemerkt „aus der Affäre ziehen", indem der Schein einer Weiterführung des bisherigen normalen Verhaltens gewahrt wird. In Wirklichkeit nimmt man aber räumlich oder beispielsweise innerhalb einer Verhandlung eine andere Position ein.

22. *Die Türe schließen und den Dieb fangen*
Ausmünzung/Einkesselungs-Strategem/die unterlegene Gegenseite in eine isolierte Situation locken oder sie dort zufällig auffinden und ihr dann alle Fluchtmöglichkeiten nehmen („in die Enge treiben").

23. *Sich mit dem fernen Feind verbünden, um den nahen Feind anzugreifen*
Ausmünzung/Strategem des einstweiligen Fernbündnisses/sich mit einer möglichen fernen Gegenpartei verbünden, um so eine Angriffsfläche weniger zu haben und sich auf eine nahe Konkurrenz konzentrieren zu können. Ist diese geschlagen, kann aus der Position der Stärke heraus auch die ferne Bündnispartei angegriffen werden.

24. *Einen Weg [durch den Staat Yu] für einen Angriff gegen [dessen Nachbarstaat] Guo ausleihen [, um nach der Besetzung von Guo auch Yu zu erobern]*
Verschleierung/Durchmarsch- & Besetzungs-Strategem/die Gegenseite wird um eine kleine Gefälligkeit im Sinne „den kleinen Finger geben" gebeten, womit sie sich „ihr eigenes Grab gräbt", da die bittende Seite so nicht nur ihr genanntes Problem lösen kann, sondern „später auch die ganze Hand nimmt" (auch: „Salamitaktik").

25. *[Ohne Veränderung der Fassade eines Hauses in dessen Innerem] die Tragbalken stehlen und die Stützbalken austauschen*
Verschleierung/Entkernungs-Strategem/einem Objekt im eigenen oder fremden Besitz werden wesentliche Inhalte genommen, ohne dass dies von außen sichtbar wird. Dabei verliert das Objekt entweder deutlich an Wert oder es wird einer neuen Funktion zugeführt wird (auch: „Mogelpackung").

26. *Die Akazie schelten, [dabei aber] auf den Maulbeerbaum zeigen*
Enthüllung/Schattenbox-Strategem/„den Sack schlagen aber den Esel meinen" – eine Person kritisieren, dies aber so formulieren, dass die eigentliche Kritik an einer dritten Person (die nicht öffentlich kritisiert werden sollte) deutlich wird.

27. *Verrücktheit mimen, ohne das Gleichgewicht zu verlieren*
Vorspielung/Narren-Strategem/um die eigene Lage ungestört und gezielt zu verbessern, wird der Eindruck erweckt, man selbst sei unfähig. Im sicheren Gefühl der Überlegenheit agiert die Gegenseite dadurch langsamer und mit weniger Nachdruck (auch: „sich dumm stellen", „tiefstapeln").

28. *Auf das Dach locken, um dann die Leiter wegzuziehen*
Ausmünzung/Ausstiegsvereitelungs-Strategem/bei der Gegenseite wird das Gefühl eines Vorteils erzeugt, woraufhin diese sich in eine Position („Sackgasse") begibt, aus der sie nicht mehr zurückkehren kann (alternativ: Man gibt eigene Rückzugsoptionen auf, um so die Motivation und das Engagement des eigenen Teams zu maximieren).

29. *Einen [dürren] Baum mit [künstlichen] Blumen schmücken*

Vorspielung/Schminke-Strategem/eine wenig werthaltige oder schwache Situation wird verschwiegen und stattdessen „die Braut aufgehübscht", um so einen nicht vorhandenen Wert oder Stärke vorzuspielen (auch: „schönreden", „window-dressing").

30. *Die Rolle des Gastes in die des Gastgebers umkehren*
Ausmünzung/Kuckucks-Strategem/Wechsel von einer bislang passiven oder unterlegenen in eine aktive oder zumindest temporär überlegene Rolle, indem eine situative oder eine vorher vorbereitete Gelegenheit genutzt wird, und so „den Jäger zum Gejagten" gemacht wird.

31. *Das Strategem des schönen Menschen*
Ausmünzung/Korrumpierungs-Strategem/das Wissen darüber, was die Gegenseite sehr gerne hätte (beispielsweise einen schönen Menschen), kann genutzt werden, um ihr dieses zukommen zu lassen und sie dabei zu korrumpieren oder aber sie im Sinne „sex sells" zur angestrebten Reaktion zu animieren.

32. *Das Strategem der Öffnung der Tore [einer in Wirklichkeit nicht verteidigungsbereiten Stadt]*
Vorspielung/Entwarnungs-Strategem/der Gegenseite wird eine nicht vorhandene Position der Stärke vorgegaukelt, woraus sie falsche Schlüsse zieht und eine Position der Schwäche einnimmt (z. B. Abzug eigener Truppen aufgrund des erwarteten Hinterhaltes).

33. *Das Agenten-Strategem/Das Strategem des Zwietrachtsähens*
Ausmünzung/Spaltpilz-Strategem/„wenn zwei sich streiten, so freut sich der Dritte" – diese Erkenntnis nutzend wird ein Streit zwischen anderen Parteien geschürt, welcher diese im Sinne „teile und herrsche" schwächt und einem selbst Vorteile verschafft.

34. *Das Strategem des leidenden Fleisches*
Vorspielung/Opferstatus-Strategem/durch die aktive Übernahme der Rolle eines Opfers oder Verfolgten können Sympathien und Unterstützungsmomente erzielt werden, die einem einen Vorteil verschaffen.

35. *Das Verkettungsstrategem*
Strategemverkettung/Verstrickungsstrategem/durch die gezielte parallele Anwendung mehrerer Strategeme, die häufig gegensätzliche Aspekte verfolgen oder betonen, wird ein Vorteil erzielt. Die Gegenseite ist z. B. über den für sie positiven Aspekt erfreut und nimmt zunächst den anderen Aspekt nicht wahr, der sie im Anschluss aber in ihren Bewegungsmöglichkeiten deutlich einschränkt.

36. *[Rechtzeitiges] Weglaufen ist [bei sich abzeichnender völliger Aussichtslosigkeit] das Beste*
Flucht/Rückzugs-Strategem/eine Flucht und die damit verbundene Vermeidung einer finalen Auseinandersetzung mit dem Gegner hält spätere Rückkehroptionen offen (im Sinne „der Klügere gibt nach" oder „auf Tauchstation gehen"). Daher ist sie einer sich abzeichnenden Niederlage und meist auch dem Vergleich vorzuziehen.

1.4 Empfehlungen zum Umgang mit den 36 Strategemen

Die Kenntnis der 36 Strategeme kann neben der allgemeinen Sensibilisierung für das Thema sowohl der Strategem-Prävention als auch der aktiven Anwendung von Strategemen dienen. Für den deutschen Mittelstand kann diese Kenntnis eine sehr wichtige Komponente für den erfolgreichen Umgang mit chinesischen Partnerunternehmen sein.

Im Rahmen der Strategem-Prävention soll erkannt werden, ob und wie Strategeme gegen einen selbst eingesetzt werden. Dadurch wird es möglich, geeignete Ausweich- oder Gegenmaßnahmen zu ergreifen. Dies kann in drei Analyseschritten erreicht werden (nach Köster, 2009, S. 41 ff. und S. 187 ff.):

- Analyse der Gesprächs- oder Verhandlungskonstellation
- Analyse bereits eingesetzter Strategeme
- Analyse des eigenen Vorgehens

Bei der Analyse der Gesprächs- oder Verhandlungskonstellation werden zunächst die grundsätzlichen Rahmenbedingungen überprüft. Dabei sollte bereits auf den möglichen späteren Einsatz von Strategemen geachtet werden. Wesentliche Inhalte dabei sind:

- Welche Rolle spielt die mit Ihnen verhandelnde Person innerhalb der Organisation der Gegenseite?
- Wer trifft bei der Gegenseite die Entscheidungen? Diese Frage ist insbesondere vor dem Hintergrund einer meist streng hierarchischen und informellen Organisation chinesischer Unternehmen von Bedeutung.
- Kennen Sie die Verhandelnden und die für die Entscheidungen verantwortlichen Personen der Gegenseite ausreichend gut, um sie einschätzen zu können? Investieren Sie genügend Zeit hierein.
- Wie steht Ihr Verhandlungsteam zum aktiven Einsatz von Strategemen und ist dieses auf die Analyse eines potenziellen Strategemeinsatzes durch die Gegenseite hinreichend vorbereitet?
- Wie alt sind die Mitglieder der beiden Verhandlungsdelegationen? Oft setzen jüngere Verhandelnde die Strategeme intensiver ein, da diese mehr an den wirtschaftlichen Zielen interessiert sind. Ältere Verhandelnde messen der Basis für eine langfristig erfolgreiche Zusammenarbeit häufig ein höheres Gewicht bei, was zu einem deutlich geringeren Einsatz der Strategeme führt (vgl. Köster, 2009, S. 191 f.).

In der anschließenden Analyse potenziell bereits eingesetzter Strategeme sollte zunächst untersucht werden, ob das Vorgehen der Gegenseite mit einem der Anwendungsziele von Strategemen in Verbindung gebracht werden kann. Dabei kann zwischen Täuschungssituationen (Verschleierung, Vorspielung) und Situationsveränderungen (Enthüllung,

Ausmünzung, Flucht) unterschieden werden. Sollte dies der Fall sein, so wird in einem zweiten Schritt analysiert, um welches Strategem oder gar welche Strategemkombination es sich handeln könnte.

Die abschließende Analyse des eigenen Vorgehens soll einerseits zeigen, welches Strategem der Gegenseite helfen könnte, von Ihnen bereits eingeleitete oder geplante Schritte abzuwehren. Andererseits wird überprüft, welches Strategem Sie selber massiv schwächen könnte, wenn es demnächst gegen Sie eingesetzt würde. Hierbei sollten Sie sich auch die Frage stellen, ob Sie aktuell ggf. in einem größeren Zusammenhang als Bauernopfer (Strategem 11 „den Pflaumenbaum anstelle des Pfirsichbaums verdorren lassen"), Strohmann (Strategem 3 „mit dem Messer eines anderen töten") oder Kanonenfutter (Strategem 17 „einen Backstein hinwerfen, um Jade zu erlangen") herhalten könnten. Auch ein unerwartet eintretender Vorteil sollte in einem weiteren Sinne von Strategem 17 untersucht werden.

Sowohl durch die Analyse potenziell bereits eingesetzter Strategeme als auch der des eigenen Verhaltens wird es möglich, Angriffsflächen detailliert zu erkennen und dadurch mögliche Aktionen des Gegenübers zu antizipieren. Entscheidend ist dabei weniger, dass Sie die Strategeme in allen ihren Details und Interpretationsvarianten kennen, sondern vielmehr das wachsame, sensible und regelmäßige Hinterfragen der Situation. Die Strategeme helfen dabei, eine Situation aus unterschiedlichsten Blickwinkeln zu betrachten. Bei zunehmender Kenntnis der Strategeme wird dies immer facettenreicher möglich sein.

Darüber hinaus sollten folgende Regeln bei Verhandlungen mit chinesischen Unternehmen berücksichtigt werden (vgl. auch Köster, 2009, S. 187 ff.):

- Setzen Sie die aufgeführten Analysetechniken regelmäßig ein. Dies ist insbesondere bei unerwarteten Veränderungen ratsam. Zunehmender Verhandlungsfortschritt trägt meist dazu bei, dass Strategeme verdeckter eingesetzt werden. Daher sollten Sie mit der Zeit Frequenz und Intensität der Analyse erhöhen.
- Bauen Sie sich ein Netz aus Kontakten zu Personen und Firmen auf, die ebenfalls in China tätig sind. Nutzen Sie dieses, um Erfahrungen auszutauschen und bei Bedarf auch komplizierte Verhandlungssituationen zu reflektieren.
- Achten Sie auf ein sowohl wirtschaftlich gutes als auch für eine langfristige Zusammenarbeit geeignetes Ergebnis.
- Für den Fall, dass Sie Ihrerseits auf den Einsatz von Strategemen verzichten möchten, sollten Sie ansprechen, dass Sie von dem hohen Stellenwert der Strategeme im chinesischen Geschäftsalltag wissen, dass Sie deren Einsatz aber als Vertrauensmissbrauch deuten werden. Im Anschluss sind natürlich auch Sie an diese Überlegung gebunden.

Für die Anwendung der Strategeme sollten Sie zunächst über ein klares Zielsystem und über eine Strategie verfügen, die über die Verhandlung hinausgeht. Daneben sollten starke Beziehungen zu den wesentlichen Personen der Gegenseite aufgebaut werden, wobei es wichtig ist, darauf zu achten, nicht zu viel über sich selbst preiszugeben. Ansonsten riskieren Sie beispielsweise eine Reaktion nach dem Achillesfersen-Strategem (Strategem 2 „[die ungeschützte Hauptstadt des Staates] Wei belagern, um [den durch die Hauptstreitmacht des Staates Wei angegriffenen Staat] Zhao zu retten").

Darauf aufbauend können Sie die Strategeme als Inspirationsquelle nutzen, um Ideen für den Einsatz von List als Instrument zur Erreichung Ihrer Ziele zu entwickeln (vgl. Metzinger, 2006, S. 267). So sollten Sie beispielsweise identifizieren, mit welchen Resultaten Ihr Gegenüber für sich einen Erfolg erzielen kann, ohne dass dies Ihre eigene Organisation deutlich belastet (Strategem 17 „einen Backstein hinwerfen, um Jade zu erlangen"). Häufig bietet es sich z. B. an, die chinesische Delegation nach Europa einladen und in diesem Rahmen eine kleinere Rundreise zu organisieren.

Zum Training und der damit verbundenen ständigen Verbesserung der Kenntnisse über die Strategeme ist es darüber hinaus ratsam, die durchlaufenen Situationen zu reflektieren und kritisch zu hinterfragen.

1.5 Typische Situationen im Kontakt mit chinesischen Geschäftsleuten

Die Anwendung der 36 Strategeme sowohl im präventiven als auch im proaktiven Fall erfordert viel Übung. Für den Einstieg ist es sinnvoll, typische Gesprächs- und Verhandlungssituationen für deutsche Mittelständler beim Kontakt mit chinesischen Geschäftsleuten aus der Sicht der Strategemanwendung zu betrachten. Im Folgenden werden mögliche Ansatzpunkte für den Strategemeinsatz zum einen bei der Anreise und bei allgemeinen Gesprächen und zum anderen bei weit vorgeschrittenen Verhandlungssituationen näher beleuchtet. Zum einfacheren Verständnis konzentrieren sich die Beispiele auf den taktischen Bereich, wobei eine wirkmächtigere Ausweitung auf den strategischen Bereich genauso möglich ist. Die Beispiele zeigen Techniken, die auch bei Verhandlungen im westlich geprägten Umfeld nicht unüblich sind. Die Übersicht über die 36 Strategeme erlaubt es im Vergleich zu einem bauchgesteuerten Verhandlungsansatz aber, die Strategeme überlegt und in Kenntnis der Optionen anzuwenden.

1.5.1 Anreise und informelle Zusammentreffen

Schon die Terminplanung von Gesprächen ermöglicht es, den Einsatz von Strategemen vorzubereiten. Strategem 4 „ausgeruht den erschöpften Feind erwarten" legt z. B. nahe, eine anreisende, aber darauf unvorbereitete Geschäftspartei nach einem langen Flug nicht zur Ruhe kommen zu lassen. Vielmehr könnte sie entsprechend Strategem 10 „hinter dem Lächeln den Dolch verbergen" zunächst mit hoher Wertschätzung und Freundlichkeit empfangen und zum anschließenden opulenten Geschäftsessen mit vielen alkoholischen Getränken eingeladen werden. Sie wird dies wahrscheinlich nicht ablehnen. Es wäre ihr zu diesem Zeitpunkt allerdings möglich, die Einladung mit dem Verweis auf eine Magenverstimmung auszuschlagen, und so mit Strategem 27 „Verrücktheit mimen, ohne das Gleichgewicht zu verlieren" zu kontern. Kommt es aber zum Abendessen, so führen Schlafmangel und Alkoholkonsum schnell zu weniger Konzentration und damit zu einer schwächeren Gesprächsführung am Folgetag. Durch den Einsatz von Strategem 18 „will man eine Räuberbande unschädlich machen, muss man deren Anführer fangen" wäre es der angereisten Partei jedoch möglich, den Abend zu verkürzen, indem ihre Delegation gezielt der hierarchisch höchststehenden Person der einladenden Delegation zuprostet. Diese muss dann ggf. ihrerseits den Abend früh beenden. Besser ist jedoch beraten, wer von vorneherein ausreichend Zeit für das gemeinsame Abendessen einplant. Dem Austausch in einem solchen Rahmen wird in der chinesischen Kultur ein besonders hoher Wert beigemessen, da er ein zentraler Baustein für die Intensivierung der Kontakte zwischen den Partnerunternehmen darstellt (vgl. Helmold et al., 2019, S. 164).

Bei einem Unternehmensrundgang am Folgetag sollte darauf geachtet werden, ob die präsentierten Prozesse und Einrichtungen auch im Arbeitsalltag genutzt werden. Prüflabore beispielsweise, in denen wenig zu prüfendes Material zu identifizieren ist, könnten gemäß Strategem 29 „einen [dürren] Baum mit [künstlichen] Blumen schmücken" nicht so zentral für die Qualitätsabsicherung sein, wie es eigentlich demonstriert werden soll.

In den weiteren Gesprächen kann aufbauend auf Strategem 13 „auf das Gras schlagen, um die Schlange aufzuscheuchen" immer wieder punktuell über einen „Versuchsballon" das Lösungsfeld ausgelotet werden. Hierbei kann es beispielsweise helfen, das Gegenüber zu seiner Einschätzung hinsichtlich Ihrerseits formulierter hypothetischer Lösungswege zu befragen. Direkte Kritik sollte in den Gesprächen vermieden werden, was durch Einsatz von Strategem 26 „die Akazie schelten, [dabei aber] auf den Maulbeerbaum zeigen" und die damit verbundene Möglichkeit der indirekten Kritik erleichtert wird.

1.5.2 Fortgeschrittene Verhandlungssituationen

Auch im fortgeschrittenen Verlauf der Verhandlungen ist der Einsatz unterschiedlichster Strategeme denkbar. Zunächst könnte z. B vom eigenen Ziel abgelenkt werden, indem ein für die eigene Partei unkritischer Punkt in den Fokus der Diskussion gerückt wird (Strategem 20 „das Wasser trüben, um die [ihrer klaren Sicht beraubten] Fische zu fangen"). So könnte es gelingen, das eigentliche Ziel ohne diesbezügliche Diskussionen durchzusetzen (entsprechend Strategem 1 „den Kaiser täuschen und [ihn so dazu veranlassen] das Meer [zu] überqueren"). Der Fokus auf einen unkritischen Punkt erlaubt es alternativ auch, bei diesem später nachzugeben und dafür einen wesentlich wichtigeren Punkt durchzusetzen (siehe Strategem 6 „im Osten lärmen, im Westen angreifen"). Schließlich kann die Diskussion über unkritische Punkte oder die Aneinanderreihung von Missverständnissen einen hohen zeitlichen Verzug nach sich ziehen, der zu einem erhöhten Zeitdruck am Ende der Verhandlungen führt. Eile auf der Gegenseite gepaart mit deren Ziel, ein Ergebnis zu fixieren, kann wiederum dafür genutzt werden, ein vorteilhaftes Ergebnis zu erzielen (Strategem 22 „die Türe schließen und den Dieb fangen").

Eine solche Eile kann auch erzeugt werden, indem ein vorliegender Vertragsentwurf nicht kommentiert, sondern die Gegenseite zu Abschlussgesprächen und zur feierlichen Vertragsunterzeichnung eingeladen wird. Nachdem diese eingetroffen ist, erfährt sie völlig unerwartet, dass die einladende Seite noch wesentliche Änderungsbedarfe sieht. Sie ist damit Strategem 1 „den Kaiser täuschen und [ihn so dazu veranlassen] das Meer [zu] überqueren" zum Opfer gefallen und befindet sich in der schlechteren Ausgangsposition für die weiteren Gespräche. Dies liegt daran, dass die Gegenseite zum einen nicht auf die nun anstehenden Diskussionen vorbereitet ist und zum anderen nicht genügend Zeit eingeplant hat. Auch diese Situation zeigt, wie wichtig es ist, bei Verhandlungen ausreichend Zeit zu reservieren (vgl. Wittkop, 2005, S. 127). Daneben ist es ratsam, innerhalb der eigenen Organisation keine zu hohe Erwartungshaltung bezüglich des anstehenden Termins aufzubauen, um die Gespräche im Zweifel ergebnislos beenden zu können und sie zu einem späteren Zeitpunkt wieder aufzugreifen (Strategem 36 „[Rechtzeitiges] Weglaufen ist [bei sich abzeichnender völliger Aussichtslosigkeit] das Beste").

Strategem 19 „unter dem Kessel das Brennholz wegziehen" kann von der Gegenseite zu einem Vorteil genutzt werden, der in jedem Fall vermieden werden sollte. Will eine deutsche Firma ein Joint Venture mit einem chinesischen Unternehmen eingehen, so muss sichergestellt werden, dass die chinesische Seite ihren Beitrag zum Joint Venture oder einen wichtigen Teil davon nicht nach einiger Zeit wieder zurücknehmen kann. Sollte dieser Beitrag existenzwichtig sein, so wäre es andernfalls für die chinesischen Seite einfach, im nächsten Schritt das gesamte Joint Venture inklusive des dort von deutscher Seite eingebrachtem Intellectual Property ohne nennenswerte Kompensation zu übernehmen.

In Verhandlungen ist zudem der Einsatz weiterer Strategeme denkbar. Es können beispielsweise verschiedene Unternehmen gleichzeitig zu Verhandlungen am gleichen Ort eingeladen werden. Dies würde im Sinne von Strategem 3 „mit dem Messer eines anderen töten" dazu führen, dass sich die eingeladenen Unternehmen ohne eigenes Dazutun gegenseitig unterbieten. Sollte dann jedoch das höchste Gebot den Zuschlag bekommen und den unterlegenen Bietern direkt abgesagt werden, so könnte das Unternehmen mit dem höchsten Angebot im Folgeschritt Strategem 28 „auf das Dach locken, um dann die Leiter wegzuziehen" anwenden und Nachverhandeln. Dafür bietet sich dem Unternehmen in diesem Fall eine gute Gelegenheit (Strategem 12 „mit leichter Hand das [einem unerwartet über den Weg laufende] Schaf [geistesgegenwärtig] wegführen"). Da der Konkurrenz bereits abgesagt wurde, wäre seine Ausgangsbasis für das nachträgliche Aushandeln eines deutlich besseren Abschlusses sehr gut. Möglicherweise hat es dieses Vorgehen sogar von vornherein geplant.

Stratagem 32 „das Stratagem der Öffnung der Tore [einer in Wirklichkeit nicht verteidigungsbereiten Stadt]" wird in Verhandlungen häufig eingesetzt. Ist eine Partei in einer schwachen Position, so kann sie beispielsweise bluffen, ihre Position als entscheidend besser darstellen und mit dem Abbruch der Gespräche drohen, sofern die Gegenseite nicht einlenkt. Wird der Bluff geglaubt, so verbessert sich die Verhandlungsposition schlagartig.

Selbst nach der Endverhandlung kann noch ein Stratagem zum eigenen Vorteil genutzt werden. Ist für die Umsetzung des Verhandlungsergebnisses beispielsweise noch die Freigabe einer Behörde erforderlich, so könnte Stratagem 3 „mit dem Messer eines anderen töten" mit dem Hinweis auf behördenseitige Auflagen genutzt werden, um im Folgeschritt das Verhandlungsergebnis aufzubessern.

1.6 Fazit

Die systematische Anwendung von List ist im abendländischen Raum aus moralischen Gründen seit vielen Jahrhunderten deskreditert. Demgegenüber spielt sie im Osten Asiens seit Langem eine wichtige Rolle. Die moralischen Bedenken aus dem Westen bezüglich listigen Handelns werden dort nicht geteilt. Zur ethischen Einordnung wird dort vielmehr das Ziel der Anwendung einer List und nicht die Anwendung selbst bewertet. Dadurch wurde es möglich, die List zum Gegenstand wissenschaftlicher Überlegungen zu machen. Im Laufe von Jahrhunderten konnte so eine Übersicht von 36 Stratagemen bzw. Listtechniken entwickelt werden, in der die wesentlichen Listtechniken in Form von Metaphern aufgeführt sind. Diese sind in China allgemein bekannt und auch Basis für Managementschulungen. Deutsche Führungskräfte mittelständischer Unternehmen kennen Stratageme jedoch meist nicht. Im Kontakt zwischen chinesischen und deutschen Unternehmen kann dies leicht zu Nachteilen auf deutscher Seite führen, da die chinesische Seite die Stratageme in gewohnter Weise einsetzt. Die deutsche Seite aber kennt diese nicht und kann daher den gegen sie gerichteten Einsatz von Stratagemen weder erkennen noch gezielt abwehren. Zudem ist sie nicht in der Lage, die Stratageme systematisch selbst anzuwenden. Eine im Kapitel gegebene Übersicht der 36 Stratageme mit typischen Anwendungsbeispielen soll helfen, diesen Nachteil zu überwinden.

Literatur

Bayer, S. (2016). Chinesisch/deutsche Transaktionen – Unkalkulierbares Wagnis oder wichtige Chance für den deutschen Mittelstand?. In N. Middelberg & A. Kuckertz (Hrsg), *Post-Merger-Integration im Mittelstand – Kompendium für Unternehmer*. Springer Gabler.

Buder, M. (2014). Vergleich der Unternehmensethik mittelständischer Familienunternehmen in Deutschland und China – Probleme und Lösungsvorschläge bei Gestaltung einer interkulturellen Zusammenarbeit, Dissertation, TU Cottbus-Senftenberg. https://d-nb.info/1050709357/34. Zugegriffen: 29. Apr. 2022.

Clausewitz, C. v. (2019). *Vom Kriege – vollständige Ausgabe*. Nikol.

Fisher, R., Ury, W., & Patton B. (2015). *Das Harvard-Konzept – Die unschlagbare Methode für beste Verhandlungsergebnisse*. Campus. Amerikanische Ausgabe: *Getting to Yes* (Übers. W. Raith, W. Hof, & J. Neubauer). Houghton Mifflin.

Frontin. (1978). *Kriegslisten – Lateinisch und Deutsch* (2. Aufl.). Akademie.

Guo, L. (2008). *Die „36 Strategeme" in der chinesischen und westlichen Wirtschaftsliteratur*. Harrassowitz.

Gracián, B. (2020). *Handorakel und Kunst der Weltklugheit – aus dem Spanischen von Arthur Schopenhauer*. Nikol. Spanische Ausgabe: Gracián, B. (1997). *Oráculo manual y arte de prudencia*. Cátedra.

Helmold, M., Dathe, T., & Hummel, F. (2019). *Erfolgreiche Verhandlungen – Best-in-Class Empfehlungen für den Verhandlungsdurchbruch*. Springer Gabler.

Kluge, F. (1889). *Etymologisches Wörterbuch der deutschen Sprache* (4. Aufl). Trübner.

Köster, R. (2009). *Die Anwendung von Strategemen in der chinesischen Verhandlungskultur*. Harrassowitz.

Lischka, H. M. (2017) Ignorance or progmatism? – China's two (in)constistant cultures (S. 107–128). In H. M. Lischka & P. Kürble (Hrsg.), *Intercultural competencies in China*. Kohlhammer.

Machiavelli, N. (2007). *Der Fürst – Neuübersetzung aus dem Altitalienischen und Lateinischen*. RaBaKa.

Metzinger, P. (2006). *Business Campaigning – Strategien für turbulente Märkte, knappe Budgets und große Wirkungen* (2. Aufl.). Springer.

Munenori, Y. (2017). *Der Weg des Samurai – Anleitung zum strategischen Handeln*. Piper. Amerikanische Ausgabe: Mumenori, Y. (1986). *The sword and the mind* (Übers. G. Keller). The Overlook Press.

Rieck, C (2021). *Die 36 Strategeme in der Krise – erfolgreich werden, wenn andere scheitern*. Rieck.

Schopenhauer, A. (2021). *Die Kunst, Recht zu behalten*. Nikol.

Schweizer, A. (2018). Verhandlungsstrategien – Von Kim Jong Un lernen oder Die Kunst, mit Strategemen Politik zu gestalten. *Die Mediation Quartal IV, 2018*, 19–21.

Senger, H. v. (1988). *Strategeme Bd. 1: Lebens und Überlebenslisten aus drei Jahrtausenden – kluges Planen und geschicktes Reagieren in alltäglichen und nicht alltäglichen Situationen, im Berufs- und im Privatleben* (1. Aufl.). Scherz.

Senger, H. v. (2001). *Die Kunst der List – Strategeme durchschauen und anwenden*. Beck.

Senger, H. v. (2004). *Strategeme Bd. 2: Strategeme 19–36 – Lebens und Überlebenslisten aus drei Jahrtausenden – die berühmten 36 Strategeme der Chinesen – lange als Geheimwissen gehütet, erstmals im Westen vorgestellt* (3. Aufl.). Scherz.

Senger, H. v. (2016). *36 Strategeme für Manager, 5* (überarbeitete). Hanser.

Sunzi. (1998). *Die Kunst des Krieges*. Droemer. Amerikanische Ausgabe: Sun-tzu. (2003). *The art of war*. Barnes and Noble.

Vermeer, M. (2007). *China.de, Was Sie wissen müssen, um mit Chinesen erfolgreich Geschäfte zu machen* (2. überarbeitete Aufl.). GMV.

Wittkop, T. (2005). *Interkulturelle Kompetenz deutscher Expatriates in China, Qualitative Analyse, Modellentwicklung und praktische Empfehlungen*, Dissertation, Universität Dortmund.

Dr. Jens Foerst ist Lehrbeauftragter der FOM Hochschule für Oekonomie & Management, übernimmt Board-Funktionen, ist Start-up-Mentor und Business Angel. Er studierte an der RWTH Aachen Elektrotechnik und Wirtschaftsingenieurwesen und promovierte anschließend am Fraunhofer Institut für Produktionstechnologie. Danach war er mehr als 25 Jahre in unterschiedlichsten Führungsaufgaben in der Industrie tätig. So gehörte er z. B. zum Topmanagement der MAN Truck & Bus S. E. und der CLAAS Gruppe. Für diese Unternehmen war er auch in China tätig.

Technologietransfer und Unternehmensübernahmen aus der gesamtwirtschaftlichen Perspektive des Marktes – was deutsche Unternehmen von China lernen können

2

Ann-Katrin Voit

Inhaltsverzeichnis

2.1	Einleitung	22
2.2	China und die gesamtwirtschaftliche Perspektive – Eine langfristige Strategie?	23
	2.2.1 Die Rolle von Forschung und Entwicklung	23
	2.2.2 Technologietransfer	24
	2.2.3 Unternehmensübernahmen	25
	2.2.4 Die Rolle Chinas	26
	2.2.5 (Internationale) Kritik an der Strategie	28
2.3	Fazit	29
2.4	Ausblick	29
Literatur		30

Zusammenfassung

Der vorliegende Beitrag beschäftigt sich mit der wirtschaftlichen Entwicklung Chinas und zeigt, welche Rolle hierbei Technologietransfers und Unternehmensübernahmen spielen. China ist eine der sich am stärksten entwickelnden Volkswirtschaften der Welt, wobei die Nachhaltigkeit dieses Wandels sehr eng mit Innovation, Forschung und Entwicklung sowie internationaler Wettbewerbsfähigkeit verbunden ist. Obwohl China seit einigen Jahren auch massiv eigene Forschungsbemühungen zeigt, ist das

A.-K. Voit (✉)
FOM Hochschule für Oekonomie & Management, Bochum, Deutschland
E-Mail: ann-katrin.voit@fom.de

© Der/die Autor(en), exklusiv lizenziert an Springer Fachmedien Wiesbaden GmbH, ein Teil von Springer Nature 2023
M. Seidel und J. Macht (Hrsg.), *China & Innovation*, FOM-Edition,
https://doi.org/10.1007/978-3-658-40440-6_2

Reich der Mitte hier noch weit entfernt vom Niveau der USA. China nutzt daher eine andere Strategie und hat in den letzten Jahren massiv auf Unternehmensübernahmen gesetzt, mit dem Ziel, das Wissen in Form von Patenten, Lizenzen, Technologien und Verfahrensweisen zu transferieren. Diese international kritisch betrachtete Strategie wird in diesem Beitrag erläutert, diskutiert und vordergründig aus Perspektive Chinas dargestellt. Es erfolgt jedoch auch eine kurze kritische Betrachtung aus Perspektive der Länder, die vom Technologietransfer negativ betroffen sind.

2.1 Einleitung

Die wirtschaftliche Entwicklung Chinas seit 1980 ist beeindruckend. Mit Wachstumsraten von bis zu 15,2 % entwickelt sich das Land rasant (vgl. Statista, 2020). Damit mausert sich China stetig immer weiter von einem Schwellenland in Richtung eines Industrielandes. Selbst in Pandemiezeiten konnte China noch Wachstumsraten von 4,8 % verzeichnen, während andere Länder schrumpfende Wirtschaften hinnehmen mussten (vgl. FAZ, 2022). Hierfür nutzt China vielfältige, aber vor allem taktisch interessante Strategien, so vor allem die internationale Zusammenarbeit, Investitionen, aber auch gezielte und strategisch sinnvolle Technologietransfers und Unternehmensübernahmen, die von großem volkswirtschaftlichem Nutzen für das Reich der Mitte sind.

China wählt hierbei gezielt Märkte und Unternehmen, die langfristig zur eigenen Entwicklungsstrategie passen, aus, um diese langfristig in den chinesischen Markt zu integrieren und dort Teil der Wertschöpfungskette zu werden. Diese Strategie ist nicht unumstritten, weil es zu einer Verschiebung von Patenten, Lizenzen, Technologien und Know-hows kommt, von der China profitiert und die jeweiligen Länder, die von den chinesischen Investments und dem Wissensabzug betroffen sind, daraus einen Nachteil erleiden.

Im Rahmen dieser Betrachtung wird ein Überblick über Chinas Strategie gegeben, die einzelnen Facetten aufgezeigt und daraus abgeleitet, welche Rolle Technologietransfers und Unternehmensübernahmen für die wirtschaftliche Entwicklung des Landes haben. Der Diskurs erfolgt aus Perspektive Chinas.

Der Beitrag geht nach der Einleitung auf die Rolle von Forschung und Entwicklung ein und zeigt hier die Relevanz des übergeordneten Themas auf. Im Anschluss daran werden die Themenbereiche Technologietransfer und Unternehmensübernahmen diskutiert. Im Anschluss erfolgt eine Betrachtung der Rolle Chinas, woran sich in ein Abschnitt anschließt, welcher auf die internationale Kritik der Thematik eingeht. Der Beitrag schließt mit Fazit und Ausblick.

2.2 China und die gesamtwirtschaftliche Perspektive – Eine langfristige Strategie?

2.2.1 Die Rolle von Forschung und Entwicklung

Technischer Fortschritt ist nicht erst seit heute gleichzusetzen mit wirtschaftlicher Entwicklung und in Teilen auch mit gesamtwirtschaftlich erstrebenswertem Wohlstand, daher ist es ein zentrales Ziel nahezu aller Ökonomien (vgl. Meissner & Sultanian, 2008, S. 4). Länder, die in vielen Bereichen erfolgreich technischen Fortschritt fördern, stellen sich signifikant besser als Länder, die diese Möglichkeit nicht haben oder nicht nutzen. Der stärkste Treiber von technischem Fortschritt sind dabei Forschung und Entwicklung. Ohne Innovation ist heute kaum noch eine marktwirtschaftliche Entwicklung oder ein wirtschaftlicher Erfolg denkbar (vgl. Brockhoff & Brem, 2021, S. 26).

Forschung und Entwicklung ist die wissensgetriebene Suche nach neuen Zusammenhängen, Ansätzen und Methoden auf wissenschaftlicher Basis (vgl. OECD, 2015, S. 60). Ziel ist ein konkreter Nutzen, der sich vordergründig für die Industrie ergibt (vgl. Rammer et al., 2019, S. 14). Letzteres ergibt sich durch ein hohes Maß an Innovation, welches es ermöglicht, bisher nicht bekannte Zusammenhänge aufzuzeigen und diese nutzbar zu machen (vgl. Meissner, 2001, S. 39). Klassische Ausprägungen, die auch eine Messbarkeit offerieren, sind Patente und deren Anmeldung, aber auch nicht geschütztes Wissen bietet einen erheblichen Vorteil, der die Innovationsrate von Ländern deutlich erhöhen kann und damit zur wirtschaftlichen Entwicklung und Wirtschaftswachstum beiträgt (vgl. Meissner, 2001, S. 22; Wang, 2008, S. 44 f.).

Heute ist Forschung und Entwicklung in allen wirtschaftlichen Bereichen so wichtig wie nie zuvor; dabei ist es unerheblich, ob dabei die Landwirtschaft, der Maschinenbau oder die Logistik betrachtet wird. Ein Land, welches eine umfangreiche Forschungsaktivität aufweist und diese mit einem starken Schutz des geistigen Eigentums kombiniert, hat dadurch schnell einen signifikanten Wettbewerbsvorteil (vgl. Brockhoff & Brem, 2021, S. 30 und 80). Daher ist es nicht verwunderlich, dass auch China in den letzten Jahrzehnten die Strategie in Richtung von Forschung und Entwicklung verändert hat (vgl. Wang, 2008, S. 42). Einerseits, um dem internationalen Wettbewerb Rechnung zu tragen, aber auch um die Herausforderungen im eigenen Land zu meistern.

Messbar wird Forschung und Entwicklung durch die FuE-Quote. Die FuE-Quote setzt die FuE-Ausgaben in Relation zum Bruttoinlandsprodukt (BIP). Deutschland strebt beispielsweise hier eine FuE-Quote von 3 % an (vgl. Lenz & Raßer, 2012, S. 142). In den vergangenen Jahrzehnten wurde in Deutschland viel in Forschung und Entwicklung investiert, was mit internationaler Wettbewerbsfähigkeit belohnt wurde (vgl. Meissner, 2001, S. 176). Chinas FuE-Quote ist in den letzten 25 Jahren enorm gewachsen. So lag sie 1995 bei nur 0,57 %, im Jahr 2019 hingegen bei 2,14 % (vgl. Statista, 2022a). Absolut gesehen sind die USA jedoch Spitzenreiter; gemessen an allen FuE-Gesamtinvestitionen weltweit werden 37,2 % dort getätigt (vgl. Bpb, 2019). Im Vergleich dazu, auf Datenbasis von 2017, liegt die EU-28 bei 27,2 % und China bei 9,7 % (vgl. Bpb,

2019). China ist bei dieser Entwicklung auf dem richtigen Weg, hat aber noch enormes Potenzial, sich hier zu entwickeln.

2.2.2 Technologietransfer

Ein Technologietransfer umfasst die Weiterleitung und die Weitergabe von technisch relevanten Informationen oder eines spezifischen Prozesses an ein anderes Unternehmen innerhalb einer Region, zwischen Regionen oder auch Ländern. Diese Transfers sind zeitlich limitiert und werden in der Regel langfristig geplant (vgl. Meissner, 2001, S. 38). Ziel ist es, entweder privatwirtschaftlich oder auch staatlich gelenkt, Prozesse zu übertragen, um so die Nutzung an einem anderen Standort zu ermöglichen (vgl. Meissner, 2001, S. 22). Zwischen wem die Übertragung erfolgt, bleibt zunächst offen, denn dabei kann es sich sowohl um Institutionen, privatwirtschaftliche Unternehmen, Forschungsinstitute, aber auch Privatpersonen handeln. Zudem kann ergänzend eine Betrachtung nach Geografie oder wirtschaftlicher Struktur erfolgen, wenn die entsprechenden Wirtschaftsräume oder Länder in die Analyse einbezogen werden. Neben der rein ökonomischen Motivation bietet das Thema auch politisch gesehen viele Facetten, da ein Technologietransfer eine entsprechende wirtschaftliche Ausrichtung eines Landes oder einer Region langfristig beeinflusst (vgl. Wang, 2008, S. 42).

Grundsätzlich sind verschiedene Ausprägungen des Technologietransfers denkbar: Einmal kann es zur Weitergabe immaterieller Werte kommen, die rechtlich geschützt oder nicht geschützt sind. Hierbei sind beispielsweise Patente und Lizenzen als geschützte immaterielle Werte denkbar, Wissen als solches, z. B. durch Jahre Berufserfahrung, aber auch als nicht geschützter immaterieller Wert. Als zweite Ausprägung ist eine güterbezogene Technologie denkbar, so beispielsweise eine Maschine, Produktionsanlage, oder auch speziell gefertigte Güter bis hin zu kompletten Produktionsstraßen.

Mit der Übertragung des Technologietransfers ergibt sich die Vorteilhaftigkeit für denjenigen, der den Transfer erhält, da dieses die ökonomische Nutzbarkeit gewinnbringend realisieren kann (vgl. Wang, 2008, S. 43). Der größte Vorteil gegenüber generischer Forschung und Entwicklung liegt auf der Hand: Forschung und Entwicklung ist ungewiss und ergebnisoffen. Wann und ob ein Nutzen hieraus erzielt werden kann, ist vollkommen ungewiss (vgl. OECD, 2015, S. 49). So kann es passieren, dass große Summen investiert werden, ohne ein Ergebnis bzw. einen Erfolg realisieren zu können. Wenn stattdessen bestehende Technologien eingekauft werden, besteht genau diese Unsicherheit nicht (vgl. Brockhoff & Brem, 2021, S. 139). Das Produkt, die Technologie, die Verfahrensweise oder Ähnliches existiert bereits, sodass diese vermutlich direkt gewinnbringend genutzt werden kann (vgl. Wang, 2008, S. 43).

China aber auch einige andere Länder sehen hierin einen signifikanten Vorteil für die heimische Ökonomie, da der Technologietransfer in der Zukunft Arbeitsplätze schafft und somit langfristig sichert, Gewinne und Aufträge ins Land transferiert, aber auch die wirtschaftliche Stellung eines Landes zu seinen Gunsten beeinflusst, was zu innen-

und außenpolitischer Stabilität beiträgt und Handelsbeziehungen langfristig bindet und festigt (vgl. Wang, 2008, S. 44; Matthes, 2020a, S. 5).

2.2.3 Unternehmensübernahmen

Eine Unternehmensübernahme, auch Merger oder Akquisition genannt, bezeichnet den Kauf eines oder mehrerer Unternehmen durch ein anderes Unternehmen auf dem privatwirtschaftlich organisierten Markt (vgl. Brockhoff & Brem, 2021, S. 137 ff.). Der Kauf kann je nach Rechtsform des Unternehmens auch den Erwerb einer Mehrheitsbeteiligung beschreiben. Die Gründe hierfür sind vielfältig; so können als Gründe grundsätzlich strategische, finanzielle oder auch persönliche Motive angeführt werden. Auch die Art der Übernahme ist mit vielen verschiedenen Optionen verbunden; so kann hier die freundliche und feindliche Übernahme unterschieden werden, die die Zustimmung in- oder exkludiert.

Vorteil einer Übernahme kann sein, ein bestehendes Unternehmen, welches bereits über eine gewünschte Produktionstechnologie verfügt, zu erwerben, ohne ein eigenes Produkt oder eine eigene Technologie als Konkurrenzunternehmen parallel dazu entwickeln zu müssen. Zudem wird der Aufkauf von Konkurrenten, sofern das jeweils zuständige Kartellrecht es zulässt, genutzt, um Marktanteile zu erhöhen und sich entsprechende Marktmacht anzueignen (vgl. Matthes, 2020a, S. 5 ff.).

Unternehmensübernahmen werden häufig im direkten Zusammenhang mit Technologietransfers gesehen; so geht mit Kauf des Unternehmens eine Übertragung der Patente und Technologien auf das kaufende Unternehmen über, was zu einer zusätzlichen Aneignung von Wissen und Prozessen führt und der daraus resultierenden Nutzung. Zudem kann auch eine kostenpflichtige Weitergabe an andere Unternehmen zur Nutzung angestrebt werden, beispielsweise durch Lizenzen (vgl. Lichtenthaler & Ernst, 2008, S. 779).

Es sind verschiedene Varianten hier denkbar. So kann z. B. ein Unternehmen als Tochterunternehmen des Mutterkonzerns agieren, es kann aber auch komplett in das kaufende Unternehmen übergehen.

Die Anzahl der Unternehmensübernahmen ist in den letzten Jahren global betrachtet stetig gewachsen, was letztlich an der deutlich einfacheren Verfügbarkeit von Informationen und der fortgeschrittenen Globalisierung liegt (vgl. Statista, 2022b). China ist hier sehr aktiv, besonders deswegen, weil der Staat diesen Bereich massiv fördert.

Die beiden Bereiche Unternehmensübernahmen und Technologietransfers gehören eng zusammen. Häufig wird Ersteres angestrebt, um Letzteres nutzen zu können. Damit wird eine schnelle technologische Entwicklung Chinas begünstigt (vgl. Matthes, 2020a, S. 634).

2.2.4 Die Rolle Chinas

China als aufstrebende Wirtschaftsnation hat sich in den letzten Jahren enorm entwickelt (vgl. Kunze & Windels, 2018, S. 4). Einer der Gründe hierfür ist sicherlich die Öffnung für den internationalen Handel mit Fokus auf die Exportorientierung (vgl. Kunze & Windels, 2018, S. 4). An diesem Trend, der zum chinesischen Wirtschaftswunder der letzten 25 Jahre beigetragen hat, möchte das Land festhalten. Dies zeigt sich auch in dem Anspruch der Regierung, eine Made-in-China-2025 Strategie zu entwickeln (vgl. Matthes, 2020a, S. 633). Ziel ist eine Stärkung der Binnenkonjunktur und stützt sich seit 2015 auf zehn verschiedene inländische Wirtschaftszweige mit dem Ziel, diese zu weltweit tätigen Konkurrenzunternehmen für die bisherigen Marktführer aufzubauen (vgl. Kunze & Windels, 2018, S. 3). Diese „going-global"-Strategie zeigt, dass China Schlüsselindustrien identifiziert hat, die in der Zukunft die Wettbewerbsfähigkeit sichern sollen (vgl. Kunze & Windels, 2018, S. 3).

Grundsätzlich ist es immer schwierig abzuleiten, ob der wirtschaftliche Erfolg eines Landes auf generisches Wachstum und eine eigene innere Entwicklung zurückgeht oder auf Technologietransfers und Übernahmen. Oftmals ist es eine Mischung mit unterschiedlich starken Ausprägungen: Die zugekauften Unternehmen sind weiterhin im Bereich Forschung und Entwicklung aktiv und liefern so langfristig einen Mehrwert für den Mutterkonzern.

Die Aktivität Chinas bleibt dabei nicht unbeobachtet: Viele Länder betrachten die Strategie Chinas mit Sorge. Dabei ist vor allem beeindruckend, welche enorme Finanzkraft chinesische Investorinnen und Investoren aufbringen (vgl. Bardt & Matthes, 2020, S. 300). Das Handelsblatt titelte bereits 2006 „Technologietransfer China holt zum neuen Schlag aus" (Abele, 2006) und führt an, dass bereits in diesem Jahr der Hochtechnologiebereich Chinas 30 % ausgemacht hat und breit ausdiversifiziert ist: So sind neben Pharma- und Medizintechnik auch Informations- und Kommunikationstechnik sowie Elektronik weit verbreitet (vgl. Abele, 2006). Chinas Strategie scheint branchenübergreifend zu gelten, was das Gesamtrisiko minimiert (vgl. Bardt & Matthes, 2020, S. 300 ff.).

Um die Aktivität im Umfang und in der Höhe einzuordnen, wird nachfolgend der Zeitraum von 2011 bis 2020 für Deutschland betrachtet. Abb. 2.1 zeigt die Entwicklungen der chinesischen Investitionsaktivität in deutsche Unternehmen, wobei die Anzahl der Unternehmen auf der linken Achse dargestellt werden, die Transaktionswerte auf der rechten Achse in Milliarden Euro. Dabei zeigt sich, dass insbesondere die Jahre 2016 bis 2018 eine enorme Übernahmeaktivität innehatten. Es ist anzumerken, dass nicht nur Deutschland, sondern viele andere Länder Ziel von Übernahmen durch chinesische Investorinnen und Investoren sind. Deutschland ist hier nur ein Beispiel von vielen.

Die Abb. 2.1 zeigt, dass China hier sehr aktiv im deutschen Markt ist. Die Gründe hierfür sind vielfältig und auch auf viele andere Länder, insbesondere der Europäischen Union, übertragbar. So ist es für Deutschland typisch, dass ein wesentlicher Anteil der

2 Technologietransfer und Unternehmensübernahmen …

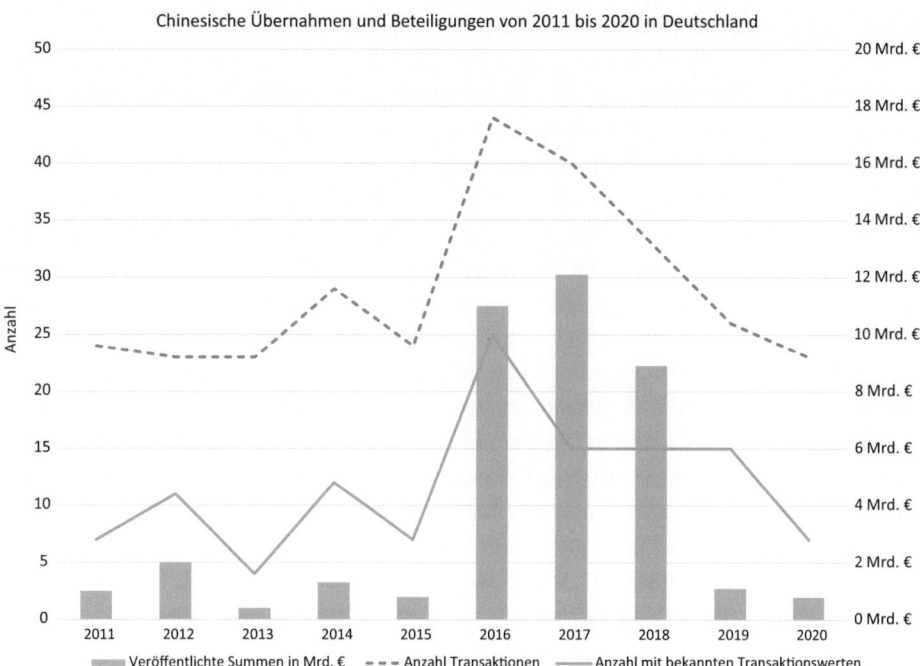

Abb. 2.1 Chinesische Übernahmen und Beteiligungen von 2011 bis 2020 in Deutschland. (Quelle: in Anlehnung an Rusche, 2021, S. 2)

Unternehmen aus dem Mittelstand kommt. Diese Unternehmen sind in vielen Fällen sehr erfolgreich, aber aufgrund ihrer Größe interessante Übernahmekandidaten, da sie erstens einen überschaubaren Unternehmenswert bieten im Vergleich zum internationalen Niveau. Als Beispiel kann hier die KUKA AG aufgeführt werden, die für drei Milliarden Euro (vgl. Höpner, 2021) von der chinesischen Midea Group übernommen wurde.[1] Die Übernahmen sind damit für chinesische (Groß-)Investoren realisierbar, was die Attraktivität steigert. Der zweite Grund ist das Kartellrecht für Deutschland und die Europäische Union. Hier ist klar geregelt, bei welcher Umsatzgröße[2] die Fusionskontrolle greift und das Bundeskartellamt bzw. die Europäische Kommission eine solche Übernahme untersagen kann, da diese anmelde- und genehmigungspflichtig ist. Wenn ein deutscher (oder auch europäischer) Übernahmekandidat diese Grenzwerte unterschreitet, ist eine Abwicklung einfach umsetzbar.

---

[1] Nähere Informationen dazu im nächsten Kapitel.
[2] Nähere Informationen hierzu für Deutschland in § 35 ff. GWB und für die Europäische Union im EG Vertrag Artikel 81–89.

2.2.5 (Internationale) Kritik an der Strategie

In den vergangenen Jahren sind die Direktinvestitionen aus China in Deutschland und Europa, beispielsweise auch Großbritannien, wie bereits erwähnt, deutlich angestiegen (vgl. Matthes, 2017, S. 3 ff.). In Deutschland gab es einige Übernahmen, die dabei in die Schlagzeilen geraten sind, so beispielsweise des Roboterherstellers KUKA AG durch die chinesische Midea Group im Jahr 2017 (vgl. Matthes, 2020a, S. 633 ff.). 2016 stieg der chinesischen Hausgerätehersteller Midea bei dem Roboterbauer Kuka ein und hat seine Anteile von zunächst 10 % auf 94,6 % erhöht (vgl. Finkenzeller & Bergmann, 2020). Gegenüber dem Unternehmen selbst, der Politik, aber auch Kunden, beispielsweise aus der Automobilindustrie, wurden Zusagen getätigt, die in diesem Umfang nicht gehalten wurden (vgl. Finkenzeller & Bergmann, 2020). Nur wenige Jahre später ist das Ergebnis für den deutschen Markt ernüchternd: Die chinesischen Investorinnen und Investoren haben einen Squeeze-out-Prozess 2021 eingeleitet und das Unternehmen mittlerweile von der Börse genommen (vgl. Höpner, 2021).

Das Unternehmen KUKA steht hier stellvertretend für viele weitere Beispiele des deutschen Mittelstands, die von chinesischen Investorinnen und Investoren übernommen wurden. Da es sich hierbei um einen bestreitbaren Markt handelt, sind solche Übernahmen legal und werden letztlich nur von Angebot und Nachfrage, dem daraus resultierenden Kaufpreis und ggf. noch dem deutschen und europäischen Wettbewerbsrecht determiniert. Der chinesische Staat, wie bereits angesprochen, fördert diese Übernahmeaktivitäten sehr umfangreich, da damit eine langfristige Strategie verfolgt wird (vgl. Bardt & Matthes, 2020, S. 300 ff.). Durch die gezahlten Subventionen kommt es jedoch zu einer Wettbewerbsverzerrung, da die gezahlten Übernahmebeträge zum Teil vom chinesischen Staat übernommen wurden (vgl. Matthes, 2020b, S. 3). Die Europäische Union hat in den letzten Jahren einige Vorstöße unternommen, die Kapitalverkehrsfreiheit gegenüber Drittstaaten einzuschränken, wenn der einzige Grund ein Ausverkauf von Technologie sein soll. Es ist jedoch ein schmaler Grat, internationale Investorinnen und Investoren zu verschrecken, oder den besagten Ausverkauf zu verhindern (vgl. Matthes, 2020b, S. 3). Eine nachhaltige Lösung scheint hier bisher noch nicht in Sicht.

Die Kritik, die aus vielen westlichen Ländern kommt, bezieht sich vor allem auf das marktwirtschaftliche Ungleichgewicht, welches durch den chinesischen Staat aufgebaut wird (vgl. Matthes, 2017, S. 18). Während chinesische Unternehmen sowie Investorinnen und Investoren in nahezu allen (westlichen) Ländern freien Marktzugang haben, ist es für viele ausländische Unternehmen nach wie vor schwer, Zugang zum chinesischen Markt zu erhalten (vgl. Firlus, 2018). Der Weg, der von der chinesischen Regierung forciert wird, sind Joint Ventures mit chinesischen Unternehmen, was jedoch so manchen westlichen Unternehmen widerstrebt (vgl. Firlus, 2018). Natürlich gibt es auch Positivbeispiele, so die Allianz, BASF oder BMW, jedoch stellen diese Unternehmen eher Ausnahmen dar und die chinesische Regierung scheint eher selektiv und vorsichtig vorzugehen (vgl. Firlus, 2018).

In einigen Ländern geht die Kritik so weit, dass eine Reform des Außenhandelsgesetzes gefördert wird, die es chinesischen Unternehmen sowie Investorinnen und Investoren schwerer macht, Technologietransfers zu vollziehen.

2.3 Fazit

Die chinesische Strategie, Technologietransfers anzustreben, ist nachvollziehbar und langfristig lohnend aus chinesischer Perspektive. Insbesondere die wirtschaftliche Entwicklung des Landes, welche in den vergangenen Jahrzehnten aufgeholt hat, wird so langfristig gesichert. Die Unternehmensübernahmen mit Technologietransfers scheinen eine sinnvolle Ergänzung für das Land, die eigenen FuE-Aktivitäten zu ergänzen und sich so forschungsstark für die Zukunft zu wappnen. China nutzt hier offene Märkte, die Direktinvestitionen ermöglichen und sogar fördern. Durch die fortgeschrittene Globalisierung sind Informationen frei verfügbar, Transaktionen einfacher abzuwickeln und die bereits verbundenen Wertschöpfungsketten zeigen den Bedarf für die Zukunft auf. China hat erkannt, dass die zukünftigen Märkte alle technologiebasiert sein werden und dafür die 2025-Strategie entwickelt, die zeigt, dass China bereits früh einen Wandel der eigenen Industrie in neue Märkte und Marktsegmente forciert hat.

Die Technologietransfers und Unternehmensübernahmen sind ambivalent und aus chinesischer Perspektive, wie bereits angesprochen, nur vorteilhaft. Die betroffenen Länder, die einen Abzug von Wissen und Technologie erfahren, sind hier benachteiligt, ermöglichen diesen Abzug jedoch, da die Chinesinnen und Chinesen hier legal agieren und sich an das Wettbewerbsrecht halten.

2.4 Ausblick

Für viele Länder bleibt das Verhältnis zu China im Bereich der Unternehmensübernahmen ambivalent. Einerseits sind ausländische Investorinnen und Investoren sehr willkommen, da sie ihr Kapital in die Märkte investieren. Dieses ist gewünscht und wird benötigt, da es zum nationalen Wirtschaftswachstum und der lokalen Entwicklung der Unternehmen und der Sicherung der Arbeitsplätze beiträgt. Anderseits sind Unternehmensübernahmen mit dem Ziel des Technologietransfers aus Perspektive der Länder, die den Transfer hinnehmen müssen, nicht erwünscht. Hier würde sich langfristig ein Verlust an Wissen, Patenten, Technologien und Know-how ergeben, was nicht nur das zukünftige Wirtschaftswachstum, sondern auch Arbeitsplätze und internationale Wettbewerbsfähigkeit gefährdet.

Aus Perspektive Chinas ist die Strategie nachvollziehbar: Da die eigenen Ausgaben für Forschung und Entwicklung im internationalen Vergleich zwar gestiegen sind, aber immer noch nicht vergleichbar mit der EU oder den USA sind, ist der Zukauf von Wissen eine strategisch sinnvolle Ergänzung, um sich international konkurrenzfähig aufzustellen. China holt so auf, ohne selber erst die Jahre der eigenen Forschung und Entwicklung abwarten zu müssen. Patente, Technologien und Verfahrensweisen sind unmittelbar verfügbar und können zum eigenen Vorteil genutzt werden.

Letztlich gibt es keinen Grund für China, von dieser Strategie abzuweichen, da das Land nur davon profitiert. Insbesondere deswegen, weil die eigenen nationalen Märkte streng überwacht und kontrolliert werden, um diese vor ausländischer Konkurrenz zu schützen (vgl. Matthes, 2017, S. 18). China wird hier nur aufpassen müssen, dass Länder wie Kanada, die USA, Großbritannien und die EU ihre Rechtsprechung nicht anpassen, um diesem Ausverkauf ein Ende zu bereiten. Den westlichen Ländern, die mit der Übernahmestrategie Chinas nicht einverstanden sind, bleibt nur eine Anpassung ihres Wettbewerbsrechts.

Literatur

Abele, C. (2006). Technologietransfer China holt zum neuen Schlag aus. https://www.handelsblatt.com/unternehmen/mittelstand/aussenwirtschaft/technologietransfer-china-holt-zum-neuen-schlag-aus/2733278-all.html. Zugegriffen: 11. Apr. 2022.

Bardt, H., & Matthes, J. (2020). Europäische Ordnungspolitik im Wettbewerb mit China. *ORDO, 71*(1), 300–328.

Brockhoff, K., & Brem, A. (2021). *Forschung und Entwicklung* (6. vollständig überarbeitete Ausgabe). DeGruyter.

Bundeszentrale für politische Bildung (Bpb). (2019). EU – USA – China: Forschung und Entwicklung (FuE). https://www.bpb.de/kurz-knapp/zahlen-und-fakten/europa/135826/eu-usa-china-forschung-und-entwicklung-fue/. Zugegriffen: 10. Mai 2022.

FAZ. (2022). Erstes Quartal 2022: China meldet höheres Wachstum als erwartet. https://www.faz.net/aktuell/wirtschaft/konjunktur/china-meldet-4-8-prozent-wachstum-im-1-quartal-2022-17964747.html. Zugegriffen: 19. Apr. 2022.

Finkenzeller, K., & Bergmann, M. (2020). Roboterbauer – Griff ins Leere. https://www.wiwo.de/my/unternehmen/industrie/roboterbauer-griff-ins-leere/25611610.html?ticket=ST-278634-JJlDV403G9rL0YdFJLla-cas01.example.org. Zugegriffen: 10. Apr. 2020.

Firlus, T. (2018). Chinesischer Investor Midea „Ein Abzug von Kuka aus Deutschland würde Midea nur schaden". https://www.wiwo.de/unternehmen/industrie/chinesischer-investor-midea-ein-abzug-von-kuka-aus-deutschland-wuerde-midea-nur-schaden/23687578.html. Zugegriffen: 12. Apr. 2022.

Höpner, A. (2021). Roboterbauer Kuka verschwindet von der Börse – Eigentümer Midea kündigt Squeeze-out an. https://www.handelsblatt.com/unternehmen/industrie/automatisierung-roboterbauer-kuka-verschwindet-von-der-boerse-eigentuemer-midea-kuendigt-squeeze-out-an/27825372.html. Zugegriffen: 14. Apr. 2022.

Kunze, F., & Windels, T. (2018). »Made in China 2025«: Technologietransfer und Investitionen in ausländische Hochtechnologiefirmen. *Ifo Schnelldienst, 71*(14), 3–20.

Lenz, T., & Raßer, G. (2012). Forschungsleistung im Ländervergleich – Forschung an Hochschulen und strukturelle Bedingungen der Länder. *Die Hochschule, 2,* 142–163.

Lichtenthaler, U., & Ernst, H. (2008). Die Bedeutung von Promotoren im interorganisationalen Technologietransfer. *Zeitschrift für Betriebswirtschaft, 78,* 779–811.

Matthes, J. (2017). Unternehmensübernahmen durch chinesische Firmen in Deutschland und Europa – Unter welchen Bedingungen besteht Handlungsbedarf? IW-Report, 30/2017.

Matthes, J. (2020a). Technologietransfer durch Unternehmensübernahmen chinesischer Investoren. *Wirtschaftsdienst, 100*(8), 633–639.

Matthes, J. (2020b). Unternehmensübernahmen und Technologietransfer durch China: Gefahrenpotenziale und Gegenmaßnahmen, IW-Report, 34/2020.

Meissner, D. (2001). Wissens- und Technologietransfer in nationalen Innovationssystemen. https://core.ac.uk/download/pdf/236363436.pdf. Zugegriffen: 20. Apr. 2022.

Meissner, D., & Sultanian, E. (2008). Wissens- und Technologietransfer – Grundlagen und Diskussion von Studien und Beispielen. https://wissenschaftsrat.ch/images/stories/archiv/CEST_2007_Wissens_Technologietransfer.pdf. Zugegriffen: 20. Apr. 2022.

OECD. (2015). *Frascati manual 2015: Guidelines for collecting and reporting data on research and experimental development.* OECD.

Rammer, C., Behrens, V., Doherr, T., Hud, M., Köhler, M., Peters, B., Schubert, T., Trunschke, M., & van den Burg, J. (2019). Innovationen in der deutschen Wirtschaft: Indikatorenbericht zur Innovationserhebung 2018. http://ftp.zew.de/pub/zew-docs/mip/18/mip_2018.pdf. Zugegriffen: 14. Mai 2022.

Rusche, C. (2021). Chinesische Beteiligungen und Übernahmen 2020 in Deutschland. IW- Kurzbericht 18/2021.

Statista. (2020). China: Wachstum des realen Bruttoinlandsprodukts (BIP) von 1980 bis 2021 und Prognosen bis 2027. https://de.statista.com/statistik/daten/studie/14560/umfrage/wachstum-des-bruttoinlandsprodukts-in-china/. Zugegriffen: 20. Apr. 2022.

Statista. (2022a). Statistiken zu Mergers & Acquisitions. https://de.statista.com/themen/1370/mergers-und-acquisitions/#dossierKeyfigures. Zugegriffen: 24. Juni 2022.

Statista. (2022b). Vergleich der relativen Ausgaben für Forschung und Entwicklung (F&E) zwischen China und Taiwan im Zeitrauem 1995 bis 2019. https://de.statista.com/statistik/daten/studie/1269506/umfrage/relative-ausgaben-fuer-forschung-und-entwicklung-zwischen-china-und-taiwan-im-vergleich/. Zugegriffen: 15. Mai 2022.

Wang, Z. (2008). Das Chinesische Recht des Technologietransfers und Perspektiven über die weitere Entwicklung. file:///C:/Users/User/Downloads/wang_zhen.pdf. Zugegriffen: 11. Apr. 2022.

Prof. Dr. Ann-Katrin Voit ist seit 2018 Professorin für Volkswirtschaftslehre, insbesondere Wirtschaftspolitik, an der FOM Hochschule für Oekonomie & Management, Standort Bochum. Zuvor hat sie Wirtschaftswissenschaft an der Ruhr-Universität Bochum und der Universidad de Oviedo studiert. Promoviert wurde sie ebenfalls an der Ruhr-Universität mit Stationen an unter anderem der City University in New York (USA), der Universiteit Utrecht (Niederlande), der Katholieke Universiteit Leuven (Belgien) sowie an verschiedenen Hochschulen in China. Ihre Forschungsschwerpunkte liegen im Bereich der Internationalen Wirtschaftspolitik, Kulturökonomik, globalen öffentlichen Gütern, Europapolitik und -ökonomik sowie Themen der Nachhaltigkeit. Seit 2019 ist sie Mitglied des Advisory Councils des amerikanischen Generalkonsulats in Düsseldorf zu wirtschaftspolitischen Fragestellungen.

Was der deutsche Mittelstand von China lernen kann

3

Rainer Eigenstetter und Christian Albrecht

Inhaltsverzeichnis

3.1	Lernen als Steigerung der Problemlösungskompetenz der Unternehmer	35
3.2	Unterschiedliche Aspekte des Begriffs „Lernen"	35
	3.2.1 Lernen als bewusste Verhaltensänderung	35
	3.2.2 Lernen als Steigerung der Flexibilität	36
	3.2.3 Lernen als Zuwachs an Erfahrung	37
	3.2.4 Lernen als Benchmarking	37
	3.2.5 Lernen als Entwicklung von Aktivitäten gegen den Hauptkonkurrenten	38
	3.2.6 Lernen als Entwicklung einer Ausweichstrategie	39
	3.2.7 Lernen als Zuwachs an Kreativität	40
	3.2.8 Lernen als Wissenstransfer	41
	3.2.9 Lernen durch Inspiration	41
	3.2.10 Lernen aus den Fehlern anderer Unternehmen	42
3.3	Beispiele für wichtige Probleme des deutschen Mittelstands	43
	3.3.1 Wichtiges Problem: Fehlendes Gesamtkonzept für Mediengestaltung	44
	3.3.2 Wichtiges Problem: Fehlende neue Partnerschaften	45
3.4	Zusammenfassung	47
Literatur		48

R. Eigenstetter
FOM Hochschule für Oekonomie & Management, Taiyuan, China
E-Mail: rainer.eigenstetter@fom.de

C. Albrecht (✉)
FOM Hochschule für Oekonomie & Management, Nürnberg, Deutschland
E-Mail: christian.albrecht2@fom-net.de

© Der/die Autor(en), exklusiv lizenziert an Springer Fachmedien Wiesbaden GmbH, ein Teil von Springer Nature 2023
M. Seidel und J. Macht (Hrsg.), *China & Innovation*, FOM-Edition,
https://doi.org/10.1007/978-3-658-40440-6_3

Zusammenfassung

Die persönliche Bereitschaft, sich den veränderten Lebensbedingungen anzupassen, ist eine wichtige Kompetenz. Lebenslanges Lernen ist für Führungskräfte, die an der Spitze von eigentümergeführten mittelständischen deutschen Unternehmen stehen, immer eine große Herausforderung. Im vorliegenden Artikel werden unterschiedliche Aspekte des Lernens behandelt und wie von China gelernt werden kann. Menschliches Lernen ist die Steigerung der Fähigkeit, Probleme zu lösen. Ein Aspekt des Lernens ist die bewusste Verhaltensänderung und strategische Neuausrichtung der Unternehmerinnen und Unternehmer aufgrund ihrer bisherigen Erfahrungen in China – geprägt von Euphorie, Ernüchterung, Hoffnung und Frustration. Ein zweiter Aspekt des Lernens ist die Steigerung der Flexibilität, die ausländische Personen in China aufgrund oft neuer Vorgaben haben müssen. Benchmarking ist ein weiterer Aspekt des Lernens. Vorbilder für bestimmte Lösungen können deutsche Unternehmer in China finden, wobei ein Blick in andere Branchen sehr hilfreich sein kann. Ein ganz anderer Aspekt des Lernens ist die intensive Auseinandersetzung mit den Hauptkonkurrenten und die Steigerung der eigenen Wettbewerbsfähigkeit. Im Gegensatz dazu steht das Lernen in Form der Entwicklung von Ausweichstrategien und der Suche nach neuen zukunftsträchtigen Geschäftsfeldern. Lernen kann auch interpretiert werden als Zuwachs an Kreativität, mit der bei Erfolg eine Alleinstellung des Unternehmens geschaffen werden kann. Ein weiterer Aspekt des Lernens ist der Wissenstransfer in der Zusammenarbeit mit chinesischen Geschäftspartnern. Deutsche Unternehmerinnen und Unternehmer müssen in diesem Fall darauf achten, was das eigene Unternehmen von China lernen kann und wie ein passendes Wissensmanagement zur Sicherung und Weiterentwicklung von Wissen aufgebaut werden kann. Von diesem planmäßigen Vorgehen unterscheidet sich Lernen durch Inspiration. Unternehmerinnen und Unternehmer können losgelöst von konkretem Entscheidungsdruck Situationen auf sich wirken lassen und Ideen sammeln. China, mit seinen großen Unterschieden innerhalb des Landes, ist für Inspirationen auf Reisen sehr gut geeignet. Der letzte Aspekt des Lernens, der in diesem Artikel behandelt wird, ist das bewusste Lernen aus den Fehlern anderer, beispielsweise aus den besonders konsequent betriebenen Aktivitäten chinesischer Unternehmen, die sich negativ auf die Eigentümerinnen und Eigentümer sowie Mitarbeitenden auswirken. Dieser Artikel soll einen Überblick verschaffen, wie der deutsche vom chinesischen Mittelstand lernen kann – untergliedert in unterschiedliche Aspekte des Lernens.

3.1 Lernen als Steigerung der Problemlösungskompetenz der Unternehmer

Was können Führungskräfte, die an der Spitze von eigentümergeführten mittelständischen deutschen Unternehmen stehen, von China lernen? Bei diesem Thema muss als Erstes versucht werden, möglichst viele der unterschiedlichen Aspekte des Begriffs Lernen in die Analyse einzubeziehen. Als Zweites muss darauf geachtet werden, die Formulierung „von China lernen" möglichst weit zu fassen und darunter die zielgerichtete Beschäftigung mit dem Verhalten der Menschen in China zu verstehen. Es muss das Verhalten in allen Sektoren beobachtet werden. Die Erfassung des Verhaltens reicht von der Weiterentwicklung der staatlichen Vision und dem rapiden Wandel in den Städten über die Entscheidungen der Unternehmenseignerinnen und -eigner und der angestellten Managerinnen und Manager bis hin zum Informations- und Kaufverhalten der Kundinnen und Kunden unterschieden nach Geschlecht, Alter, sozialem Status und Region.

Bei der Gegenüberstellung der unterschiedlichen Aspekte des Begriffs Lernen fällt auf, dass Lernen fast immer als Steigerung der eigenen Problemlösungskompetenz angesehen wird. Daraus ergibt sich als Vorgehensweise für die Analyse:

1. Zusammenstellung der wichtigen Aspekte des Lernens und damit der Ansatzpunkte zur Steigerung der Problemlösungskompetenz
2. Identifikation wichtiger Probleme des deutschen Mittelstands, Ursachenforschung und Übersicht über Wirkungszusammenhänge
3. Zuordnung eines passenden Aspekts des Lernens zu einer bestimmten Art von Problemen
4. Entwicklung von Ideen zur Lösung konkreter Probleme

3.2 Unterschiedliche Aspekte des Begriffs „Lernen"

Die folgende Zusammenstellung der Aspekte des Lernens hat keinen Anspruch auf Vollständigkeit. Bei der Auswahl der Aspekte war maßgeblich die Möglichkeit der Zuordnung der Aspekte zu bestimmten Arten von Problemen. Bei den verschiedenen Aspekten des Begriffs Lernen werden unterschiedliche Schwerpunkte und Ansatzpunkte zur Steigerung der Problemlösungskompetenz sichtbar.

3.2.1 Lernen als bewusste Verhaltensänderung

Es gibt unterschiedlich komplexe Definitionen des Begriffs Lernen. Eine einfache Definition von Lernen findet man bei Schermer, der Lernen als „Aneignung von Wissen und motorischen Fähigkeiten" sieht (2006, S. 9). Lutz legt den Schwerpunkt auf das

Verhalten und erklärt, dass die Zunahme an Wissen zu einer bewussten Verhaltensänderung führt (vgl. Lutz, 1994, S. 3). Angewandt auf die mittelständischen Unternehmerinnen und Unternehmer bedeutet dies, dass sich erfolgreiche Unternehmerinnen und Unternehmer dadurch auszeichnen, dass sie sich in ihrem Denken schnell umstellen, ihr Verhalten bewusst beträchtlich verändern können und so neu und auch überraschend auf Herausforderungen antworten. Die Problemlösungsfähigkeit steigt und die Unternehmerinnen und Unternehmer verändern ihre Ziele, ihre Planungen und ihre Entscheidungen. Die Veränderungen in den mittelständischen Unternehmen sind oft schneller als in Großunternehmen mit ihren aufwendigen Planungs- und Entscheidungsprozessen.

Chinesische Konkurrenten, Lieferanten sowie Kundinnen und Kunden haben zu beträchtlichen Veränderungen im Denken und Handeln der deutschen mittelständischen Unternehmerinnen und Unternehmer geführt. Es waren spannende Bewegungen zwischen Euphorie, Ernüchterung, Hoffnung und Frustration. Es waren neue Strategien notwendig. Um erfolgreich zu sein, werden auch in Zukunft noch tiefgreifende Veränderungen in der Verhaltensweise der deutschen Unternehmerinnen und Unternehmer notwendig sein, da es in China immer wieder starke Veränderungen in Politik und Wirtschaft gab und geben wird.

3.2.2 Lernen als Steigerung der Flexibilität

Lernen kann definiert werden als Steigerung der Flexibilität und der Fähigkeit zu unterschiedlichem Verhalten abhängig von der persönlichen Situation, den Gegebenheiten im eigenen Unternehmen und den Rahmenbedingungen im Mikro- und im Makroumfeld des Unternehmens (vgl. Lutz, 1994, S. 3). Wichtig ist, dass die Besonderheiten bei den unterschiedlichen Gegebenheiten im eigenen Unternehmen und bei den unterschiedlichen Rahmenbedingungen erkannt werden und dass nicht nur ein Plan A, sondern auch ein Plan B oder sogar ein Plan C zur Problemlösung entwickelt wird. Die Fähigkeit zur Entwicklung unterschiedlicher Szenarien soll steigen und damit auch die Fähigkeit, mit den geeigneten Maßnahmen schnell in den unterschiedlichen Szenarien erfolgreich zu agieren.

Unternehmerinnen und Unternehmer, die in China schon einige Zeit tätig sind oder mit chinesischen Unternehmen in Deutschland zu tun haben, wissen, dass sich die Rahmenbedingungen durch Entscheidungen auf der chinesischen Seite sehr schnell ändern können. Dies bedeutet, dass es komplett neue Vorgaben gibt oder dass ein Projekt kurzfristig beendet wird. Für alle möglichen Szenarien müssen die deutschen Unternehmerinnen und Unternehmer Pläne vorbereiten und mit großer Flexibilität auf die Veränderungen reagieren (vgl. Rothlauf, 2012, S. 452).

3.2.3 Lernen als Zuwachs an Erfahrung

Durch bereits erlebte Situationen kann ebenfalls gelernt werden. Lernen kann auch gesehen werden als Suche nach weiteren Problemlösungen auf der Grundlage von bereits gemachten schwerwiegenden Erfahrungen (vgl. Brinkmann, 2019, S. 146). Die unterschiedlichen Erfahrungen der Menschen führen dazu, dass unterschiedliche Problemlösungen präferiert werden. Dazu kommt noch, dass im Managementprozess nicht unbedingt die optimale Lösung gewählt wird, sondern eine Lösung, die am besten begründet wurde oder die am einfachsten durchsetzbar ist (vgl. Alt et al., 2002, S. 9). Schwierigkeiten in der Zusammenarbeit von chinesischen und deutschen Akteuren entstehen vor allem dadurch, dass die beteiligten Personen durch sehr unterschiedliche Erfahrungen geprägt sind. Es sind vor allem die Erfahrungen über unterschiedliche Optimierungsziele und über Maßnahmen, wie diese Optimierungsziele am besten erreicht werden können.

3.2.4 Lernen als Benchmarking

Die logische Abfolge des Lernprozesses im Benchmarking beginnt mit dem Erkennen des Problems des Unternehmens und mit der Festlegung der Kennzahlen, die für dieses Problem stehen. Im Anschluss daran wird das Vorbild bestimmt, das das Problem bereits am besten gelöst hat und bei dem die Kennzahlen die besten Werte erreicht. Im nächsten Schritt wird analysiert, warum das Vorbild so geeignet ist und warum das eigene Unternehmen im Vergleich dazu viel schlechter abschneidet (vgl. Woratschek et al., 2015, S. 110). Danach werden Maßnahmen entwickelt, wie sich das eigene Unternehmen durch Nachahmung dem Vorbild annähern kann. Das Benchmarking ist das Lernen von den Besten. Vorteil dieses Lernens aus zweiter Hand ist die Nutzung der Erfahrung des Vorbilds und damit ein schnelleres Lernen. Das Unternehmen muss sich also sehr genau mit dem Vorbild auseinandersetzen, damit der Vergleich durch das Benchmarking ein Erfolg wird.

Die Unternehmerinnen und Unternehmer aus dem deutschen Mittelstand können für bestimmte Probleme und deren Lösung chinesische Unternehmen als Vorbild nehmen. Das bedeutet nicht, dass im konkreten Fall das chinesische Unternehmen ein starker direkter Konkurrent des eigenen Unternehmens sein muss. Im Gegenteil: Vorbilder für die Lösungen bestimmter Probleme findet man auch in anderen Branchen, die wenig mit der eigenen Branche zu tun haben. Ein Blick in das chinesische Internet und die Suche mit Schlagwörtern, die zum eigenen Problem passen, sind hier hilfreich. Hier ist man auf die Unterstützung von chinesischen Personen angewiesen, die sehr fantasievoll im chinesischen Internet surfen können. Es ist faszinierend, welche Vielfalt an Ideen für neue Produkte oder neue Problemlösungen bei bestehenden Produkten bei den chinesischen Herstellern von Konsumgütern zu finden sind.

3.2.5 Lernen als Entwicklung von Aktivitäten gegen den Hauptkonkurrenten

Im harten Wettbewerb mit dem Hauptkonkurrenten ist der Druck zu lernen besonders groß. Was passiert, wenn sich ein deutsches Unternehmen dem Wettbewerb mit den chinesischen Konkurrenten stellt – auf dem deutschen Markt oder dem chinesischen Markt oder auf anderen Märkten? Erfolgreiche Beispiele zeigen, dass ein Vorsprung durch hohe technische Qualität oder durch Produktinnovationen von großer Bedeutung ist. Was kann ein Unternehmen aus dem deutschen Mittelstand tun, wenn es bereits beträchtliche Marktanteile an chinesische Konkurrenten verloren hat? Was kann ein deutsches mittelständisches Unternehmen tun, wenn der Wettbewerb nicht über technische Errungenschaften ausgetragen werden kann?

Das Lernen kann sich hier auf drei unterschiedliche Bereiche erstrecken. Der erste Bereich ist eine wettbewerbsrelevante Tätigkeit, bei der der Hauptkonkurrent besser ist als das eigene Unternehmen. Der Unterschied zum Benchmarking besteht darin, dass jetzt nicht die Nachahmung eines Vorbildes angestrebt wird, sondern dass nach einer Lösung gesucht wird, mit der der Hauptkonkurrent überholt werden kann.

Der zweite Bereich ist eine wettbewerbsrelevante Tätigkeit, bei der das eigene Unternehmen einen Vorsprung gegenüber dem Hauptkonkurrenten hat und dieser Vorsprung ausgebaut werden soll.

Der dritte Bereich ist keine wettbewerbsrelevante Tätigkeit, sondern diese Tätigkeit bringt den nötigen Cash-Flow, um bei den wettbewerbsrelevanten Tätigkeiten erfolgreich agieren zu können. Deutsche Unternehmen sollte zuerst eine ausführliche Konkurrenzanalyse machen, mit der die Stärken und Schwächen des Hauptkonkurrenten und des eigenen Unternehmens ermittelt werden (vgl. Heinen, 2002, S. 34). Auf der Grundlage der Konkurrenzanalyse kann versucht werden, im Einzelnen zu ermitteln, was die konkreten Gründe für die Marktanteilseinbußen sind.

Es muss nicht immer der Preis die Hauptursache für Marktanteilseinbußen deutscher Unternehmen sein. Im Gegenteil: Insgesamt gesehen hat sich die preisliche Wettbewerbsfähigkeit der Produkte aus China in den letzten Jahren sogar deutlich verschlechtert. Der Wechselkurs der chinesischen Währung ist gestiegen und hat die Waren aus China im Euroraum wesentlich verteuert. Dazu kommt, dass sich die Kosten in China selbst stark erhöht haben. Diese Kostensteigerungen liegen noch deutlich über den in den letzten Jahren veröffentlichten Inflationsraten, die die Entwicklung der Verbraucherpreise wiedergeben.

Wenn nicht mehr der Preis im Mittelpunkt steht, was können dann die Gründe für die Marktanteilsverluste der deutschen Unternehmen sein? Die Gründe sind meist in den einzelnen Unternehmen zu suchen und können von daher sehr unterschiedlich sein. Die Analyse muss differenziert erfolgen und kann nach Wettbewerbsfaktoren, nach Produktbereichen oder nach den betrieblichen Funktionen Absatz, Produktion und Beschaffung aufgespalten werden. So kann beispielsweise untersucht werden, warum bestimmte Produktbereiche von den deutschen Unternehmen aufgegeben wurden? Es kann außerdem untersucht werden, welche Produkte aus China jetzt auf dem deutschen Markt einer Konkurrenz aus anderen Ländern ausgesetzt sind. Denn Produkte im unteren Preissegment, die früher aus China kamen, werden nun in Ländern wie beispielsweise Pakistan oder Bangladesch hergestellt. Allerdings auch von chinesischen Unternehmen oder von deren dortigen Partnerunternehmen.

Auf Grundlage der Ergebnisse dieser Umweltanalysen können die Konkurrenzfelder festgelegt werden und eine Strategie gegen den Hauptkonkurrenten entwickelt werden (vgl. Dillerup & Stoi, 2013, S. 230).

3.2.6 Lernen als Entwicklung einer Ausweichstrategie

Wenn die Analyse ergibt, dass ein Aufholen des Rückstands im bisherigen Geschäftsfeld nicht möglich ist, dann sollte eine Unternehmerin bzw. ein Unternehmer der Suche nach neuen Geschäftsfeldern den Vorzug geben. Wenn die Position des deutschen Unternehmens auf dem deutschen Markt oder auf dem chinesischen Markt oder in anderen Ländern im Vergleich zu den chinesischen Konkurrenten zu schwach ist, kann eine Ausweichstrategie eine erfolgversprechende Alternative sein (vgl. Scharf et al., 2015, S. 242).

Denn Lernen bedeutet auch, dass bestimmte Tätigkeiten, die nicht erfolgreich sein können, aufgegeben werden und dass jetzt andere neue Tätigkeiten, von denen man sich einen Erfolg erwartet, versucht werden müssen. In einer solchen Situation sollte sich die Unternehmerin oder der Unternehmer nicht scheuen, eine strategische Neupositionierung zu wagen (vgl. Reichel-Busch, 2019, S. 11). Eine Neuausrichtung auf einen neuen Produktbereich oder auf neue Kundinnen und Kunden kann einfacher umsetzbar sein, als der Versuch, durch drastische Eingriffe im bisherigen Geschäftsfeld wettbewerbsfähiger zu werden.

Von China lernen kann jetzt ein Lernen in vier Schritten sein. Der erste Schritt bei der Entwicklung einer Ausweichstrategie ist die Problemanalyse. Wo genau ist die Position schwach: Bei welchen Produkten, bei welchen Kundinnen und Kunden, bei welchen Wettbewerbsfaktoren? Wie groß ist das Problem? Warum ist das Problem entstanden? Diese Problemanalyse kann auch im Vergleich zur Entwicklung zu den Konkurrenten in China durchgeführt werden.

Der zweite Schritt ist – aufbauend auf den Ergebnissen der Problemanalyse – die Suche nach alternativen Geschäftsfeldern. Das können Geschäftsfelder sein, bei denen das deutsche Unternehmen seine Stärken ausspielen kann oder bei denen es keine starken Konkurrenten gibt oder bei denen Nischen erschlossen werden können. Es sind aber auch Geschäftsfelder möglich, die es bisher noch gar nicht gibt.

Der dritte Schritt ist die Bewertung der Alternativen: Bei welchem Geschäftsfeld ist eine Ausweichstrategie sowohl kurzfristig als auch langfristig erfolgversprechend? Bei welchen Produkten, bei welchen Kundinnen und Kunden und bei welchen Wettbewerbsfaktoren ist die Wahrscheinlichkeit gering, dass die bisherigen Konkurrenten nachfolgen werden? Wo ist die Wahrscheinlichkeit gering, dass schnell neue starke Konkurrenten auftauchen können? Wo kann ein „Burggraben" geschaffen werden, um Markteintrittsschranken aufzubauen? Wo kann mit einer deutschen Marke eine starke Position aufgebaut werden? Beim dritten Schritt sollte genau beobachtet werden, welche neuen Entwicklungen sich in China abzeichnen.

Der vierte Schritt ist dann die konkrete Gestaltung der Ausweichstrategie. Bei dieser Gestaltung der Strategie sollte genau auf die eigene Kernkompetenz und auf das Alleinstellungsmerkmal geachtet werden.

3.2.7 Lernen als Zuwachs an Kreativität

Lernen ist auch der Aufbau von Kreativität, das heißt der Fähigkeit, Neues zu schaffen (vgl. Pastoors, 2018, S. 81). Kreativität und Innovation können oftmals zusammen genannt werden und dabei gehen oft ein Wandel einher (vgl. Pastoors, 2018, S. 81). Neues kann eine grundlegende Idee für die Weiterentwicklung von Bestehendem sein oder für etwas noch nie Dagewesenes. Das muss nicht immer eine weltbewegende Erfindung sein. Es können auch alltäglichen Dinge sein oder Zulieferteile, die in anderen Produkten eingebaut werden. Es können auch Neuerungen sein, die nur für einen kleinen Kreis von Interessierten bedeutsam sind. Die Kreativität reicht von der technischen Innovation über Kunst im weitesten Sinne bis zu einzelnen Branchen wie beispielsweise Gastronomie. Wichtig ist, dass mit der Kreativität eine Alleinstellung geschaffen wird.

Ein sehr gutes Beispiel für große Kreativität in China sind die Neugründungen mit einer gezielt anderen Gestaltung als die Formen der bisher am Markt tätigen Unternehmen. Diese kreativen Gründerinnen und Gründer können ein wichtiges Vorbild für deutsche Existenzgründer sein. Aber auch etablierte Unternehmer sollten von Zeit zu Zeit über etwas anderes als das Gewohnte nachdenken. Der Mut, etwas ganz anderes zu versuchen, ist in China sehr ausgeprägt. Das beste Beispiel ist hierfür die Gastronomie. Während sich in Deutschland viele Restaurants optisch wie inhaltlich oft sehr ähneln, versuchen Neugründer in China etwas noch nie Dagewesenes zu präsentieren. Mit ausgefallenem Interieur, einer besonderen Warenpräsentation, einem außergewöhnlichen Designkonzept bis hin zum Outfit der Beschäftigten.

Solche Entwicklungen sind in Deutschland kaum zu erkennen. Die Gastronomievielfalt in Deutschland entsteht nicht dadurch, dass grundlegend neue Ideen umgesetzt werden, sondern dass es viele Restaurants mit unterschiedlicher länderspezifischer Küche gibt. Aber innerhalb der länderspezifischen Ausrichtung, beispielsweise innerhalb der italienischen oder innerhalb der griechischen Restaurants, sind wenige Unterschiede festzustellen. Aber die Angst vor neuen Konzepten ist unbegründet. Dies zeigt sich dadurch, dass ganz neue oder außergewöhnliche Konzepte, die vereinzelt ausprobiert werden, erfolgreich sein können. Am Beispiel des zu Deutschland schönsten Restaurants prämierten Nürnberger Lokals „Fujiyama" kann dargelegt werden, dass ausgefallene Präsentationen eines Gastronomiebetriebes durchaus erfolgreich sind. In diesem konkreten Fall hat die Gastronomin chinesische Wurzeln (vgl. Burkert, 2021).

3.2.8 Lernen als Wissenstransfer

Eine Definition von Wissenstransfer ist die Übertragung von Wissen innerhalb einer Organisation. Der Empfänger des Wissenstransfers lernt, weil sein Wissen größer wird. Damit sowohl Empfänger als auch Sender lernen können, sollte der Wissenstransfer innerhalb einer Organisation so gestaltet sein, dass alle Beteiligten mal Sender und mal Empfänger sind. Der Wissenserwerb könnte beispielsweise in einem Patenschaftsmodell stattfinden (vgl. Pircher & Ackermann, 2014, S. 54). Eine Organisation ist durch Regelungen wie beispielsweise einen Vertrag geschaffen und auf längeres Bestehen ausgerichtet. Im Rahmen dieser Organisationen erfolgt Wissenstransfer.

Vielfach besteht die Angst, dass der Wissenstransfer eine Einbahnstraße ist und dass die wirtschaftliche Verwertung des Wissens für den Sender des Wissens verloren geht. Was kann gemacht werden, um mittelständischen Unternehmerinnen und Unternehmern diese Angst zu nehmen? Eine Möglichkeit wären strenge Regeln für den Wissenstransfer und strenge Mechanismen für die Einhaltung der Regeln. Eine andere Möglichkeit ist die Neugestaltung der Fragestellung. Also nicht: Was kann passieren, wenn unser Unternehmen einen Wissenstransfer zu einem chinesischen Unternehmen oder zu einem chinesischen Mitarbeitenden durchführt? Die Fragestellung darf nicht destruktiv formuliert sein, sondern muss konstruktiv gestaltet sein. Die bessere Frage lautet ganz einfach: Was kann unser eigenes Unternehmen von China lernen? Das heißt, es muss eine Planung geben, in der enthalten ist, welche Vorteile das deutsche Unternehmen durch den wechselseitigen Wissenstransfer kurz-, mittel- und langfristig bekommen kann. Es muss versucht werden, die kurz-, mittel- und langfristigen wirtschaftlichen Auswirkungen des Wissens zu messen, das zum eigenen Unternehmen aus China kommt. Es müssen Aktivitäten initiiert werden, die im eigenen Unternehmen den Aufbau des Wissens aus China und die wirtschaftliche Verwertung dieses Wissens sicherstellen. Möglicherweise müssen neue Geschäftsideen für die wirtschaftliche Verwertung entwickelt werden. Darüber hinaus sollte ein Risikomanagement für den gesamten Wissenstransfer geschaffen werden, das wichtiger Bestandteil des Wissensmanagements des Unternehmens ist. Worauf mit großem Nachdruck hingewiesen werden muss, ist die Tatsache, dass Wissensmanagement allgemein vor allem für kleine und mittelgroße Unternehmen von existenzieller Bedeutung ist.

3.2.9 Lernen durch Inspiration

Mit Inspiration im unternehmerischen Handeln ist gemeint, dass die Unternehmer losgelöst vom Entscheidungsdruck ohne konkrete Ziele und ohne Einengung auf bestimmte Produkte verschiedene Situationen und Entwicklungen betrachten. Das Instrument der Inspiration ist vor allem geeignet, Einzelideen zu sammeln. Diese Ideen können später hilfreich sein, schnell konkrete Probleme zu lösen, eine grundlegende Neuorientierung des Unternehmens zu gestalten oder eine neue Geschäftsidee zu finden. Ein wichtiges Instrument für die Entwicklung neuer Ideen ist nach der Inspiration und der Sammlung der Einzelideen die Methode der außergewöhnlichen Kombinationen. Beispielsweise kombiniert man in der Planung ein bestehendes Produkt mit einer völlig anderen Zielgruppe oder eine bisherige Zielgruppe mit völlig anderen Produkten. Diese außergewöhnliche Herangehensweise ist für eine Unternehmerin bzw. einen Unternehmer bei einem Aufenthalt in einem anderen Land mit anderer Lebensweise leichter möglich als im eigenen Land.

Da China ein sehr großes Land ist und innerhalb des Landes große Unterschiede zwischen den einzelnen Regionen bestehen, ist China für weitreichende Inspirationen hervorragend geeignet. Managerinnen und Manager aus Unternehmen des deutschen Mittelstandes sollten nach China reisen und sich inspirieren lassen. Wenn deutsche Managerinnen und Manager aber nach China reisen, sollten sich nicht nur auf die großen Städte und die bekannten Sehenswürdigkeiten konzentrieren, die üblicherweise von den Touristen besucht werden. Sie sollten Reisen auch in Gegenden machen, die ganz anders sind, und sich dort inspirieren lassen. Die unterschiedlichsten Eindrücke sollten während der Reise erfasst und im Anschluss daran durch ein Brainstorming und eine Mindmap zusammengestellt werden. Wenn eine Reise nicht möglich ist, kann auch die Nutzung der sozialen Medien dazu beitragen, neue Blickwinkel zu eröffnen. Der Prozess der Inspiration steht somit als wichtiger Impulsgeber am Anfang einer Ideenfindung. Das Management hätte damit zwei unterschiedliche Zugangsarten zu neuen Geschäftsideen. Der eine Zugang ist die Analyse der Probleme und die strukturierte Suche nach Problemlösungen. Die zweite Zugangsart ist die Inspiration und die anschließende Gestaltung von außergewöhnlichen Kombinationen. Beides zusammen kann dann zu neuen Geschäftsideen führen, die sich mit Alleinstellungsmerkmalen von den Produkten der Konkurrenten abgrenzen.

3.2.10 Lernen aus den Fehlern anderer Unternehmen

Das bewusste Lernen aus den Fehlern anderer ist eine Form des Lernens durch die Beobachtung anderer (vgl. Behrends, 2017, S. 121). Angewandt auf die Unternehmerinnen und Unternehmer heißt das, dass sich die Unternehmerin bzw. der Unternehmer bei seiner Beobachtung eines Marktes auf die Fehler der anderen Marktteilnehmer konzentriert. Interessant ist dabei vor allem die Beobachtung der Aktivitäten von chinesischen Marktteilnehmern, die ihre Aktivitäten besonders konsequent betreiben.

Beim unternehmerischen Handeln können Fehler als die Aktivitäten eingestuft werden, die mit negativen Konsequenzen für die Eigentümer und Mitarbeiter verbunden sind. Die Fehler im unternehmerischen Handeln sollten deshalb auch in fünf Arten von Fehlern eingeteilt werden. Erstens sind Fehler entstanden, weil die notwendigen Informationen nicht vorhanden waren und auch nicht beschafft werden konnten. Zweitens wurden Fehler gemacht, weil die vorhandenen Informationen nicht ausreichend ausgewertet wurden und in den Entscheidungsprozess einbezogen wurden. Drittens wurden Fehler bewusst in Kauf genommen, das heißt, dass bei einem gut vorbereiteten Entscheidungsprozess aufgrund großer Gewinnchancen das Risiko einer negativen Konsequenz bewusst eingegangen wurde. Viertens wurde eine Entscheidung erst im Nachhinein als Fehler erkennbar, das heißt, zum Zeitpunkt der Entscheidung waren die Aktivitäten nicht als Fehler einzustufen. Fünftens sind Fehler entstanden, weil die Entscheidungsträger aufgrund einer Beratung Aktivitäten mit einer späteren negativen Konsequenz gemacht haben.

Diese Unterteilung der Fehler ist wichtig, wenn das Lernen aus den Fehlern anderer ein wichtiger Teil der unternehmerischen Planung ist. Wenn die Fehler der anderen nach den genannten Ursachen eingeteilt sind, kann eine logische Abfolge eines Lernprozesses wie beim Benchmarking beginnen. Man startet wie beim üblichen Benchmarking mit der Festlegung des eigenen Problems, das durch die Beobachtung anderer beseitigt werden soll. Dann werden die Kennzahlen bestimmt, die im eigenen Unternehmen verbessert werden sollen. Beim nächsten Schritt unterscheidet sich das Lernen aus den Fehlern von dem üblichen Benchmarking. Jetzt wird nicht das Unternehmen gesucht, das die besten Ergebnisse bei den Kennzahlen hat, sondern ein Unternehmen mit sehr schlechten Ergebnissen. Eine Möglichkeit ist nach dem Unternehmen zu suchen, das sich durch eine bestimmte erkennbare Entscheidung bei den Kennzahlen sehr stark verschlechtert hat. Die andere Möglichkeit ist nach dem Unternehmen zu suchen, das schon unterschiedliche Maßnahmen zur Verbesserung der Kennzahlen ausprobiert hat, aber bislang erfolglos geblieben ist. Bei beiden Arten von Unternehmen kann von den Schlechtesten gelernt werden, wie man es nicht machen sollte. Man kann die schlechten Erfahrungen der anderen Marktteilnehmer nutzen und schnell lernen, welche Maßnahmen nicht gemacht werden sollen oder bei welchen Maßnahmen noch Änderungsbedarf besteht.

Betrachtet man aus dem zuvor genannten Grund chinesische Unternehmen, sollte sich das Lernen von den Schlechtesten nicht auf Unternehmen aus der eigenen Branche beschränken, sondern die Suche sollte sich auf sehr unterschiedliche Branchen, Unternehmensgrößen und Eigentümerstrukturen erstrecken.

3.3 Beispiele für wichtige Probleme des deutschen Mittelstands

Nach der Zusammenstellung der unterschiedlichen Aspekte des Lernens folgt nun die Analyse wichtiger Probleme des deutschen Mittelstands. Welche wichtigen Probleme gibt es, wo und warum sind diese Probleme entstanden und wie wirken sich diese Probleme auf die einzelnen Bereiche in den Unternehmen und auf die wirtschaftlichen Perspektiven der Eigentümer aus?

Für wichtige Probleme des deutschen Mittelstands sollen jetzt Ansatzpunkte und neue Ideen für die Problemlösung gefunden werden. Diese Problemlösungen können im Rahmen eines kontinuierlichen Verbesserungsprozesses erfolgen oder selbst Auslöser oder wichtiger Bestandteil einer grundlegenden Neuausrichtung des Unternehmens sein.

Die Steigerung der Problemlösungskompetenz ist nicht nur eine Aufgabe für die bestehenden Unternehmen, sondern ist auch schon wichtig bei den Existenzgründern. Die unterschiedlichen Aspekte des Lernens können beispielsweise Teil einer Check-Liste sein, die sich mit der Relevanz des deutsch-chinesischen Handels für das neue Unternehmen befasst. Die Aspekte des Lernens und die Steigerung der Problemlösungskompetenz können in den Businessplan aufgenommen werden und im Risikoteil des Businessplans das Risikobewusstsein, die Vorbereitung auf künftige Probleme und die Fähigkeit zur Risikobewältigung zeigen.

3.3.1 Wichtiges Problem: Fehlendes Gesamtkonzept für Mediengestaltung

Wer in China ein Onlinegeschäft betreiben möchte, kommt nicht um die Applikation WeChat herum. In diesem Ökosystem „leben" die meisten chinesischen Nutzerinnen und Nutzer. Diese App ist Messenger, Suchmaschine, Nachrichtenportal, Videoplattform, soziales Netzwerk und Zahlungslösung in einem. Deutsche Unternehmen können ein solches digitales Ökosystem in dieser Form auf dem heimischen Markt noch nicht vorfinden. WeChat ist mit den in Deutschland stark genutzten Diensten wie WhatsApp, Google, YouTube, Instagram und Facebook sowie PayPal vergleichbar – allerdings beinhaltet WeChat alles in einer App. Mit der Erweiterung durch WeChat-Mini-Programme kann beispielsweise ein Onlineshop integriert werden, ohne dass die Nutzer die App verlassen müssen (vgl. Zhang et al., 2021). So können chinesische Unternehmen ihre Waren und Dienstleistungen über 1,2 Mrd. Menschen zur Verfügung stellen (vgl. Bork, 2020). Chinesische Unternehmen legen überwiegend den Fokus auf eine ganzheitliche Kommunikation und Präsenz im Internet. Deutsche Unternehmen können davon lernen, wie sie die Online- und Offlinewelt zusammenführen. Dies geht beispielsweise mittels Baukastensystemen für Onlineshops oder Internetseiten, die mittlerweile sehr einfach nutzbar sind. Da eine omnifunktionale Applikation wie WeChat in Deutschland nicht vorhanden ist, muss noch eine stärker technologisch vernetzt gedacht werden. Technische wie auch inhaltliche Schnittstellen zwischen einer Onlineshop-Software und den sozialen Medien sind gegeben – sie müssen aber genutzt werden. Viele Onlineshops können das Angebot direkt oder indirekt in soziale Plattformen wie beispielsweise Facebook oder Instagram übertragen.

In China werden die sozialen Medien vielfach als Werbemedium und als Verkaufskanal verwendet. Im Allgemeinen sollten alle zur Verfügung gestellten Möglichkeiten (z. B. Story-Funktion) genutzt werden. Dazu sollte aber vorab eine Strategie entwickelt werden (vgl. Kurniawan et al., 2021). Die Unternehmen des deutschen Mittelstands sollten genau die neuen Onlinetrends in China betrachten und prüfen, was für das eigene Unternehmen übernommen werden kann. Ein gutes Beispiel hierfür ist die ursprünglich aus China stammende Social-Media-Plattform TikTok, die anfänglich in Deutschland nicht für relevant angesehen wurde. Das für seine Kurzvideos bekannt gewordene soziale Netzwerk ist mittlerweile nicht nur für die junge Zielgruppe eine der wichtigsten Online-Kommunikationsplattformen geworden. Wenn deutsche Unternehmer ihre Waren und Dienstleistungen auch der jungen Bevölkerung bekannt machen möchten, ist eine Präsenz in TikTok enorm wichtig.

Das Testen neuer Waren und Dienstleistungen kann sehr einfach mittels der sozialen Medien durchgeführt werden. Aufgrund geringer Kosten und einfacher Umsetzungsmöglichkeiten können diese den Kundinnen und Kunden ohne große Hürden vorgestellt werden. In den sozialen Netzwerken kommt es unter anderem auf bestimmte Key-Performance-Indicators an. Diese können beispielsweise Interaktionen (z. B. Gefällt mir, Kommentare, Teilungen) sein, die als simple Umfrage genutzt werden können. Es kann mittels der Reaktion in den sozialen Medien leicht ermittelt werden, ob und wie beispielsweise ein bestimmtes Produkt bei den Kunden ankommt oder wie es möglicherweise weiterentwickelt bzw. adaptiert werden muss. Durch die Präsenz in den sozialen Medien ist das Unternehmen viel näher an den Kundinnen und Kunden und kann deren Wünsche in die Entwicklung mit einbeziehen. Da die chinesischen Unternehmen die sozialen Medien wie selbstverständlich nutzen, haben sie derzeit sehr gute Chancen auf den Märkten.

3.3.2 Wichtiges Problem: Fehlende neue Partnerschaften

Es gibt vielfältige Partnerschaften zwischen deutschen und chinesischen Unternehmen und bei diesen Partnerschaften sind chinesische Unternehmen Lieferanten, Kunden oder gemeinsame Produzenten. Bei der Fragestellung, was kann der deutsche Mittelstand von China lernen, geht es jetzt allerdings nicht darum, wie bestehende Partnerschaften weiterentwickelt werden können. Vielmehr geht es im Folgenden darum, wie deutsche Unternehmen, für die bisher eine Partnerschaft mit chinesischen Unternehmen keine Option war, auch eine für sie passende Art der Zusammenarbeit finden können. Dazu werden zwei wichtige Probleme des deutschen Mittelstands betrachtet. Es werden Problemlösungen gezeigt, die im ersten Moment ungewöhnlich erscheinen, aber eine wichtige Entwicklung in Zukunft sein könnten.

Das erste große Thema ist, dass neue Geschäftsideen umgesetzt werden sollen, ohne dass große Investitionen getätigt werden. Das gilt insbesondere für Start-ups, aber auch für bestehende Unternehmen, die sich im Markt neu positionieren wollen. Man kann Geschäftsideen leichter realisieren, wenn man Partner hat, die bereits über die entsprechenden Produktionskapazitäten verfügen. Das bedeutet, dass beispielsweise die Entwicklungsabteilung in Deutschland bleibt, aber die Produktion in China stattfinden kann. Auf ein Start-up heruntergebrochen kann beispielsweise ein junges Modeunternehmen die Designs in Deutschland entwickeln und in China produzieren lassen. Das bedeutet aber nicht die Rückkehr der verlängerten Werkbank in China, wie man sie aus den 90er-Jahren kennt (vgl. Zenglein, 2022). Bei der neuen Art von Partnerschaft handelt es sich nicht um die Durchführung von einfachen und standardisierten Prozessen.

Chinesische Unternehmen ermöglichen jetzt vielmehr die Umsetzung von innovativen Ideen auf individueller Basis.

Dies bedeutet, dass in diesem Fall ein Austausch auf einem weit höheren Level stattfindet als früher. Die Zusammenarbeit kann auch weiterentwickelt werden, dass kreative Ideen aus China ihre Umsetzung in Deutschland erleben können. Für Unternehmen des deutschen Mittelstandes heißt das, dass neue Ideen nicht sofort wieder verworfen werden, nur weil sie im ersten Moment als schwer realisierbar angesehen werden. Wer sich einige Zeit auf chinesischen Internetseiten und in chinesischen sozialen Netzwerken aufhält, wird erkennen, dass es für fast jede Idee einen passen Partner geben kann.

Das zweite große Problem im deutschen Mittelstand ist, dass für junge Menschen bestimmte Berufe weniger populär sind. Dies wirkt sich in dreifacher Hinsicht aus:

1. Die Unternehmen haben Nachwuchsmangel. Stellen, die frei werden, können nicht mehr durch Auszubildende besetzt werden.
2. Bei den Neugründungen sind eindeutige Schwerpunkte feststellbar, die außerhalb des Konsumgütersektors und außerhalb vieler Handwerksberufe liegen.
3. Viele Unternehmer klagen darüber, dass sie ihr Unternehmen nicht an ihre Kinder weitergeben können, weil diese nicht den Beruf der Eltern ausüben wollen.

Kann es die Möglichkeit geben, durch Partnerschaften mit chinesischen Unternehmen zumindest einen Teil dieser Probleme zu lösen? Meist wird fehlendes Personal dadurch ausgeglichen, dass Fachkräfte aus dem Ausland nach Deutschland kommen. Ein anderer Ansatzpunkt könnte sein, Bereiche des Unternehmens auszugliedern und im Ausland anzusiedeln. Diese Internationalisierung sollte auch ein gangbarer Weg für die kleineren Unternehmen sein. Das deutsche Unternehmen sucht dann einen Partner in China, der einen Teil der Produktion in China durchführen kann.

Für die Unternehmen des deutschen Mittelstandes müsste es entsprechende Plattformen geben, auf denen sie Personal und Partner in China suchen könnten. Eine Unterstützung durch den Staat und den entsprechenden Berufsverbänden wäre hier dringend notwendig. Sollte die Berufsausbildung noch nicht den Ansprüchen des deutschen Unternehmens genügen, müssten Möglichkeiten geschaffen werden, wie man die entsprechende Ausbildung in China oder Deutschland optimieren kann.

Auf der anderen Seite müsste genau untersucht werden, wie groß der Anteil der mittelständischen Unternehmen ist, die weder Mitarbeitende aus dem Ausland einsetzen noch Teile der Produktion ins Ausland verlagern können. Für den verbleibenden Rest müssten dann andere Lösungen gefunden werden, wie man Partnerschaften in China schließen kann.

Der Nachwuchsmangel ist eine dramatische Entwicklung, die in der Konsequenz dazu führen könnte, dass einige Berufe in Zukunft verschwinden werden. Beispiele sind Berufe im Nahrungsmittelhandwerk wie Konditoren, Berufe im Bauhandwerk oder in der Landwirtschaft. Jetzt stellt sich die Frage, wie kann dieses Problem durch Partnerschaften mit chinesischen Unternehmen gelöst werden. Eine Möglichkeit ist der befristete Austausch von Arbeitskräften. Es müssen alle gesetzlichen Vorgaben berücksichtigt werden. Wichtig ist, dass die fachliche Eignung stimmt. Das Sprachproblem, das oft in den Vordergrund gestellt wird, wird aufgrund der technischen Entwicklung bei Übersetzungssoftware immer weniger bedeutsam.

Darüber hinaus können auch die Möglichkeiten von Unternehmensgründungen in China genutzt werden. Es entstehen in China Gründerzentren, die ähnlich wie in Deutschland die jungen Unternehmen in der Anfangsphase unterstützen. Eine Zusammenarbeit mit diesen Gründerzentren wird dann einen großen Erfolg haben, wenn die erforderliche Struktur des deutschen Berufsnachwuchses berücksichtigen wird.

Es gibt immer weniger landwirtschaftliche Betriebe (vgl. Statistisches Bundesamt, 2021). Große Nachwuchsprobleme gibt es in der deutschen Landwirtschaft, in der der Trend – trotz Bio-Landwirtschaft – eindeutig hin zu Großbetrieben geht. Kleine landwirtschaftliche Betriebe, die zur Grundversorgung und zum ländlichen Raum gehören, haben langfristig gesehen schlechte Zukunftschancen. Eine Lösung könnte eine Partnerschaft in Bezug auf landwirtschaftliche Flächen in China sein. Möglicherweise gibt es für junge Menschen aus der Landwirtschaft neben dem eigenen Betrieb in Deutschland ein gesteigertes Interesse an Flächenbewirtschaftung in China. Eine ungewöhnliche Idee. Aber warum nicht?

Nicht nur in der Landwirtschaft, sondern auch in vielen anderen Branchen ist die Unternehmensnachfolge in Deutschland ein großes Problem. Von China lernen kann auch bedeuten, wie kann mit einer chinesischen Partnerschaft eine Fortsetzung der Tätigkeit des deutschen Unternehmens möglich sein. Für diese Partnerschaften müsste die geeignete Rechtsform gefunden werden, mit der die langfristige Existenz des deutschen Unternehmens sichergestellt werden kann. Beispielsweise müssten Lösungen wie Joint Venture oder Franchising passend für kleinere Unternehmen gestaltet werden. Damit können chinesische Partnerunternehmen bestimmte Tätigkeiten übernehmen. Eine Beendigung der Tätigkeit und ein Verkauf des Unternehmens des deutschen Unternehmens sind auch dann nicht zwingend notwendig, wenn die künftigen Nachfolger nicht die Berufe der Eltern erlernen möchten.

3.4 Zusammenfassung

Ziel der Ausführungen war nicht eine Übersicht über Patentrezepte zu erstellen, wie Unternehmen aus dem deutschen Mittelstand bestimmte Probleme durch das „Lernen" von China lösen können. Es sollten vielmehr Ansatzpunkte für Lösungen – auch ungewöhnliche – gezeigt werden, die sich aus der Beschäftigung mit dem Begriff Lernen ergeben.

Dazu musste erst erläutert werden, was Lernen von einem bestimmten Land und dessen Menschen überhaupt bedeutet. Es wurden die unterschiedlichen Aspekte des Begriffs „Lernen" betrachtet und es wurde versucht, die Wirkungszusammenhänge durch Anwendungsbeispiele zu erläutern. Die unterschiedlichen Sichtweisen des Lernens können somit eine solide Grundlage für die Gestaltung unternehmerischer Strategien schaffen.

Am Ende der Betrachtungen stehen deshalb auch Anregungen, wie man die Aspekte des Begriffs „Lernen" umsetzen kann und wie man Ansatzpunkte finden kann, mit denen Lösungen begonnen werden können für wichtige Probleme des deutschen Mittelstands. Es wäre sehr erfreulich, wenn mit den Ausführungen eine konstruktive Diskussion angeregt werden könnte. Vielleicht könnte sogar die Idee für ein Projekt entstehen.

Literatur

Alt, R., Völker, R., & Bodmer, C. (2002). *Erfolgreiches Benchmarking in Forschung und Entwicklung, Beschaffung und Logistik* (F. Fahrni, Hrsg.). Hanser.

Behrends, M. (2017). Ablauf des Benchmarkings. In T. Reisbeck & L. B. Schöne (Hrsg.), *Immobilien-Benchmarking* (S. 121–152). Springer. https://doi.org/10.1007/978-3-662-55366-4_5.

Bork, H. (2020). App in der App—WeChat-Miniprogramme revolutionieren Chinas B2B-Marketing. *marconomy.de*. https://search.ebscohost.com/login.aspx?direct=true&db=edswis&AN=edswis.MARC46595220&lang=de&site=eds-live&scope=site.

Brinkmann, M. (Hrsg.). (2019). *Phänomenologische Erziehungswissenschaft von ihren Anfängen bis heute: Eine Anthologie* (Bd. 4). Springer Fachmedien. https://doi.org/10.1007/978-3-658-17082-0.

Burkert, T. (2021, Oktober 27). *Das schönste Restaurant Deutschlands: Nürnbergs „Fuji Yama"* [Nachrichtenportal]. br.de. https://www.br.de/nachrichten/bayern/das-schoenste-restaurant-deutschlands-nuernbergs-fuji-yama,SmxgkBB.

Dillerup, R., & Stoi, R. (2013). *Unternehmensführung* (4., komplett überarb. und erw. Aufl). Vahlen.

Heinen, K. C. (2002). *Die Berücksichtigung von Kosten in der Konkurrenzanalyse*. Lang.

Kurniawan, Y., Kittynanda, L. D., Marwan, K. A., Wirawan, S. P., Anwar, N., & Johan, J. (2021). Analysis of digital marketing activities on instagram social media with coffee shop business objects in Indonesia. *International Conference on Information Management and Technology (ICIMTech), 2021,* 584–589. https://doi.org/10.1109/ICIMTech53080.2021.9534942.

Lutz, J. (1994). *Introduction to learning & memory*. Brooks/Cole Publishing Company.

Pastoors, S. (2018). Kreativität. In J. H. Becker, H. Ebert, & S. Pastoors (Hrsg.), *Praxishandbuch berufliche Schlüsselkompetenzen* (S. 81–88). Springer. https://doi.org/10.1007/978-3-662-54925-4_10.

Pircher, R., & Ackermann, B. (Hrsg.). (2014). *Wissensmanagement, Wissenstransfer, Wissensnetzwerke: Konzepte, Methoden, Erfahrungen* (2., aktual. Aufl). Publicis.

Reichel-Busch, O. (2019). *Strategische Neupositionierung von Unternehmungen: Erklärung eines erfolgreichen Wechsels in neue strategische Geschäftsfelder am Beispiel Preussag/TUI und Mannesmann*. Springer Gabler. https://doi.org/10.1007/978-3-658-24347-0.

Rothlauf, J. (2012). *Interkulturelles Management: Mit Beispielen aus Vietnam, China, Japan, Russland und den Golfstaaten; [Prof. Dr. Geert Hofstede im Exklusivinterview]* (4., überarb. und aktualisierte Auflage). Oldenbourg.

Scharf, A., Schubert, B., & Hehn, P. (2015). *Marketing: Einführung in Theorie und Praxis* (6., erweiterte und aktualisierte Auflage). Schäffer-Poeschel.

Schermer, F. J. (2006). *Lernen und Gedächtnis* (4., überarb. und erw. Aufl). Kohlhammer.

Statistisches Bundesamt. (2021, November). *Anzahl der landwirtschaftlichen Betriebe und Bauernhöfe in Deutschland bis 2021 (in 1000)*. https://de.statista.com/statistik/daten/studie/36094/umfrage/landwirtschaft---anzahl-der-betriebe-in-deutschland/.

Woratschek, H., Schröder, J., Eymann, T., & Buck, M. (Hrsg.). (2015). *Wertschöpfungsorientiertes Benchmarking: Logistische Prozesse in Gesundheitswesen und Industrie*. Springer. https://doi.org/10.1007/978-3-662-43718-6.

Zenglein, M. (2022, Februar 20). *Von der „Werkbank der Welt" zur Innovationswirtschaft* [Politik]. Bundeszentrale für politische Bildung. https://www.bpb.de/shop/zeitschriften/izpb/275570/von-der-werkbank-der-welt-zur-innovationswirtschaft/.

Zhang, Y., Turkistani, B., Yang, A. Y., Zuo, C., & Lin, Z. (2021). A Measurement study of wechat mini-apps. *Proceedings of the ACM on Measurement and Analysis of Computing Systems, 5*(2), 1–25. https://doi.org/10.1145/3460081.

Prof. Dr. Rainer Eigenstetter ist Professor für allgemeine Volkswirtschaftslehre an der FOM Hochschule und Gesamtstudienleiter für den Bachelor of Business Administration in China. Hier werden chinesische Studierende in deutscher Sprache in Wirtschaftswissenschaften ausgebildet. Rainer Eigenstetter ist seit 2007 für die FOM Hochschule in China tätig; seit Ausbruch der Corona-Pandemie werden die Lehrtätigkeit und die organisatorischen Aufgaben online durchgeführt. Vor seinem Wechsel zur FOM Hochschule war Rainer Eigenstetter Mitarbeiter einer großen deutschen Bank und mit Branchenanalysen und Länderanalysen betraut sowie als Finanzierungsspezialist tätig.

Christian Albrecht ist seit dem Sommersemester 2019 nebenberuflich als Lehrbeauftragter an der FOM Hochschule in Nürnberg in den Bereichen Online-Kommunikation und Online-Marketing tätig. Zudem lehrt er als Dozent an der FOM German-Sino School of Business & Technology im Studiengang Business Administration. Er hat an der FOM Nürnberg das Bachelorstudium absolviert, an der Friedrich-Alexander-Universität Erlangen-Nürnberg folgte das Masterstudium. Hauptberuflich verantwortet er seit 2017 als Pressesprecher die interne und externe Kommunikation des Flughafens Nürnberg.

Analyse der Wachstumsstrategie im Vergleich zwischen Deutschland und China

Jörg A. Macht und Runfei Li

Inhaltsverzeichnis

4.1 Wachstumsstrategien 52
    4.1.1 Möglichkeiten von Wachstum durch Mergers & Akquisition 52
    4.1.2 Möglichkeiten von Wachstum durch Marketing und Personalmanagement 55
4.2 Zusammenhang der Strategien. 60
4.3 Wachstumsstrategien Deutschland. 60
4.4 Wachstumsstrategien China. 61
4.5 Was deutsche Unternehmen von chinesischen Unternehmen lernen können 62
4.6 Fazit 63
Literatur. 64

Zusammenfassung

Wie schaffen es viele chinesischen Unternehmen, in einer relativen kurzen Zeit so schnell zu wachsen und sich als mittelständische Unternehmen zu etablieren? Das Verständnis für Wachstum ist in seiner Grundlage in beiden Ländern gleich, der

---

J. A. Macht (✉)
Germaco AG, Rommerskirchen, Deutschland
E-Mail: macht@germaco.ag

R. Li
Essen, Deutschland
E-Mail: lirunfei469024@163.com

© Der/die Autor(en), exklusiv lizenziert an Springer Fachmedien Wiesbaden GmbH, ein Teil von Springer Nature 2023
M. Seidel und J. Macht (Hrsg.), *China & Innovation,* FOM-Edition,
https://doi.org/10.1007/978-3-658-40440-6_4

Weg, Wachstum zu erreichen, differenziert sich jedoch. Chinesische Mittelständler präferieren eher den Weg, nicht organisch zu wachsen, sondern haben mit dem Dreiklang der Maßnahmen M&A, Personal- und Marketingmanagement eine Wachstumsstrategie entwickelt, die auch für deutsche Unternehmen von Bedeutung sein kann. Innerhalb des Artikels sollen sowohl die Grundlagen für Wachstum erläutert werden sowie aber auch eine konkrete Transferleistung zwischen deutschen und chinesischen Unternehmen hergestellt werden.

4.1 Wachstumsstrategien

Zahlreiche Wachstumsstrategien zur Optimierung bestehender Geschäftsfelder wurden umgesetzt und dienen dem Ziel, aus neuen Geschäftsfeldern einen kontinuierlichen Umsatzstrom zu generieren (vgl. Karalus, 2018, S. 55). Die Wachstumsziele sind mit Wachstumsstrategien zur Erschließung neuer Geschäftsfelder verbunden. Dabei wurde die Wachstumswahrscheinlichkeit in vier Dimensionen unterteilt. Alle Wachstumsstrategien werden daran gemessen, ob sie durch die Generierung zusätzlicher Umsatzströme, durch Spillover-Effekte auf das bisherige Kerngeschäft, zusätzliche Einnahmen generieren, ohne das bisherige Kerngeschäft zu schädigen und die Grundlage für ein langfristig profitables Umsatzwachstum und weitere Wachstumsaktivitäten zu schaffen (vgl. Müller-Thum, 2013, S. 252). Aus der Perspektive einer ressourcenbasierten Wachstumsstrategie ist es von Bedeutung, eine kompetenzorientierte Portfolioplanung zu berücksichtigen. Auf diese Weise ist es möglich, die Stärken der vorhandenen Fähigkeiten mit der Attraktivität der Märkte zu vergleichen, für die sie benötigt werden (vgl. Karalus, 2018, S. 146). Je nach den Wachstumszielen des Unternehmens kann eine organische oder anorganische Wachstumsstrategie verfolgt werden (vgl. Jeske et al., 2014, S. 187). Vor allem entscheiden junge Unternehmen sich selbst für alternatives anorganisches Wachstum. Diese Strategie wird häufig angewandt, wenn neue Geschäftsmodelle, z. B. im Internet, einen möglichst großen und internationalen Marktanteil gewinnen sollen (vgl. Kolo, 2013, S. 186). Durch eine Strategie des organischen Wachstums wächst das Unternehmen innerhalb der Grenzen seiner finanziellen und operativen Möglichkeiten. Die wesentlichen Triebkräfte sind endogene Faktoren wie die Innovationskraft, die Produktionskapazität und das Verkaufspersonal des Unternehmens (vgl. Starke et al., 2014, S. 230). Wachstumsstrategien sind zwar kein „typisches Verkaufsgespräch", aber sie sind ein wesentlicher Motor für den Verkaufserfolg. Neue Produkte und Diversifizierung sind zentrale Punkte (vgl. Körner et al., 2018, S. 60).

4.1.1 Möglichkeiten von Wachstum durch Mergers & Akquisition

Neben dem klassischen Markt für Produkte und Dienstleistungen haben die KMU einen Weltmarkt geschaffen. Die Eigentümerinnen und Eigentümer der Unternehmen fungieren als Anbieter und die kaufinteressierten Unternehmen als Nachfragende. Das Transaktionsvolumen einiger Übernahmen kann dem Bruttosozialprodukt kleiner Länder entsprechen. Der zyklische M&A-Markt ist eng mit dem wirtschaftlichen, technologischen und kulturellen Wandel verbunden (vgl. Kreutzer, 2013, S. 332).

Der Markt für M&A ist ein zyklischer Markt und unterliegt daher immer wiederkehrenden Schwankungen und Konjunkturzyklen. Es besteht jedoch kein Konsens darüber, warum M&A zyklisch verlaufen (vgl. Wahab, 2021, S. 180). Der neoklassische Ansatz begründet das wellenförmige Auftreten von M&A mit industriellen Schocks wie grundlegenden Veränderungen in der Wirtschaft, der Gesetzgebung oder der Technologie (vgl. Kreutzer, 2018, S. 136). Dem steht ein verhaltensorientierter Ansatz gegenüber, der davon ausgeht, dass M&A durch eine Überbewertung des Marktes ausgelöst werden. Eine Unternehmensübernahme findet statt, wenn Käuferinnen und Käufer erwarten, vom Erwerb eines unterbewerteten Unternehmens zu profitieren (vgl. Schalast, 2019, S. 15). Im Zeitraum von 1895 bis heute lassen sich sechs Wellen von M&A feststellen. Die letzte Transaktionswelle endete aufgrund der Wirtschafts- und Finanzkrise (vgl. von Dryander & Raettig, 2019, S. 28).

Eines der zentralen kurzfristigen Ziele von M&A ist die Erreichung eines höchstmöglichen Maßes an Transaktionssicherheit. Transaktionssicherheit bedeutet in diesem Zusammenhang, dass die Käuferin bzw. der Käufer von Verkäuferin bzw. Verkäufer Verkaufsgarantien erhält, das heißt, dass die Verkäuferin oder der Verkäufer während der Due-Diligence-Prüfung oder der Vertragsverhandlungen nicht von der Transaktion zurücktritt und das Geschäft vorzeitig mit einer anderen Partei abschließt. Denn für Käuferinnen und Käufer sind vor allem die frühen Phasen einer M&A-Transaktion – also die Due-Diligence-Prüfung – häufig mit Beratungskosten verbunden. Darüber hinaus ist der Kaufpreis für die Käuferin bzw. den Käufer von Bedeutung und sollte nach Möglichkeit über dem der Wert des Kaufobjekts liegen. Damit ist eine umfassende Bewertung aller Ergebnisse der Due-Diligence-Prüfung verbunden (vgl. Nestler, 2019, S. 41).

Das wohl wichtigste langfristige Ziel einer M&A ist die erfolgreiche Integration des übernommenen Unternehmens in die eigene Organisation oder in dem eigenen Portfolio. Die Integration (die sogenannte Post-Merger-Integration) ist dann erfolgreich, wenn die Auswirkungen unvermeidlicher Reibungsverluste so gering wie möglich sind und keine zusätzlichen Herausforderungen auftreten, die während der geplanten Transaktion oder Umsetzung nicht vorhersehbar waren (vgl. Meyding & Meckbach, 2019, S. 94).

Aus Sicht der Käuferinnen und Käufer sollten im Rahmen des Transaktionsplans insbesondere bestimmte Zeitpunkte bzw. Meilensteine definiert werden, in denen diese das erworbene Unternehmen und die Eckpunkte der Transaktion kritisch und eingehend daraufhin überprüfen, ob die ursprünglichen langfristigen Ziele der Akquisition vollständig erreicht werden können. Hierbei zeigt sich oftmals, wie sich die Dynamik der M&A-Transaktion auswirkt und wie die Beteiligten auf der Käuferseite dazu neigen, die entsprechenden Kompromisse zu den ursprünglichen Zielen auch umzusetzen – und auch zu akzeptieren –, wenn die Transaktion einmal begonnen hat. Dies kann sinnvoll und vernünftig sein, doch sollten solche Kompromisse mit Bedacht eingegangen werden (vgl. Schalast & Musil, 2019, S. 112).

Für die Verkäuferinnen und Verkäufer ist die Vertraulichkeit der Transaktion von zentraler Bedeutung. Unternehmensübernahmen sind für die betroffenen Mitarbeitenden oftmals mit beträchtlicher Unsicherheit verbunden, und es besteht insbesondere die Befürchtung, dass der Dienstleistende die Unternehmensübernahme zum Anlass nimmt, das Unternehmen zu verlassen (vgl. Bock, 2019, S. 145). Dies ist für den Verkäufer in mehrfacher Hinsicht von entscheidender Bedeutung: Zum einen kann der Wert des Unternehmens durch den Verlust der betroffenen Mitarbeitenden erheblich gemindert werden, zum anderen gibt es keine Garantie, dass die Transaktion zustande kommt, insbesondere solange der Kaufvertrag nicht unterzeichnet oder notariell beurkundet ist. Wenn die laufende Transaktion dem Unternehmen bekannt ist und dennoch scheitert, erleidet die Verkäuferin bzw. der Verkäufer einen doppelten Verlust: Einerseits muss sie oder er die Kosten tragen, die mit der Transaktion selbst verbunden sind; andererseits bleibt sie oder er für das nicht verkaufte Unternehmen verantwortlich und die Belegschaft wird verunsichert (vgl. Schalast & Wedell, 2019, S. 176).

Die Veräußerung von Anteilen an einer Personengesellschaft oder Gesellschaft erfolgt durch das sogenannte Kaufrecht und die anschließende Übertragung von Anteilen. Steuerliche Gründe führen in der Regel dazu, dass Verkäuferinnen und Verkäufer Aktientransaktionen gegenüber Vermögenstransaktionen bevorzugen. Bei Aktientransaktionen ist grundsätzlich zu unterscheiden, ob Aktien von natürlichen Personen (in Form von Privatvermögen oder Gewerbevermögen) oder von juristischen Personen gehalten werden. Die Aktien selbst sind das Vermögen des Unternehmens (vgl. Wegmann & Siebert, 2020, S. 33).

Ein weiterer Vorteil für die Verkäuferin bzw. den Verkäufer bei einem Share Deal ist der Verkauf des Unternehmens als Ganzes. Somit verbleibt keine Briefkastenfirma in den Händen des Verkaufenden. Zudem ist das Akquisitionsziel leicht zu erfassen und die Abwicklung des Share-Deal-Vertrages kann in der Regel in kurzer Zeit erfolgen. Darüber hinaus sind alle Verträge mit dem Unternehmen nicht betroffen. Diesen Vorteilen stehen zahlreiche Nachteile gegenüber. Auf diese Weise werden alle Verbindlichkeiten, einschließlich der unbekannten Verbindlichkeiten, übernommen. Die neuen Aktionäre sind an den bisherigen Vorstandsbeschluss gebunden und die Käuferin bzw. der Käufer eventuell kann nichts abschreiben, da der Buchwert in der Bilanz nicht betroffen war (vgl. Brauer et al., 2019, S. 299). Durch die Übernahme des gesamten Unternehmens und die steuerlichen Anreize für den Verkaufenden ist aus dessen Sicht der Share Deal eine Option, vor allem wenn sie oder er sich von allen Verpflichtungen gegenüber der Gesellschaft befreien kann. Durch den Verkauf entledigt sie bzw. er sich auch der möglichen Liquidation (vgl. Redenius-Hövermann, 2019, S. 331).

Der Handel mit Vermögenswerten ist normalerweise die erste Wahl der Käuferin bzw. des Käufers. Dies hängt insbesondere mit der Gewissheit hinsichtlich der übertragenen Vermögenswerte zusammen (vgl. Bock, 2019, S. 497). Im Einvernehmen zwischen Kaufendem und Verkaufendem werden die Vermögensgegenstände jedoch auch getrennt durch eine einzige Erbschaft übertragen, z. B. Kundenverträge, Grundstücke, Gebäude und Verbindlichkeiten (rechtliche Einzelerbschaft). Daher müssen bei der Übertragung von Vermögenswerten, Rechten und Pflichten Übertragungsvoraussetzungen erfüllt werden. Die Übertragung einzelner Vermögensgegenstände erfolgt durch Vereinbarung und fristgerechte Übertragung (vgl. Pfüller, 2019, S. 529). Bei Immobilien geschieht die Übertragung durch notarielle Beurkundung und Grundbucheintrag. Bei einer Veräußerung des Unternehmensvermögens wird der Veräußerungserlös nach Abzug des Buchwertes des Vermögenswerts in voller Höhe zum persönlichen Steuersatz der Verkäuferin bzw. des Verkäufers als natürliche Person erhoben. Erfolgt der Verkauf durch eine Gesellschaft, werden die Veräußerungsgewinne als laufender Gewinn klassifiziert, es fallen demnach 15 % Körperschaftsteuer und Gewerbesteuer an (vgl. Sohbi, 2019, S. 565).

Die Vorteile des Asset-Deals für den Kaufenden liegen auf der Hand, denn dieser weiß genau, was er kauft, und kann Vermögenswerte ausschließen, die er nicht übernehmen möchte. Darüber hinaus hat sie oder er keine anderen Unternehmen (Firmenhüllen) erworben. Die exakte Benennung der gekauften Gegenstände schließt verdeckte Verbindlichkeiten aus, die alten Verbindlichkeiten befinden sich noch im Eigentum der Verkäuferin bzw. des Verkäufers und die Abschreibung der erworbenen Gegenstände ist für sie oder ihn ein steuerlicher Anreiz (vgl. Tischendorf, 2019, S. 632). Die Genehmigungsvoraussetzungen für Auftragsvergaben können sich nachteilig auswirken. Zudem ist die eigentliche Abwicklung von Vermögensübertragungen meist zeitaufwendig, da jeder Vermögenswert einzeln benannt und erfasst werden muss (vgl. Faust, 2019, S. 658).

4.1.2 Möglichkeiten von Wachstum durch Marketing und Personalmanagement

Die Wachstumsstrategie im Markt ist untrennbar mit den drei Aspekten Markenstrategie, Produktformen und Marktfeldstrategie verbunden.

Mit der Entwicklung digitaler Medien hat die Unternehmenswerbung an Stärke und Überzeugungskraft gewonnen. Mittlerweile sind digitale Medien zu einer Voraussetzung für erfolgreiche Markenmanagement- und Verkaufsprozesse geworden, und immer mehr Verbraucherinnen und Verbraucher betrachten sie als Teil der Qualität von Markenprodukten (vgl. Kauffeld & Frerichs, 2018, S. 10). Im direkten Feedback zwischen Marken und Nutzenden sozialer Netzwerke stehen Marken im Zeitalter der sozialen Medien vor zentralen Herausforderungen: Das Wichtigste ist, das soziale Netzwerk der Marke zu bewerten, abzuschätzen und zu kommentieren, was einen entscheidenden Einfluss auf den Erfolg der Marke hat (vgl. Dänzler & Heun, 2020, S. 5).

Die Marke ist die treibende Kraft des Geschäfts und muss transformiert werden, um sicherzustellen, dass das Geschäft floriert. Branding ist dabei mehr als nur ein Marketinginstrument (vgl. Uhlig & Körner, 2018, S. 21). Es ist für eine effektive

Implementierung, kontinuierliche Verwaltung, Kontrolle und Entwicklung von entscheidender Bedeutung. Social Media prägt das sogenannte Kundenzeitalter. Die Chancen zu nutzen und auf die Herausforderungen der neuen Ära zu reagieren, ist der Schlüssel. Die Marke ist das wertvollste immaterielle Gut des Unternehmens und macht 18 % des Marktwerts der 500 größten Unternehmen aus (vgl. Gotter, 2018, S. 42). Marken sind die strategische Triebkraft für die Unternehmensziele, aber die meisten Marken sind noch nicht als tatsächliche Vermögenswerte aufgeführt, sodass sie ihr wahres Potenzial nicht ausschöpfen können. In der sich schnell verändernden Welt erfordert der Markenaufbau ein neues organisatorisches Paradigma (vgl. Cloosterman & Hoekstra, 2019, S. 14).

Die Marke wird in interne und externe Kräfte unterteilt, die zum einen „das Verhalten der Mitarbeiter im Einklang mit der Markenidentität darstellen, das durch ihre Einstellungen, Fähigkeiten und Ressourcen in Bezug auf die Markenidentität geprägt ist" (Hoffend et al., 2018, S. 77). Die Markenstärke wird separat gemessen und dann in einen verhaltensorientierten Markenstärkewert umgewandelt. Dies wird beispielsweise durch den potenziellen Wert der Marke quantifiziert, der Überzahlungen aufgrund von Wachstumschancen in anderen Bereichen des Unternehmens widerspiegelt. Der Wert des Unternehmens kann durch Co-Branding- oder Markenerweiterungsstrategien realisiert werden (vgl. Rippe, 2017, S. 146).

Marken können in Herstellermarke, Handelsmarke und Dienstleistungsmarke unterteilt werden. Für Business-to-Business(B2B)-Kundinnen und -Kunden ist der persönliche Einfluss von M&A-Transaktionen auf ihre Marken offensichtlicher. Im Vergleich zu normalen Kundinnen und Kunden ist der kurzfristige Charakter dieser Beziehung ausgeprägter, die Anonymität des Unternehmens sowie die Austauschbarkeit der Produkte und Dienstleistenden sind höher. B2B-Kundinnen und -Kunden sind passiver, handeln weniger mit Marken und die Unternehmen sind weniger an Kaufentscheidungen beteiligt (vgl. Lauxen, 2018, S. 97). Daher ist das Risiko qualitativ und finanziell minderwertiger Investitionen von B2B-Kundinnen und -Kunden in der Regel geringer als das von normalen Kundinnen und Kunden und die Transaktionskosten werden erheblich reduziert (vgl. Rippe, 2017, S. 92).

Durch die vertriebsorientierte Dimension können Unternehmen ihre eigenen Handelsmarken anbieten, um die strategischen Entscheidungen der Markenarchitektur zu unterscheiden. Dies bestimmt das Qualitätsniveau des zu erbringenden Vertriebsvermittlers. Hier kann zwischen Premium-Handelsmarken, traditionellen Handelsmarken (z. B. „ja!" von Rewe) und allgemeinen Marken unterschieden werden. Aufgrund der Herstellung von Handelsmarkenprodukten werden jedoch der Kannibalisierungseffekt und negative Spillover-Effekte das Image der Marke des Herstellers untergraben (vgl. Müller, 2016, S. 39). Mit der Entwicklung der Gesellschaften und dem Aufstieg der tertiären Industrie machen auch Dienstleistungsmarken einen wesentlichen Teil des Marktes aus. Da Dienstleistungen jedoch ein abstraktes Leistungsspektrum bilden, besteht Unsicherheit hinsichtlich der Qualität, die das Grundmerkmal von Markenprodukten ist. Dienstleistungen stellen somit eine größere Herausforderung dar (vgl. Wiesbaden, 2015, S. 99).

Bezogen auf die Markenbreite kann zwischen Einzelmarken (jeweils nur ein Produkt), Familienmarken (jeweils mehrere Produkte), Dachmarken und Gattungsmarken differenziert werden (vgl. Wiesbaden, 2015, S. 47). In einem Unternehmen mit mehreren Familienmarken unterscheiden sich die Anzahl und die hierarchische Beziehung verschiedener Marken von denen in einem Einzelmarkenunternehmen. Beispielsweise kommen Mitarbeitende aufgrund interner Synergien häufig mit mehreren Marken in Kontakt und werden sogar mehreren Marken in der Organisation zugewiesen. Darüber hinaus besteht ein Unterschied zwischen Unternehmen mit mehreren Marken und Einzelmarkenunternehmen darin, dass Erstere dem Erfolg des gesamten Markenportfolios mehr Aufmerksamkeit schenken (vgl. Jentschke, 2016, S. 16).

Premiummarke bedeutet für BMW proprietär, ästhetisch und integer. Mit einer Premiummarke soll Kundinnen und Kunden ein echter Mehrwert geboten werden. Dies ist besonders für die Formulierung der strategischen Ziele der BMW Group von Bedeutung („Wir hoffen, ein führender Anbieter von Qualitätsprodukten und -dienstleistungen für das persönliche Reisen zu werden" Spindler, 2020, S. 174). Premiummarken betonen bei dem Unternehmen ein einzigartiges, zeitloses und elegantes BMW-Design (vgl. Aaker et al., 2015, S. 25).

Kunden und Unternehmen werden auch von Luxusmarken auf dem Markt angezogen, weil diese Interessen und Vitalität konzentrieren. Marken in einem gesättigten und mittelklassenbezogenen Markt mangelt es nicht nur an Charme und Vitalität, sondern auch an besonderen Merkmalen (vgl. Naegele et al., 2018, S. 147). Zahlreiche Kunden sind daher der Ansicht, dass eine kleinere Luxusmarke attraktiver ist. LV-Geschäfte unterscheiden sich von den Taschen, die in Supermärkten verkauft werden. Ihre Produkte und Dienstleistungen wirken sich auf die Werte und den Lebensstil aus. Mikrobrauereien, Luxusautos, Dekorationen und biologisch abbaubare Reinigungsmittel sind Produktkategorien, die zuvor alltäglichen Kategorien neues Leben einhauchen und Interesse bei Kunden wecken (vgl. Aaker et al., 2015, S. 179).

Auch aus finanzieller Sicht ist der Luxusmarkt attraktiv und ein wachsendes Marktsegment mit hohen Gewinnspannen. In Schwellen- und Industrieländern wächst ein wohlhabender Kundenstamm, der nach Luxusmarken sucht. Massenmarktkundinnen und -kunden neigen ebenfalls dazu, mit einzelnen Luxusgütern zu prahlen. Luxusmarken erzielen zum Teil erhebliche Gewinnspannen. BMW führte Produkte einer Luxusmarke, auf die etwa 5 % des Umsatzes, aber mehr als 90 % des Unternehmensgewinns entfielen (vgl. Aaker, 2015, S. 189).

Es ist wesentlich, Strategien für bestehende und zukünftige Produktpaletten in Verbindung mit den Markttrends zu entwickeln (vgl. Wiemers, 2018, S. 169). Ein grundlegendes Ziel jeder Strategie ist die Schaffung von Wahrnehmung, um einen Nachfragesog zu erzeugen. In diesem Bereich des Marktes liegt der Schwerpunkt auf Produktentwicklung und Kommunikation (vgl. Kortsch et al., 2018, S. 182).

Um Bedarf zu erzeugen, spielt die Positionierung des Produkts eine wesentliche Rolle. Ausgehend von der Produktpositionierung wird versucht, das Produkt mit Assoziationen in der Kommunikation zu verknüpfen. Diese Assoziationen werden dem

Benutzenden dann während der Nutzung effektiv vermittelt. Zu den am häufigsten verwendeten Assoziationen gehören Attraktivität, Innovation, Sportlichkeit, Dynamik, Qualität, Lebensfreude und Vertrauen. Die Vorteile der Verwendung des Produkts erstrecken sich demnach ebenfalls auf die Ebene der Assoziation (vgl. Müller, 2013, S. 546). Apple ist eine Erfolgsgeschichte. Apple hat bereits bestehende Produkte (MP3-Player, Mobiltelefone) erfolgreich umgestaltet. Mit dem iPad wurde dann ein Produkt entwickelt, das den Kundinnen und Kunden die Möglichkeit neuer Anwendungen eröffnete, die sie bisher nicht kannten. Dies ist ein prominentes Beispiel für Nachfrageerzeugung (vgl. Mobach & Neumann, 2018, S. 197).

In Personalmanagement sind typische Entwicklungsziele die Verbesserung der Zusammenarbeit, die Optimierung des Informationsflusses oder die Verringerung des Konfliktniveaus. Bei einem ganzheitlichen Ansatz ist die Veränderung der gesamten Organisationsprozesse oft das Ziel von Organisationsentwicklung (vgl. Meyding & Sorg, 2019, S. 34). Wenn z. B. eine deutliche Verbesserung der Kundenorientierung erforderlich ist, müssen gleichzeitig neue Strukturen und Prozessstrukturen geschaffen werden und die Teams müssen in der Lage sein, die interne Kommunikation und den Informationstransfer zum Nutzen der Kundinnen und Kunden zu optimieren. Die Kundinnen und Kunden und die einzelnen Mitarbeitenden müssen die kundenorientierte Telefonie-Technologie annehmen (vgl. Watzka, 2014, S. 107). Im Zuge neuer betrieblicher Aufgaben und der fortlaufenden Weiterentwicklung der Kompetenzen der Mitarbeitenden sollte die Personalorganisation regelmäßig hinterfragt und ggf. angepasst werden (vgl. Gaier, 2019, S. 69). In diesem Zusammenhang nimmt die Bedeutung klassischer Organisationsentwicklungsmaßnahmen zu, insbesondere im Hinblick auf den demografischen Wandel, Job-Rotation, Job-Enrichment und Job-Enlargement verfolgen zwei Ziele: Erstens soll die langfristige Kompetenz der Organisation durch die Zuweisung von Aufgaben an unterschiedliche Personen sichergestellt werden. Damit sollen Abhängigkeiten vermieden werden. Der zweite Aspekt betrifft die Arbeitnehmenden: Durch eine horizontale oder vertikale Erweiterung ihrer Aufgaben oder durch einen Arbeitsplatzwechsel kann die Gefahr von Monotonie und einseitiger körperlicher oder geistiger Belastung verringert werden. Darüber hinaus werden die Kompetenz und die Beschäftigungsquote der Mitarbeitenden erhöht (vgl. Troger, 2016, S. 63).

Um Arbeitsabläufe zu visualisieren, sollten KMU über Grundkenntnisse in der Prozessanalyse und -modellierung verfügen. Dies ist bereits in den entsprechenden modernen Studiengängen verankert und wird daher auch weiterhin Einzug in die Geschäftswelt halten (vgl. Wolff, 2019, S. 78). Die entsprechenden Grundlagen sind relativ simpel und können schnell erlernt werden. Sobald ein Stellenprofil generiert wurde, wird es in der Regel verwendet, um eine darauf basierende Stellenanzeige zu entwickeln (vgl. Riehm, 2013, S. 431).

Während das Konzept eines Wertschöpfungszentrums die Personalabteilung stärken soll, beseitigt das Konzept einer virtuellen Personalabteilung die räumliche und funktionale Vermischung von Personalaufgaben und ermöglicht eine breite

Dezentralisierung. Die Leitung der virtuellen Personalabteilung wird durch den umfassenden Einsatz von multimedialer Informations- und Kommunikationstechnologie koordiniert (vgl. Güttel & Schneider, 2018, S. 20). Die Mitarbeitenden der Personalabteilung sind anderen Funktionen zugeordnet und nehmen dort auf Teilzeitbasis Aufgaben der Personalverwaltung wahr. Wenn sie über spezifische Fähigkeiten verfügen, werden sie von anderen Mitarbeitenden in Fachabteilungen unterstützt, die zusätzlich zu ihren ursprünglichen Aufgaben Personalaufgaben wahrnehmen (vgl. Holtbrügge, 2013, S. 66).

Mobile Personalinformationssysteme ermöglichen die Virtualisierung von Personalabteilungen; sie basieren auf Anwendungen für Smartphones und Tablets, die personalpolitische Instrumente überall und jederzeit verfügbar machen (vgl. Wolf, 2019, S. 94). Dazu gehören z. B. die Erfassung und Abrechnung von Reisekostenbelegen, die Erfassung der Arbeitszeit sowie die Beantragung und Verwaltung von Urlaub. Zusätzlich zu diesen Verwaltungstätigkeiten unterstützen ausgefeilte Prozesse die Personalbeschaffung und -auswahl, indem sie den Zugriff auf Stellenanzeigen und Bewerberdaten ermöglichen, Vorstellungsgespräche ansetzen und den Fortschritt des Einstellungsverfahrens für neue Mitarbeitende überwachen. So können z. B. Mitarbeiterbeurteilungen und Personalbeurteilungen mithilfe mobiler Anwendungen, die das Personalmanagement unterstützen, benutzerfreundlich erstellt und ausgewertet werden (vgl. Schirmer, 2013, S. 76). Dieses Organisationskonzept zielt darauf ab, intra- und interorganisationale Koordinationsprobleme zu reduzieren und das Leistungspotenzial zu erhöhen. Darüber hinaus ermöglicht die Virtualisierung der Personalabteilung eine größere Flexibilität und Anpassungsfähigkeit hinsichtlich veränderter Aufgaben (vgl. Holtbrügge, 2013, S. 174).

Besonders in KMU ist es wesentlich, die Mitarbeiterorientierung mit starken Führungskompetenzen zu fördern. Führungskräfte benötigen in der Regel Informationen aus verschiedenen Quellen. Geeignete Instrumente zum Abbau dieser Informationsbarriere sind Mitarbeiterbefragungen, Interviews und Fokusgruppen (vgl. Zeuch, 2016, S. 132).

Personalmarketing ist kein reines Offlinethema mehr. Mit dem Aufkommen von Unternehmenswebsites konnte bereits bei den ersten Versuchen Mitte der 1990er-Jahre eine professionelle Nutzung für Online-Rekrutierungszwecke festgestellt werden (vgl. Grothe, 2015, S. 182). Um ein einheitliches E-Recruiting zu schaffen und einen maximalen Return on Investment zu erzielen, sollten KMU Bewerberinformationen so sorgfältig wie möglich erfassen und Datenbanken erstellen. Die Bedürfnisse des Unternehmens sollten so zielgerichtet wie möglich dargestellt werden (vgl. Westermann, 2019, S. 197).

4.2 Zusammenhang der Strategien

Für die meisten Unternehmen haben sich das Wettbewerbsumfeld und seine Bedingungen in den letzten 20 Jahren drastisch verändert. Verschiedene Entwicklungen in vielen Branchen haben dazu geführt, dass alte Strukturen erodiert sind und sich die zuvor vorherrschenden Wettbewerbsbedingungen verschoben haben. Beispielsweise haben sich durch Fusionen und Übernahmen die bestehenden Machtverhältnisse verändert, Fusionen und Übernahmen haben auch grenzüberschreitend zugenommen und neue Formen des Wettbewerbs sind entstanden. Beispielsweise hat die Verbrauchernachfrage nach einer Vielzahl von Produkten und Dienstleistungen zugenommen, die Verbrauchernachfrage ist über Grenzen hinweg konvergiert und Marken sind entstanden und konvergiert. Es folgte die Deregulierung vormals geschützter Märkte, was für viele Unternehmen Chancen in Form verbesserter Rahmenbedingungen für die internationale Geschäftstätigkeit bedeutete. Diese und ähnliche Veränderungen sind von enormer und wachsender Bedeutung für die strategischen und internationalen Aspekte der Unternehmensführung.

Die Kombination beider Strategien ermöglicht es dem Mittelstand; ein stabiles Wachstum zu generieren. Durch den Kauf von Unternehmen (z. B. kleinere am Markt agierende Unternehmen) kann das Unternehmen seine Wachstumsziele erreichen. Durch die Planung eines modernen Personalmanagements und eine durchdachte Marketingstrategie kann sich dieses Wachstum festigen. Neben der Festigung nachhaltiger Strukturen ermöglicht das Zusammenspielen der genannten Faktoren zudem, Synergien besser nutzen zu können.

4.3 Wachstumsstrategien Deutschland

In Deutschland haben nicht zuletzt seit der Corona Pandemie eher dynamische und innovative Geschäftsmodelle die Chance, der wachsenden Nachfrage gerecht zu werden (vgl. Würdinger, 2019, S. 220). Im Mittelpunkt der deutschen Unternehmensführung und der globalen Unternehmensführung steht die Wachstumsstrategie (vgl. Büchler, 2017, S. 3). Eine besondere Chance für mittelständische Unternehmen besteht darin, ihre internationale Tätigkeit unauffällig auszubauen. Ziel der Managementforschung ist es, theoretische und praktische Modelle zu entwickeln, die Unternehmen zu nachhaltigem Wachstum und operativem Erfolg führen. Deutsche Unternehmen scheint die strategischen Wachstumshebel Innovation, Internationalisierung sowie M&A in besonderer Weise zu vereinen und auszubalancieren, was zu einem überdurchschnittlichen (globalen) Markterfolg führt. Mittelständische Unternehmen sind auch als mittelständische Weltmarktführer bekannt und gelten daher als Vorbild für Unternehmen jeder Größe. Immer mehr KMU fragen nach dem Innovations- und Erfolgsgeheimnis und dem Entwicklungspfad nachhaltigen Wachstums (vgl. Zeyher, 2019, S. 283). Die

Dezentralisierung bietet Unternehmen gerade in einer globalisierten Welt Chancen, schnell und flexibel auf Umweltveränderungen zu reagieren. Die dezentrale Organisation von Unternehmen schafft eine größere Marktnähe (vgl. Bach et al., 2017, S. 76). Entscheidungen können mit dem höchsten Informationsstand im relevanten Markt getroffen werden. Der kurze Entscheidungsweg dezentraler Organisationen erhöht zudem die Geschwindigkeit und die Flexibilität. Im Vergleich zu einer zentralisierten Organisation kann der Entscheidungsprozess einfacher und effizienter werden. Größere Freiräume steigern zudem die Begeisterung von Führungskräften und Mitarbeitenden und die Integrität der damit verbundenen Aufgaben fördert die Anerkennung des Unternehmens, sodass Mitarbeitende besser für die Erreichung anspruchsvoller Ziele mobilisiert werden können (vgl. Knyphausen-Aufseß et al., 2011, S. 164). Die dezentrale Organisation ermöglicht dem Unternehmen zudem eine höhere interne Transparenz (vgl. Audretsch, 2019, S. 7).

Der deutsche Mittelstand hat zwei Hauptmotivationen: die Stärkung und Ausbau der eigenen Marktanteile und die Realisierung von Synergien (vgl. Santarelli, 2019, S. 123). Deutsche mittelständische Unternehmen benötigen größere Volumina, um die Kosten durch die Synergie aus niedrigeren Preisen und verstärktem Wettbewerb zu senken. Die M&A-Aktivitäten von Unternehmen haben aufgrund des verstärkten Wettbewerbs zugenommen (vgl. Witt, 2019, S. 68). Der Erfolg der führenden deutschen Mittelständler hängt mit ihren sich verändernden Wachstumsstrategien zusammen. Portfoliomanagement ist seit vielen Jahren Teil der Wachstumsstrategie des deutschen Mittelstands (vgl. Janssen, 2018, S. 17). Das Portfoliomanagement macht unter anderem das Content-Marketing für KMUs skalierbar, da es oft mit weniger Ressourcen verwaltet werden kann und sich einige der notwendigen Aufgaben standardisieren und damit automatisieren oder zumindest mit geringem Risiko auslagern lassen. Obwohl dies das eigentliche Ziel ist, kann der Wert des Portfolios nur durch Hinzufügen neuer Vermögenswerte gesteigert werden (vgl. Weller, 2019, S. 39).

4.4 Wachstumsstrategien China

Chinesische Mittelständlerinnen und Mittelständler verfolgen den Weg der industriellen Modernisierung, um auf Basis von Innovationen ein nachhaltiges Wirtschaftswachstum zu erreichen (vgl. Freimuth, 2017, S. 30). Eine weitere Möglichkeit für chinesische Mittelständlerinnen und Mittelständler, innovativ zu sein und gleichzeitig nachhaltig zu wachsen, besteht in einer „Go-Global"-Strategie. Viele chinesische Mittelständlerinnen und Mittelständler „innovieren" nicht selbst, sondern übernehmen z. B. durch M&A Transaktionen das Know-how und die Innovationsfähigkeit anderer Unternehmen (vgl. Callejón, 2019, S. 196). In den letzten Jahren gab es zunehmend Beispiele für chinesische Übernahmen deutscher Unternehmen. Allein in den ersten beiden Monaten des Jahres 2016 waren chinesische Unternehmen bei Unternehmensaufkäufen aktiv: Chinas größtes Chemieunternehmen ChemChina kaufte im Januar 2016 den Münchner

Kunststoffmaschinenbauer KraussMaffei für einen Firmenwert von 925 Mio. EUR auf. Beijing Enterprises Group Company Limited erwarb den niedersächsischen Abfallkonzern EEW für 1,438 Mrd. EUR, was die bis dahin teuerste Übernahme eines chinesischen Unternehmens in Deutschland war (vgl. Angerbauer & König, 2017, S. 52).

In den letzten Jahren hat sich China zu einem Industriegiganten in der Weltwirtschaft entwickelt. Allerdings schwächt sich das Wachstum nun ab und es gibt deutliche Anzeichen für eine wirtschaftliche, soziale und ökologische Erosion, die das Ende des bisherigen wirtschaftlichen Entwicklungsmodells signalisiert (vgl. Eklund & Pettersson, 2019, S. 205). Die Grundlage für die nächste Welle nachhaltigen Wachstums und gleichzeitig die mögliche Garantie für langfristige politische und soziale Stabilität muss in der intensiven Entwicklung des Humankapitals und der industriellen Anwendung von weltweit wettbewerbsfähigem und innovativem Wissen bestehen. Dieser Notwendigkeit sollten sich chinesische Mittelständlerinnen und Mittelständler bewusst sein (vgl. Freimuth, 2017, S. 404).

Ein weiterer relevanter Bestandteil der Wachstumsstrategie eines KMU ist die Veränderung der Organisationsstruktur durch die Einführung einer Omnichannel-Strategie. Die Organisationsstruktur, die eine Multikanalstrategie ermöglicht, muss von allen Mitarbeitenden und insbesondere von der obersten Führungsebene unterstützt werden (vgl. Alvarez, 2019, S. 324).

Notwendiges Kapital für Transaktionen kann in China durch Banken oder durch die Ausgabe von Aktien (auch an nicht an der Börse gelisteten Unternehmen) erfolgen. Diese Mittel werden durch die Ausgabe von Aktien (und Anleihen) an die Öffentlichkeit über die Kapitalmärkte beschafft. Die Beschaffung von Mitteln über den Kapitalmarkt bringt Vorteile mit sich, die letztlich zwischen dem Unternehmen und den Investoren aufgeteilt werden (vgl. Schuster & Uskova, 2018, S. 15).

4.5 Was deutsche Unternehmen von chinesischen Unternehmen lernen können

Chinesische Unternehmen haben in den vergangenen Jahren die Erfahrung gemacht, dass schnelles, aber gleichzeitig stabiles Wachstum die einzige Möglichkeit ist, am Markt langfristig bestehen zu können. Durch die Kombination von M&A-Transaktionen wird das Wachstum generiert, welches durch ein solide ausgestaltetes Marketing- und Personalmanagement gefestigt wird. Dieser Dreiklang sorgt bei chinesischen Unternehmen für schnelles, aber solides Wachstum.

Im Rahmen der Transferleistung können deutsche Mittelständler von der chinesischen Art des Wachstums lernen.

1. Kauf von kleineren oder gleich großen Mitbewerberinnen und -bewerbern durch das mittelständische Unternehmen. Das notwendige Kapital kann durch Fremd- oder Eigenkapital erfolgen. Auch in China gibt es einen Markt für die Ausgabe

von Wertpapieren für nicht an der Börse gelistete Unternehmen. Durch die M&A-Transaktionen werden direkt bzw. zukünftige Mitbewerberinnen und -bewerber aufgekauft und das Wachstum dieser Unternehmen dem eigenen Unternehmen zugeschrieben. Vorausgesetzt ist eine entsprechend erfolgreiche Integration der Unternehmen.
2. Einbindung des gesamten Unternehmens in eine durchdachte und stimmige Markenstrategie. Sowohl das „Stammunternehmen" wie aber auch die durch M&A-Transaktionen gewonnenen Unternehmen werden mithilfe einer Marketingstrategie als ein Unternehmen am Markt präsentiert. Aufgrund der einheitlichen Strategie lassen sich Synergieeffekte z. B. durch den Wegfall von verschiedenen Marketingstrategien der verschiedenen Unternehmen heben. Dies spart Geld und das Unternehmen kann so schneller am Markt agieren.
3. Entwicklung eines agilen und digitalen Personalmanagements. Gutes Personal zu finden, wird in Zukunft zu einer der Schlüsselfaktoren gehören. Durch ein agiles und digitales Personalmanagement bleiben die Mitarbeitenden länger im Unternehmen und neue Mitarbeitende lassen sich dadurch besser finden und ebenfalls binden.

Alle anderen Prozesse können den zuvor genannten Prozessen folgen. Der Dreiklang von M&A-Transaktion, Marketing- und Personalmanagement wird jedoch als Erfolgsfaktor für Wachstum angenommen.

4.6 Fazit

Der Ausbruch des Coronavirus hatte erhebliche Auswirkungen auf die Zukunftserwartungen der KMU in China und Deutschland. Generell gehen die mittelständischen Unternehmen davon aus, dass sich das Wettbewerbsumfeld verschärfen wird, was die Rentabilität der meisten Unternehmen zunehmend unter Druck setzen wird. Allerdings gibt es Unterschiede zwischen den Branchen. Die KMU im Energie- und Technologiesektor sind zyklischer als die im Gesundheits-, Sozial- und Bildungssektor. Der Artikel zeigt, wie chinesische und deutsche KMU strategisch auf die Herausforderungen einer wettbewerbsintensiveren Zukunft in ihren Geschäftsbereichen reagieren können. In allen Branchen ist zu erkennen, dass sich die deutschen KMU vor allem durch die Qualität ihrer Produkte und Dienstleistungen auszeichnen. Wesentlich sind auch der Innovationsgrad und die Individualisierung des Angebots. Andererseits möchten sich chinesische KMU von ihren Konkurrenten abheben, indem sie eine möglichst breite Palette von Dienstleistungen oder niedrige Preise anbieten sowie ein schnelles Wachstum generieren.

Trotz der anhaltenden Herausforderungen verfolgt die überwiegende Mehrheit der KMU eine langfristige Wachstumsstrategie. Der Markt für M&A ist ein zyklischer Markt und unterliegt daher wiederkehrenden Schwankungen und Konjunkturzyklen. Es besteht jedoch kein Konsens dazu, weshalb M&A zyklisch verlaufen. Eines der zentralen kurzfristigen Ziele bei M&A ist das Erreichen einer möglichst hohen Transaktionssicherheit.

Das wohl wichtigste langfristige Ziel einer M&A-Transaktion ist die erfolgreiche Integration des übernommenen Unternehmens in die eigene Organisation oder das eigene Portfolio, um das Wachstum des eigenen Unternehmens zu sichern.

Personalmarketing ist im Personalmanagement kein reines Offlinethema mehr: Die meisten KMU haben einen einheitlichen elektronischen Rekrutierungsprozess erstellt, erfassen die Kandidaten und bauen eine Datenbank auf. Die Bedürfnisse des Unternehmens werden so zielgerichtet wie möglich dargestellt und das kreative Potenzial der neuen Mitarbeitenden wird genutzt. Die Kommunikation als ganzheitliche Markenstrategie bietet Synergieeffekte und sorgt am Markt für ein einheitliches Auftreten, was zur Steigerung des Kundenwertes führen kann.

Der Erfolg für Wachstum liegt in einem ausgewogenen wiederkehrenden integrierten Ablauf von Unternehmenszukäufen mit gleichzeitiger Umsetzung von innovativen Personal- und Marketingmaßnahmen.

Literatur

Aaker, D., Stahl, F., & Stöckle, F. (2015). *Marken erfolgreich gestalten. Die 20 wichtigsten Grundsätze der Markenführung.* Springer.

Alvarez, S. (Hrsg.). (2019). *From industrial organization to entrepreneurship.* Springer.

Angerbauer, C., & König, T. (Hrsg.). (2017). *Chinas Innovationsstrategie in der globalen Wissensökonomie. Unternehmen, Hochschulen und Regionen im Spannungsfeld von Politik und Autonomie.* Springer.

Audretsch, J. (Hrsg.). (2019). *From industrial organization to entrepreneurship.* Springer.

Bach, N., Brehm, C., Buchholz, W., & Petry, T. (2017). *Organisation. Gestaltung wertschöpfungsorientierter Architekturen, Prozesse und Strukturen.* Springer.

Bock, V. (Hrsg.). (2019). *Grundlagen des M&A-Geschäftes. Strategie – Recht – Steuern.* Springer.

Brauer, M., Hollasch, K., Niemeyer, J., & von Rüden, M. (Hrsg.). (2019). *Grundlagen des M&A-Geschäftes. Strategie – Recht – Steuern.* Springer.

Büchler, J. (2017). Wachstumsstrategien mittelständischer Unternehmen. https://opus.bsz-bw.de/fhdo/files/1816/Prof._Dr._Buechler_FB_9_Wachstumsstrategien_mittelstaendischer_Unternehmen_2016.pdf.

Callejón, M. (Hrsg.). (2019). *From industrial organization to entrepreneurship.* Springer.

Cloosterman, M., & Hoekstra, L. (2019). *Vermögenswert Marke. Mit Brand Management messbar zum Unternehmenserfolg beitragen.* Springer Gabler.

Dänzler, S., & Heun, T. (Hrsg.). (2020). *Marke und digitale Medien.* Springer Gabler.

Eklund, J., & Pettersson, L. (Hrsg.). (2019). *From Industrial Organization to Entrepreneurship.* Springer.

Faust, M. (Hrsg.). (2019). *Grundlagen des M&A-Geschäftes. Strategie – Recht – Steuern.* Springer.

Freimuth, J. (Hrsg.). (2017). *Chinas Innovationsstrategie in der globalen Wissensökonomie. Unternehmen, Hochschulen und Regionen im Spannungsfeld von Politik und Autonomie.* Springer.

Gaier, R. (Hrsg.). (2019). *Post-M&A Schiedsverfahren. Recht und Rechtsfindung jenseits gesetzlichen Rechts.* Springer.

Gotter, C. (Hrsg.). (2018). *Kompetenzmanagement in kleinen und mittelständischen Unternehmen.* Springer.

Grothe, M. (Hrsg.). (2015). *Praxishandbuch Social Media Recruiting. Experten Know-How/ Praxistipps/Rechtshinweise*. Springer.
Güttel, C., & Schneider, P. (Hrsg.). (2018). *Personalmanagement. Internationale Perspektiven und Implikationen für die Praxis*. Springer.
Hoffend, I., Schaarschmidt, M., & von Korflesch, H. (Hrsg.). (2018). *Kompetenzmanagement in kleinen und mittelständischen Unternehmen*. Springer.
Holtbrügge, D. (2013). *Personalmanagement*. Springer Gabler.
Janssen, L. (2018). *Abfallreduktion im Lebensmitteleinzelhandel. Lösungsansätze mittels mathematischer Optimierung und simulationsbasierter Evaluierung*. Springer.
Jentschke, M. (2016). *Innengerichtete Markenführung in Unternehmen mit mehreren Marken. Wirkungen und Determinanten multipler Brand Commitments*. Springer.
Jeske, T., Schlick, C., & Mütze-Niewöhner, S. (Hrsg.). (2014). *Flexible Produktionskapazität innovativ managen. Handlungsempfehlungen für die flexible Gestaltung von Produktionssystemen in kleinen und mittleren Unternehmen*. Springer.
Karalus, G. (2018). *Wachstumsstrategien in der Medienbranche. Eine Untersuchung des ressourcenbasierten Aufbaus neuer Geschäftsfelder bei deutschen Printmedien*. Springer.
Kauffeld, S., & Frerichs, F. (Hrsg.). (2018). *Kompetenzmanagement in kleinen und mittelständischen Unternehmen*. Springer.
Knyphausen-Aufseß, D., van Hettinga, E., Harren, H., & Franke, T. (Hrsg.). (2011). *Innovative Geschäftsmodelle. Konzeptionelle Grundlagen, Gestaltungsfelder und unternehmerische Praxis*. Springer.
Kolo, C. (Hrsg.). (2013). *Management von Medienunternehmen. Digitale Innovationen – Crossmediale Strategien*. Springer.
Körner, A., Uhlig, S., & Sperber, E. (Hrsg.). (2018). *Kompetenzmanagement in kleinen und mittelständischen Unternehmen*. Springer.
Kortsch, T., Paulsen, H., & Kauffeld, S. (Hrsg.). (2018). *Kompetenzmanagement in kleinen und mittelständischen Unternehmen*. Springer.
Kreutzer, R. (2013). *Praxisorientiertes Marketing. Grundlagen – Instrumente – Fallbeispiele*. Springer.
Kreutzer, R. (2018). *Toolbox für Marketing und Management. Kreativkonzepte – Analysewerkzeuge – Prognoseinstrumente*. Springer.
Lauxen, O., Schwarz, L., Adami-Burke, J., Hagmann, K., & Schug, E. (2018). Gestaltungskompetenz in Innovationsprozessen in der Pflege. In S. Kauffeld & F. Frerichs (Hrsg.), *Kompetenzmanagement in kleinen und mittelständischen Unternehmen* (S. 89–104). Springer.
Meyding, T., & Meckbach, A. (Hrsg.). (2019). *Grundlagen des M&A-Geschäftes. Strategie – Recht – Steuern*. Springer.
Meyding, T., & Sorg, S. (Hrsg.). (2019). *Post-M&A Schiedsverfahren. Recht und Rechtsfindung jenseits gesetzlichen Rechts*. Springer.
Mobach, I., & Neumann, B. (Hrsg.). (2018). *Kompetenzmanagement in kleinen und mittelständischen Unternehmen*. Springer.
Müller, D. (2013). *Betriebswirtschaftslehre für Ingenieure*. Springer.
Müller, M. (2016). *Internationale Markenstrategien. Erfolgswirkung der Markenstandardisierung auf den Markenwert*. Springer.
Müller-Thum, R. (2013). M&A in der Medienbranche – Strategische und operative Perspektiven. In M. Schneider (Hrsg.), *Management von Medienunternehmen. Digitale Innovationen – Crossmediale Strategien* (S. 247–275). Springer Gabler.
Naegele, L., Brümmer, G., & Frerichs, F. (Hrsg.). (2018). *Kompetenzmanagement in kleinen und mittelständischen Unternehmen*. Springer.

Nestler, A. (Hrsg.). (2019). *Grundlagen des M&A-Geschäftes. Strategie – Recht – Steuern.* Springer.
Pfüller, M. (Hrsg.). (2019). *Grundlagen des M&A-Geschäftes. Strategie – Recht – Steuern.* Springer.
Redenius-Hövermann, J. (Hrsg.). (2019). *Grundlagen des M&A-Geschäftes. Strategie – Recht – Steuern.* Springer.
Riehm, P. (Hrsg.). (2013). *Management von Medienunternehmen. Digitale Innovationen – Crossmediale Strategien.* Springer.
Rippe, K. (2017). *Strategische Marken-Due-Diligence. Konzeptionelles Modell zur Messung des identitätsbasierten Markenfit bei M&As.* Springer.
Santarelli, E. (Hrsg.). (2019). *From industrial organization to entrepreneurship.* Springer.
Schalast, C., & Musil, A. (Hrsg.). (2019). *Grundlagen des M&A-Geschäftes. Strategie – Recht – Steuern.* Springer.
Schalast, C., & Wedell, G. (Hrsg.). (2019). *Grundlagen des M&A-Geschäftes. Strategie – Recht – Steuern.* Springer.
Schalast, C. (Hrsg.). (2019). *Grundlagen des M&A-Geschäftes. Strategie – Recht – Steuern.* Springer.
Schirmer, N. (2013). *Personalmanagement für Kreativschaffende. Das Konzept des Künstlerbeziehungsmanagements.* Springer.
Schuster, T., & Uskova, M. (2018). *Finanzierung und Finanzmanagement Lehr- und Übungsbuch für das Master-Studium.* Springer.
Sohbi, H. (Hrsg.). (2019). *Grundlagen des M&A-Geschäftes. Strategie – Recht – Steuern.* Springer.
Spindler, G. (2020). *Basiswissen Marketing. Quick Guide für (Quer-) Einsteiger, Jobwechsler, Selbstständige Auszubildende und Studierende.* Springer.
Starke, J., Dilba, R., & Grimm, M. (Hrsg.). (2014). *Flexible Produktionskapazität innovativ managen. Handlungsempfehlungen für die flexible Gestaltung von Produktionssystemen in kleinen und mittleren Unternehmen.* Springer.
Tischendorf, S. (Hrsg.). (2019). *Grundlagen des M&A-Geschäftes. Strategie – Recht – Steuern.* Springer.
Troger, H. (2016). *7 Erfolgsfaktoren für wirksames Personalmanagement.* Springer Gabler.
Uhlig, S., & Körner, A. (Hrsg.). (2018). *Kompetenzmanagement in kleinen und mittelständischen Unternehmen.* Springer.
von Dryander, C., & Raettig, L. (Hrsg.). (2019). *Grundlagen des M&A-Geschäftes. Strategie – Recht – Steuern.* Springer.
Wahab, M. (2021). *Numerical problems in crystallography.* Springer.
Watzka, K. (2014). *Personalmanagement für Führungskräfte. Elf zentrale Handlungsfelder.* Springer.
Wegmann, J., & Siebert, H. (2020). *Unternehmensverkauf. Leitfaden für kleine und mittlere Unternehmen.* Springer.
Weller, R. (2019). *Portfoliomanagement im Content Marketing. Einführung in die Wertoptimierung digitaler Inhalte.* Springer.
Westermann, H. (Hrsg.). (2019). *Post-M&A Schiedsverfahren. Recht und Rechtsfindung jenseits gesetzlichen Rechts.* Springer.
Wiemers, D. (Hrsg.). (2018). *Kompetenzmanagement in kleinen und mittelständischen Unternehmen.* Springer.
Wiesbaden, S. (2015). *250 Keywords Preis- und Produktpolitik. Grundwissen für Manager.* Springer.
Witt, A. (2019). *Mergers & Acquisitions von börsennotierten Unternehmen in Deutschland. Akquisitionsmotive und Integration in das Käuferunternehmen.* Springer.

Wolf, C. (Hrsg.). (2019). *Post-M&A Schiedsverfahren. Recht und Rechtsfindung jenseits gesetzlichen Rechts*. Springer.
Wolff, R. (Hrsg.). (2019). *Post-M&A Schiedsverfahren. Recht und Rechtsfindung jenseits gesetzlichen Rechts*. Springer.
Würdinger, M. (Hrsg.). (2019). *Post-M&A Schiedsverfahren. Recht und Rechtsfindung jenseits gesetzlichen Rechts*. Springer.
Zeuch, M. (Hrsg.). (2016). *CSR und Human Resource Management. Die Relevanz von CSR für modernes Personalmanagement*. Springer.
Zeyher, S. (Hrsg.). (Störung der Geschäftsgrundlage, 2019). *Post-M&A Schiedsverfahren. Recht und Rechtsfindung jenseits gesetzlichen Rechts*. Springer.

Jörg A. Macht (Dipl.-Kfm., FH) ist Vorstandsvorsitzender der Germaco AG und Dozent an der FOM Hochschule in Deutschland und China. Er lehrt an den Standorten Köln, Düsseldorf, Neuss, Essen sowie an den chinesischen Standorten in Taian und Taiyuan Finanzierung und Investition, Investment und Investor Relations, Kosten- und Leistungsrechnung sowie Controlling.

Runfei Li ist gebürtige Chinesin und lebt seit 2019 in Deutschland. Nach erfolgreichem Abschluss des dualen Bachelorstudiengangs in Deutschland und China absolvierte sie einen ebenfalls dualen Master in International Marketing in Deutschland und China. Zurzeit arbeitet Runfei Li in der Automobilindustrie in Deutschland im Bereich Controlling und befasst sich intensiv mit dem Bereich interkulturelle Kommunikationskompetenz.

Lean Innovation als Erfolgsfaktor für das profitable Wachstum mittelständischer Hightech-Unternehmen – Eine Frage der Führungskultur?

Frank Strüver

Inhaltsverzeichnis

5.1	Themenbearbeitung	70
5.2	Innovation	71
	5.2.1 Technologische Innovation	72
	5.2.2 Kulturelle Innovation	72
5.3	Innovationsmanagement	73
	5.3.1 Lean Innovation	74
	5.3.2 Externe Einflussfaktoren	76
	5.3.3 Interne Einflussfaktoren	77
5.4	Führungsgrundsätze	77
	5.4.1 Individuell geprägte Führung	77
	5.4.2 Kollektiv geprägte Führung	77
5.5	Was können deutsche Mittelstandsunternehmen von chinesischen Unternehmen lernen	78
5.6	Fazit	79
Literatur		80

Zusammenfassung

Der Beitrag befasst sich mit den kulturellen und organisatorischen Unterschieden, welche sich bei der strategischen Planung und Gestaltung von Innovationsprozessen im globalen Wettbewerb von mittelständigen Hightech-Unternehmen ergeben. Dabei

---

F. Strüver (✉)
CorporateContext GmbH, Dinslaken, Deutschland
E-Mail: frankstruever@corporate-context.com

© Der/die Autor(en), exklusiv lizenziert an Springer Fachmedien Wiesbaden GmbH, ein Teil von Springer Nature 2023
M. Seidel und J. Macht (Hrsg.), *China & Innovation,* FOM-Edition,
https://doi.org/10.1007/978-3-658-40440-6_5

wird Lean Innovation als bedeutsame Methode bei der Generierung zukünftigen profitablen Wachstums gesehen. Die Anwendbarkeit von Lean Innovation wird dabei unter Bezugnahme auf die verschiedenen gesellschaftlichen, politischen und kulturellen Unterschiede zwischen der Volksrepublik China und der Bundesrepublik Deutschland betrachtet. In diesem Zusammenhang werden Führungssysteme und Umfeldeinflüsse ebenso betrachtet, wie die Konsequenzen unterschiedlicher Wertvorstellungen zwischen Kollektivismus und Individualismus und deren gesellschaftlichen Einfluss auf die Innovationsfähigkeit von mittelständischen Unternehmen in China und Deutschland. Abschließend befasst sich der Beitrag mit der Identifizierung von Lernfeldern, die sich für deutsche Unternehmen im Hinblick auf das Innovationsmanagement chinesischer Unternehmen ergeben.

5.1 Themenbearbeitung

Das Thema des Innovationsmanagements nimmt eine immer größere Bedeutung für die gesellschaftlichen, politischen und vor allem wirtschaftlichen Belange der mittelständisch geprägten Bundesrepublik Deutschland ein. Allenthalben stellt man fest, dass der Wachstumsmotor der deutschen Wirtschaft nicht mehr den gewünschten Vorsprung hervorbringen kann.

Die Wettbewerbsfähigkeit von Volkswirtschaften einerseits sowie international operierenden Unternehmen andererseits unterliegt ganz stark dem Impact der quantitativen und qualitativen Arbeits- und Wissensleistung seiner Einwohnerinnen und Einwohner. Letzteres „zu wertschöpfen" steht dabei inzwischen im Fokus der Unternehmensführung.

China als Riesenvolkswirtschaft von kommunistischer Prägung mit starren Führungsmodellen hat in den zurückliegenden Jahrzehnten immens aufgeholt, teilweise sogar dort, wo es um die Umsetzung von Innovationen geht, eine globale Führungsrolle beanspruchen können. Warum ist das so? Haben agile Führungsmethoden mit Bottom-up-Kommunikation doch nicht den erwünschten Wirkungsgrad erzielt? Oder sind Top-down-Ansätze zeitweise doch effizienter? Welche Rolle spielen Individualität und Kollektiv? Letztendlich stellt sich die Frage, was und wie wir daraus lernen können?

Diese Frage scheint im Mittelstand in der Form weitestgehend noch nicht angekommen zu sein, bzw. ist sie noch nicht hinreichend Gegenstand managementtheoretischer Diskussion geworden. Deshalb sind die drohenden Folgen mangelnder Umsetzungen von wegweisenden Innovationen inzwischen von einem „Zukunftsgespenst" zum alltäglichen Problemfeld in den Unternehmen avanciert. Ganz aktuell erleben wir die Folgen der Abhängigkeiten, welche wir eingegangen sind, anstatt selbstständig innovative Techniken zur Energiegewinnung zu verfolgen.

Der Beitrag beschäftigt sich mit der Frage, welcher Ansatz für deutsche Mittelstandsunternehmen als Best Practice genügen kann. Dazu werden verschiedene Aspekte des

Innovationsmanagements abgeglichen und in den Diskurs gebracht. Die Problemstellung ist äußerst facettenreich und stellt sich im Wesentlichen in folgenden Aspekten dar.

Die Herausforderungen, die sich daraus ergeben, sind teilweise davon geprägt, dass sich auf der einen Seite weitreichende Veränderungen der Wirtschaftsstruktur durch die Globalisierung und dem Übergang zur Wissensgesellschaft ergeben. Das heißt, dass mit dieser Entwicklung der Focus und die Nachfrage an ständiger Innovation wie Forschung und Entwicklung sowie Beratung etc. steigt. Unternehmen stehen dabei vor der Herausforderung des profitablen Wachstums. Ständige Veränderungsprozesse müssen in Sachen Wirtschaftlichkeit und Mitarbeiterentwicklung vollzogen werden.

Auf der anderen Seite werden Innovationszyklen und Zeitfenster für unternehmerische Entscheidungen immer enger. Somit ist im Management eine effiziente Umsetzungs- und Change-Effizienz gefordert. Dazu müssen wir konstatieren, dass sich der Mensch im Laufe der Zeit geradezu evolutionär in seiner Bedürfnisstruktur verändert hat. In den letzten Jahrzehnten hat die Individualität im gesellschaftlichen Bereich, zumindest in der westlichen Welt, enorm an Gewicht gewonnen. Das hat Einfluss auf die Führungssysteme in Unternehmen genommen. Vielmehr denn je steht der Mensch als Individuum und wertvollste Ressource im Mittelpunkt der Führungstheorien.

Individualität versus Kollektiv in der Führung und der Unternehmenskommunikation nicht als Zielkonflikt zu verstehen, darin liegt wohl die Hauptforderung des Fortschritts durch Innovation. Die Folge einer Nichtbeachtung dieser Forderungen würde bedeuten, dass die Wettbewerbsfähigkeit mittelständischer Unternehmen in Deutschland darunter zu leiden droht, wenn keine stichhaltigen und nachhaltigen Maßnahmen einer „leanen" Innovations- und Wettbewerbsstrategie Beachtung finden würden.

Mit der Erreichung dieser Ziele kann es den mittelständischen Unternehmen in Deutschland gelingen, international nachhaltig innovativ und wettbewerbsfähig zu bleiben und den globalen Begebenheiten mit ständigen Wandelprozessen entgegenzuwirken. Mitunter ist, wie China es zeigt, der volkswirtschaftliche Nutzen von erfolgreichem Innovationsmanagement im Sinne des kollektiven Innovationsmanagements enorm. Und ja! Es hängt tatsächlich von der Führungskultur in den mittelständischen Unternehmen ab. Die Unternehmen sollten die Führungsaspekte bei der Transformation von Innovation in den Vordergrund stellen.

5.2 Innovation

Innovation ist im schumpeterschen Sinne grundsätzlich definiert als eine Kombination von Ideen und Erfindungen. In der Zeit der Digitalisierung von Geschäftsprozessen, welche auf neuartigen Geschäftsmodellen und Organisationsformen basieren, dienen Innovationsaktivitäten der strategischen Ausrichtung und dem strategischen Agieren von Unternehmen, um sich in schnell wandelnden Marktumfeldern behaupten zu können (vgl. Urabe et al., 2018, S. 3).

In volkswirtschaftlicher Sichtweise ist Innovation das probate Mittel, welches Organisationen und Volkswirtschaften zukunftsorientiert vorantreibt. Nicht innovative Volkswirtschaften sind demgemäß lediglich in der Lage, Schritt zu halten. Daher ist es ein wichtiges gesellschaftliches Postulat an die Entscheidungsträger im privatwirtschaftlichen und öffentlichen Bereich sowie an die Wissenschaftlerinnen und Wissenschaftler, sich mit den Organisationen auseinanderzusetzen (vgl. Hervas-Oliver & Peris-Ortiz, 2014, S. 5).

Innovation ist seit jeher der Motor für die gesellschaftliche Entwicklung. Heutzutage ist Innovation ein wesentlicher Treiber für den Wettbewerb und Marktanteile einerseits und zu nutzenden Marktchancen andererseits. Dabei konzentriert sich der Marktanteilswettbewerb auf eindimensionale Produkte, Prozess- und operative Geschäftsmodellinnovationen. Beim Chancenanteilswettbewerb handelt es sich um sogenannte integrierte Innovationen (vgl. Eckert, 2017, S. 6).

5.2.1 Technologische Innovation

Technologische Innovation ist insbesondere in der Hightech-Branche ein relevanter Wettbewerbsaspekt. Immer schnellere Innovationszyklen und die damit gleichzeitig bedingte Verkürzung der Produktlebenszyklen fordern Unternehmen immer intensiver dazu heraus, dass Wandelsituationen kontinuierlich gemeistert werden müssen, um den technologischen Gleichschritt oder gar die Technologieführerschaft nicht zu verlieren. Die effiziente Gestaltung der Unternehmensprozesse steht dabei an allererster Stelle.

Technologische Innovationen sind ein wichtiger Erfolgsfaktor im globalen Wettbewerb, welcher den Druck auf die Unternehmen, innovativ zu sein, um die Marktanteile des Unternehmens nicht zu verlieren (vgl. Oh & Ho, 2011, S. 3). Sie führen gemeinhin zu neuen Technologien, neuen Verfahren, Produkten und Prozessen, welche die Unternehmen dabei unterstützen, mit Veränderungen im technologischen und ökologischen sowie ökonomischen Umfeld der globalen Märkte zu bestehen (vgl. Haddud, 2018, S. 56).

5.2.2 Kulturelle Innovation

In Anbetracht der Tatsache, dass vorliegend die Innovationsfähigkeit von Unternehmen als Erfolgsfaktor profitablem Wachstums betrachtet wird, gilt es an dieser Stelle festzustellen, welche kulturellen Aspekte bei der Betrachtung eine Rolle spielen. Da Innovation global in allen weltweiten Volkswirtschaften stattfindet, ist bei der Bewertung von Führungssystemen, welche auf kulturelle Normen und Wertebeziehungen basieren, eine Fokussierung auf die wesentlichen Unterschiede vorzunehmen.

Während sich in Deutschland der Trend zu partizipativem Führungsverhalten, bei welchem das Individuum im Vordergrund steht, durchgesetzt hat, basiert die chinesische

Führungskultur auf dem Erfolg des Kollektivs. Innovationskultur beschreibt die Werte, Normen und Einstellungen, welche die diejenigen Menschen, welche am Innovationsprozess beteiligt sind, prägen.

Die Aufgabe der Innovationskultur ist es, in den Organisationen einen Handlungsrahmen zu schaffen, der die optimale Entwicklung und Umsetzung innovativer Ideen ermöglicht. Jede Innovationsstrategie bleibt aus dieser Perspektive wirkungslos, wenn sie nicht mit einer Unternehmenskultur einhergeht, welche eben auch die Umsetzung unterstützt (vgl. Gaubinger et al., 2015, S. 77).

Ohne eine Innovationskultur sind innovative Durchbrüche nahezu unmöglich (vgl. Halder, 2016, S. 77). Wir können also schon einmal konstatieren, dass die Qualität der Umsetzung von Innovationen grundsätzlich von der Unternehmenskultur und der damit verbundenen Förderung der erforderlichen Innovationsprozessen abhängt.

Damit folgerichtig Innovationen generiert werden können, müssen Veränderungen, Kreativität und eine kritische Haltung gegenüber dem Status quo gefördert werden. Dazu bedarf es der Aufnahme dieser Haltung als fester Bestandteil der Unternehmenskultur. Hiermit sind zuvorderst die Werte und Normen der Mitarbeitenden und Führungskräfte in den Unternehmen gemeint, welche das Denken und das Verhalten der Individuen und Gruppen bestimmen.

Im Vergleich zu typischem, partizipativem Führungsverhalten, wie es hierzulande stattfindet, ist die Mitarbeiterführung in China im Wesentlichen auf die Erfüllung Top-down heruntergebrochenen planwirtschaftlicher Ziele ausgerichtet. So lag China im Global Innovation Index von 2021, wie in der Abb. 5.1 dargestellt, auf Rang 12. 2013 lag China noch auf Rang 34.

Bezeichnenderweise hat China in den letzten Jahren auf dem Feld der technologischen Innovationen enorm aufgeholt, obgleich bekanntermaßen die Individualität in chinesischen Führungssystemen gegenüber dem Kollektiv zurücksteht. Grundsätzlich zeichnet sich ein innovationsfreundliches Umfeld in einem Unternehmen oder einer Organisation zudem durch einen intensiven Austausch von Informationen aus, um eben dadurch den regen Austausch aller innovativen Ideen und Methoden sicherzustellen (vgl. von Au, 2011, S. 3).

5.3 Innovationsmanagement

Innovationsmanagement beschreibt das wesentliche Element aller Maßnahmen und Forschungs- und Entwicklungsaktivitäten, die darauf ausgerichtet sind, das Ziel, die Innovationsleistung von Unternehmen zu verbessern, zu erreichen (vgl. Miecznik, 2012, S. 340). So können Unternehmen die Fortentwicklung ihrer Marktchancen einerseits, den Reifegrad an Veränderungsfähigkeit der Belegschaften andererseits ermöglichen. Gerade der Mittelstand auf dem Hightech-Markt benötigt diese Veränderungsfähigkeit, um im globalen Wettbewerb bestehen zu können.

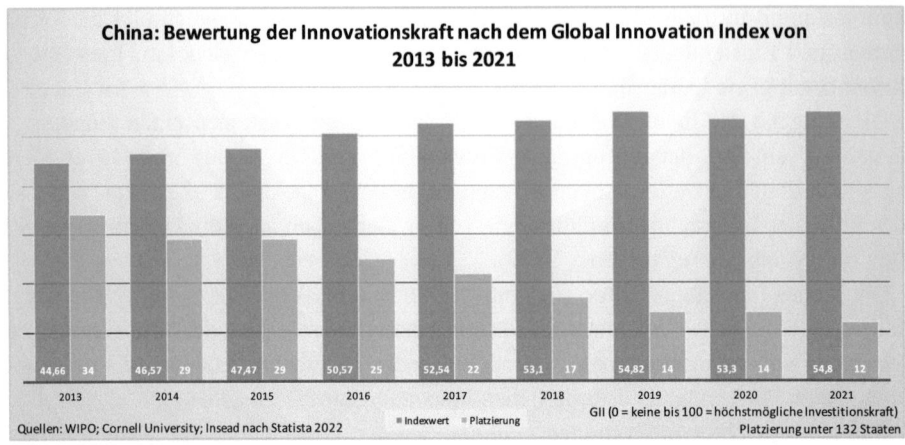

Abb. 5.1 China: Bewertung der Innovationskraft nach dem Global Innovation Index von 2013 bis 2021. (Quelle: Statista, 2022)

Umfeldbezogene Beschränkungen wie Zulassungsverfahren, gesetzliche Regelungen und Durchlaufzeiten bei Genehmigungsverfahren beeinträchtigen die Geschwindigkeit der Innovationsprozesse immens. Dieser Umstand führt regelmäßig dazu, dass die Unternehmen diese Verzögerungen durch noch mehr Professionalisierung im Prozess puffern müssen. Dieser Umstand stellt einen weiteren strukturellen Nachteil dar. Der chinesische Mittelstand ist im Gegenteil dazu auf kollektiver Planzielerreichung ausgerichtet, wobei das gesamte Umfeld auf die Zielerreichung Wert legt und die Wandelbarrieren auf ein Minimum reduziert werden.

5.3.1 Lean Innovation

Unter Lean Innovation ist als ein prinzipiengestützter Ansatz zu verstehen, welcher aus vier Handlungsfeldern mit jeweils drei zusammenhängenden Prinzipien besteht. Unter Lean Innovation ist ein prinzipiengestützter Ansatz zu verstehen, welcher – wie in der Abb. 5.2 dargestellt – im Wesentlichen aus vier Handlungsfeldern mit zusammenhängenden Prinzipien besteht.

Da der Globalisierungstrend sich zur Realität entwickelt hat und sich auch die asiatischen Marktteilnehmer weiter verstärken, ergibt sich gerade im Hinblick auf den Einsatz neuer Informations- und Kommunikationstechnologien die Notwendigkeit, aber gleichsam auch die Herausforderung für Unternehmen, sich mit Lean Management beschäftigen zu müssen (vgl. Bauer, 2016, S. 3).

5 Lean Innovation als Erfolgsfaktor für das profitable …

Abb. 5.2 Lean-Innovation-Prinzip. (Quelle: In Anlehnung an Schuh, 2013, S. 11)

Lean Innovation ist für Großunternehmen und mittelständischen Unternehmen gleichsam entscheidend. Alle Unternehmen müssen ihre Produkte und Geschäftsprozesse kontinuierlich weiterentwickeln, um langfristig nicht an Wettbewerbsfähigkeit zu verlieren (vgl. Disselkamp, 2012, S. 15).

Die Unternehmen sind im globalen Wettbewerb befindlich und stehen im Echtzeitwettbewerb, welcher dadurch geprägt ist, dass die Produktlebenszyklen immer kürzer und die Anforderungen an ständiger organisatorischer Veränderung immer größer werden. Die Entwicklung in China befindet sich schon seit Jahrzehnten auf einem rasanten Wachstumskurs und hat daher schon enorme Erfahrungen im Umgang mit Innovationsmanagement aufzuweisen. Die wirtschaftliche und technologische Aufholjagd Chinas im Vergleich zu westlichen Industrieländern ist geprägt von Hightech-Innovationen und der Schaffung von Weiterentwicklungen, die im Einklang mit dem Wachstum einer ganzen Nation stehen. Der unternehmerische Reifegrad von Lean Innovation kann, wie in Abb. 5.3 dargestellt, in fünf Stufen eingeteilt und unterschieden werden.

Bei der ersten Stufe, der Ad-hoc-Stufe ist noch kein strukturiertes Lean-Innovation-Management zu erkennen, welches über das Engagement der Mitarbeiter hinauszugehen vermag. Hier steht man am Anfang und es wird regelmäßig damit begonnen, die Lean-Innovationsprinzipien zu interpretieren und erste Modelle zu entwickeln (vgl. Schuh, 2013, S. 228). Hierbei spricht man von der Mobilisierung. Bei der zweiten Stufe, der

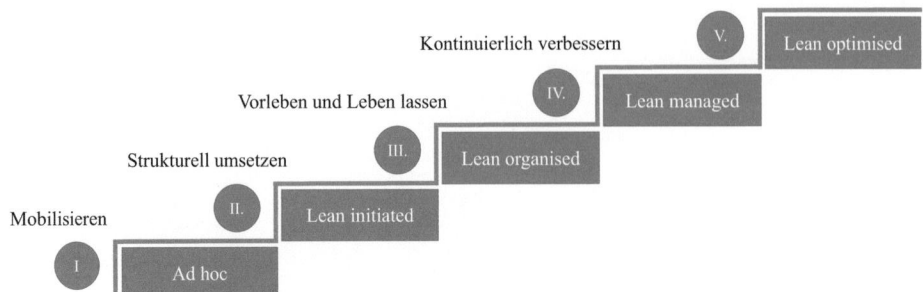

Abb. 5.3 Reifegrad von Lean Innovation. (Quelle: In Anlehnung an Schuh, 2013, S. 228)

Lean-Initiated-Stufe, werden infolge der Mobilisierung von einflussreichen Stakeholdern innerhalb der Organisation die Machttreiber im Topmanagement zunächst identifiziert und im Anschluss daran von der Methode überzeugt.

Infolge der zweiten Stufenphase wird Lean Innovation zunächst initiiert und dann im Rahmen einer schrittweisen und strukturierten Umsetzung unter Auswahl der Handlungsfelder sowie der Zuweisung von Rollen und Verantwortlichkeiten innerhalb der Lean-Transformation definiert. In diesem Schritt werden die Mitarbeitenden zielgerichtet durch Schulungen fortgebildet (vgl. Schuh, 2013, S. 228). Nach Erreichen der dritten Stufe ist Lean Innovation in der Organisation eingeführt und von den Mitarbeitenden akzeptiert. Das Management ist dabei in seiner Vorbildfunktion stark gefordert.

Auf der vierten Stufe, dem Lean Managed, wird Lean Innovation bereits in den Bereichen Forschung und Entwicklung mit dem Fokus auf die kontinuierliche Verbesserung umgesetzt. Auf dieser Stufe wird eine Überprüfung des Erfolges dergestalt möglich, dass das Unternehmen sowohl die Erfolge als auch die Unzulänglichkeiten im Vergleich zu vorherigen Maßnahmen auch bei Lieferanten und Partnern erkennen kann (vgl. Schuh, 2013, S. 228).

Der mit Erreichen der fünften Stufe in diesem Stufenmodell erreichte Idealzustand wird als Lean-Optimierung bezeichnet. Hier beginnt die Durchführung von Prozessen zur kontinuierlichen Verbesserung von Innovationsprozessen für alle Mitarbeitenden prioritär zur Selbstverpflichtung zu werden (vgl. Schuh, 2013, S. 232). Die Gründe für die Notwendigkeit, mit optimierten Innovationsmanagementprozessen wie Lean Innovation zu arbeiten, ergeben sich sowohl aus externen Einflussfaktoren als auch aus internen Einflussfaktoren.

5.3.2 Externe Einflussfaktoren

Die Globalisierung an sich stellt die eigentliche Veränderung für die Unternehmen dar. Durch die Möglichkeiten des Internets und niedriger Transportkosten ist es quasi unerheblich geworden, von welchem Standort auf der Welt die Unternehmen die Märkte bedienen. Die Globalisierung ist nicht nur durch eine erhöhte Mobilität von Waren und der Migration von Arbeitskräften gekennzeichnet, sondern vor allem auch dadurch, dass Informationen und Wissen in hohem Maße an Mobilität hinzugewonnen haben (vgl. Gaubinger et al., 2015, S. 14).

Die Unternehmen müssen deshalb in der Lage sein, die marktrelevanten Informationen jederzeit und so schnell wie möglich zu erkennen und zu verarbeiten. Eine unzureichende Innovation kann dabei zu einem unmittelbaren Wettbewerbsnachteil führen (vgl. Huber et al., 2014, S. 81). Insofern sollte in Unternehmen eine Kultur vorherrschen, die darauf ausgelegt ist, die marktnotwendigen Informationen zutreffend zu sammeln, zu verarbeiten und in Richtung einer erfolgreichen Marktentwicklung auszuwerten.

5.3.3 Interne Einflussfaktoren

Die internen Einflussfaktoren liegen gerade bei Hightech-Unternehmen bei der Unternehmensführung, welche das Unternehmen ganzheitlich auf die Steigerung der Innovationsfähigkeit auszurichten hat. Sämtliche Stakeholder müssen sich konsensbasiert darüber verständigen, dass das Innovationssystem von sämtlichen Akteuren im Unternehmen getragen werden soll, damit die Innovationsbemühungen Früchte tragen können. Maßgeblich für den Erfolg ist dabei die Unternehmenskultur.

Welche Kultureinflüsse nunmehr die meisten Vorteile für den Innovationserfolg mit sich bringen, muss zur Diskussion gestellt werden. Hierbei sind verschiedene Führungsgrundsätze zu unterscheiden.

5.4 Führungsgrundsätze

5.4.1 Individuell geprägte Führung

Zum einen, die auf die Einbringung des Individuums abstellenden partizipativen Führungsstile, bei denen das Individuum sich und seine Kreativität in den Dienst des Innovationserfolges stellt, es dabei jedoch frei und ergebnisoffen arbeiten kann. Hierbei steht die Individualität der am Innovationsprozess beteiligten Mitarbeitenden im Vordergrund.

5.4.2 Kollektiv geprägte Führung

Zum anderen, die nicht partizipativen eher hierarchisch und Top-down geprägten Führungsgrundsätze, bei denen die Ziele der Organisation starr vorgegeben sind und das Individuum sich und seine Kreativität auf die vorgegebene Zielerreichung fokussieren muss. Hier steht das Kollektiv im Vordergrund. Die Kreativität ist darauf begrenzt, dass sie sich direkt am Ziel zu orientieren hat. Hierbei ist der Weg zur Zielerreichung erfolgsentscheidend.

5.5 Was können deutsche Mittelstandsunternehmen von chinesischen Unternehmen lernen

Grundsätzlich ist hierbei zunächst auf die Rahmenbedingungen und die Einflussfaktoren abzustellen, denen die Organisationen und Unternehmen bei der Realisierung von Innovationen kontinuierlich ausgesetzt sind.

Zum einen stellen wir fest, dass chinesische Unternehmen sich zumeist im gesellschaftlichen Kontext von staatlichen Zielvorgaben bewegen, welche zwar als starr zu bezeichnen sind, jedoch wird zum anderen die ganze ökonomische Kraft auf die Schaffung der notwendigen Rahmenbedingungen gerichtet.

Das „Möglichmachen" von Innovation gleicht die kreativen Einbußen in den Führungsgrundsätzen, die die Individualität nicht in gleichem Maße, wie in westlichen Unternehmenskulturen, fördern, quasi aus.

Zudem schaffen es chinesische Unternehmen inzwischen, ihre Nachwuchsführungskräfte exzellent auszubilden und schaffen gemeinsam mit dem Staat ein Bildungssystem, welches es den jungen Menschen ermöglicht, sich in der globalisierten Welt zurecht zu finden, indem sie durch Auslandsstudien, wissenschaftlichen Austausch und anderen interkulturellen Aktivitäten die Möglichkeit eingeräumt bekommen, die Welt zu erforschen und zu erfahren. Interessanterweise kehren viele junge Chinesinnen und Chinesen im Anschluss an die Erfahrungsphase mit internationalem Know-how nach China zurück und bringen sich dort in den Unternehmen ein, um die kollektiv gesteckten Innovationsziele zu erreichen.

In Deutschland ist die Wirtschaft und insbesondere der Mittelstand von Fach- und Führungskräftemangel geprägt. Viele engagierte und talentierte junge Forschende zieht es ins Ausland, wo die Möglichkeiten und die Arbeitsbedingungen oftmals attraktiver sind als hierzulande. Ein qualifizierter Zuzug durch Migrantinnen und Migranten ist dabei parallel nicht adäquat zu verzeichnen.

Während deutsche Unternehmen von starken F&E-Aktivitäten geprägt oftmals sehr gute Ansätze von Innovationen entwickeln, bleiben diese trotz individueller Innovationskraft oftmals im Vorschriftendschungel und in Diskussionsrunden hängen. Oft sind es auch konkurrierende Individualinteressen von Stakeholdern, welche die Innovationsgeschwindigkeit durch monatelang andauernde Diskussionsrunden in den Forschungseinrichtungen und Unternehmen hemmen.

Somit führt man die enorme methodologische Stärke von stabilen agilen Innovationsprozessen ad absurdum, indem man viele Innovationschancen ungenutzt oder durch verspätete Realisierung verstreichen lässt. Beispiele hierfür waren in der Vergangenheit der Metrorapid oder der Internetstandard 5G.

Im Gegensatz zu China fehlt es im deutschen Mittelstand zwar nicht an dem berühmt berüchtigten Erfindergeist. Es fehlt vielmehr gesellschaftlich an einem kollektiven Bewusstsein, innovative Potenziale im Sinne eines „Economic Commitment" zu begreifen und damit die existenzielle Notwendigkeit zu erkennen, dass schlanke und stabile Innovationsprozesse in einem partizipativen und individualitätsfördernden Umfeld das Erfolgsrezept für zukünftigen profitablen Wachstum ausmachen.

Der Umstand, dass diese Zusammenhänge in Deutschland unbearbeitet bleiben, hat zur Folge, dass die Realisierung und somit die ökonomischen Wachstumspotenziale zukünftig hinter den anderen Volkswirtschaften wie beispielsweise der chinesischen Volkswirtschaft zurückbleiben werden.

Somit scheint die Frage nach zukünftigem profitablem Wachstum in mittelständig geprägten Hightech-Unternehmen tatsächlich eine Frage der Führungskultur zu sein. Während in China die Kombination aus individuellen Innovationsprozessen wie Lean Innovation und Top-down anstatt Bottom-up gerichteter Zielsetzung zum Erfolgsmodell geworden ist, beschränken wir uns in Deutschland darauf, dass unsere Unternehmen auf vielen Gebieten zwar sehr innovativ sind, jedoch von äußeren Umfeldfaktoren bedingt, welche das Voranschreiten von Innovationen nachteilig einschränken, beeinflusst sind.

5.6 Fazit

Obwohl in Deutschland und in China der gleiche Reifegrad an modernen Innovationsmanagementmethoden festzustellen ist, ist der Innovationsschwung in Deutschland im Vergleich zu China rückläufig.

Das liegt nicht zuletzt daran, dass der Mittelstand in China in Zeiten der Globalisierung gelernt hat, wissen zu akkumulieren und in einer Wissensgesellschaft unter Anwendung modernster Managementmethoden weiterzuentwickeln und stetig anzuwenden.

Infolgedessen haben sich die Unternehmen und die Mitarbeitenden in den Unternehmen zu einem Innovationsreifegrad entwickelt, der dem Reifegrad in westlichen Industrieländern wie der Bundesrepublik Deutschland sehr nahekommt. Der Unterschied besteht bei der Umsetzung von Innovationen tatsächlich darin, dass die strukturellen umfeldbedingten Hemmnisse in Deutschland regelmäßig viel zu groß sind, um mit vielen anderen Ländern wie beispielsweise China Schritt zu halten.

In Bezug auf die Führungskultur in den Unternehmen bleibt festzuhalten, dass deutsche Unternehmen im Hightech-Bereich einen sehr hohen Reifegrad an Innovationsfähigkeit aufweisen. Die Umsetzung könnte jedoch ohne die regulatorischen Hemmnisse und einem kollektiv geprägten Verständnis von Innovationszielen erfolgreicher verlaufen.

Dazu ist einerseits ein kollektives Verständnis von innovationsgetriebenem volkswirtschaftlichem Wachstum erforderlich, andererseits gilt es staatlicherseits aus diesem Bewusstsein heraus, ein innovationsfreundlicheres Umfeld für mittelständig geprägte Unternehmen.

Literatur

Bauer, U. (2016). Employability: Welche Kompetenzen fordern Unternehmen von TU-Absolventen. In H. Biedermann (Hrsg.), *Industrial Engineering und Management. Beiträge des Techno-Ökonomie-Forums der TU Austria* (S. 1–22). Springer Gabler.

Disselkamp, M. (2012). *Innovationsmanagement. Instrumente und Methoden zur Umsetzung im Unternehmen.* Springer Gabler.

Eckert, R. (2017). *Lean Startup in Konzernen und Mittelstandsunternehmen. Ergebnisse einer Expertenbefragung und Handlungsempfehlungen.* Springer Gabler.

Gaubinger, K., Rabl, M., & Swan, S. (2015). *Innovation and product management. A holistic and practical approach to uncertainty reduction.* Springer.

Haddud, A., McAllen, D., & DeSouza, A. (2018). Managing technological innovation in digital business environments. In A. Khare, D. Kessler, & J. Wirsam (Hrsg.), *Marktorientiertes Produkt- und Produktionsmanagement in digitalen Umwelten* (S. 47–60). Springer Gabler.

Halder, A. (2016). *Innovationsfähigkeit und Entrepreneurial Orientation in Familienunternehmen. Der Familieneinfluss auf die Rolle des Familienunternehmen.* Springer Gabler.

Hervas-Oliver, J.-L., & Peris-Ortiz, M. (2014). Management innovation and technological innovation. In J.-L. Hervas-Oliver & M. Peris-Ortiz (Hrsg.), *Management innovation* (S. 1–5). Springer.

Huber, D., Kaufmann, H., & Steinmann, M. (2014). *Bridging the Innovation Gap – Bauplan des innovativen Unternehmens.* Springer Gabler.

Miecznik, B. (2012). Smarte Innovation erschließen über modernes Innovationsmanagement. Innovationsmanagement als „Key Enabler" des Innovationsverhaltens zeitgemäßer Unternehmen. In S. Pfeiffer, P. Schütt, & D. Wühr (Hrsg.), *Smarte Innovation. Ergebnisse und neue Ansätze im Maschinen- und Anlagenbau* (S. 339–346). Springer.

Oh, K., & Ho, B. (2011). *Innovation and technology finance.* Nova Science Publishers Inc.

Schuh, G. (2013). *Lean innovation.* Springer.

Statista. (2022). China: Bewertung der Innovationskraft nach dem Global Innovation Index von 2013 bis 2022. https://de.statista.com/statistik/daten/studie/1103152/umfrage/bewertung-chinas-nach-dem-global-innovation-index/.

Urabe, K., Child, J., & Kagono, T. (2018). *Innovation and management.* de Gruyter.

Von Au, D. (2011). *Strategisches Innovationsmanagement. Eine empirische Analyse betrieblicher Innovationssysteme in der spezialchemischen Industrie in Deutschland.* Gabler.

**Frank Strüver** ist Unternehmensberater und betreut auch im Rahmen von Beiratsmandaten im In- und Ausland komplexe Projekte. Er legt bei seiner Tätigkeit stets größten Wert auf die Anwendung innovativer Methoden und agiler Vorgehensweisen. Darüber hinaus ist er als Hochschuldozent an verschiedenen nationalen und internationalen Hochschulen und Universitäten, insbesondere auch in China, tätig. Er absolvierte sein Jurastudium mit wirtschaftsrechtlichem Schwerpunkt an den Universitäten in Kiel und Köln. Seinen beruflichen Werdegang begann er als Consultant in einer international agierenden Unternehmensberatung und war anschließend viele Jahre als Manager und Mitglied der Geschäftsleitung in börsennotierten Konzernen in der IT-Dienstleistungsbranche tätig.

Digitalisierung im chinesischen Mittelstand – was deutsche KMU von China lernen können

6

Florian Braunegger

Inhaltsverzeichnis

6.1	Themenbearbeitung	84
	6.1.1 Digitalisierung und digitale Transformation	84
	6.1.2 Der Begriff KMU in Deutschland und China	85
6.2	Transfer deutsch – chinesische Unternehmen	86
	6.2.1 Rahmenbedingungen	86
	6.2.2 Politik	87
	6.2.3 Vergleich Ist-Zustand & Hemmnisse	88
	6.2.4 Handlungsempfehlungen	91
6.3	Fazit	93
Literatur		94

Zusammenfassung

Kleine und mittelständische Unternehmen (KMU) stellen in den beiden Volkswirtschaften Deutschland und China einen wesentlichen Anteil der Wirtschaft dar. Mit Blick auf die Definition von KMU ähneln sich beide Staaten, was eine Vergleichbarkeit im Bereich der KMU ergibt. Eine vergleichende Analyse im Hinblick auf den Status quo der Digitalisierung von KMU zeigt, dass deutschen KMU eine Vorbildrolle zukommen. Hieraus entstehen diverse Chancen für die deutschen KMU. Gleichzeitig

---

F. Braunegger (✉)
Germaco AG, Rommerskirchen, Deutschland
E-Mail: braunegger@germaco.ag

© Der/die Autor(en), exklusiv lizenziert an Springer Fachmedien Wiesbaden GmbH, ein Teil von Springer Nature 2023
M. Seidel und J. Macht (Hrsg.), *China & Innovation,* FOM-Edition,
https://doi.org/10.1007/978-3-658-40440-6_6

zeigt sich eine Asymmetrie in der Konsequenz und Verfolgung der Digitalisierung vom KMU. Hierbei kommt China die stärkere Rolle zu. Als Konsequenz könnte die deutsche Vorbildrolle in einigen Jahren der Vergangenheit angehören. Hieraus ergibt sich ein klarer Bedarf an deutsche KMU, aber auch den Staat, das Thema der Digitalisierung schneller, konsequenter und strategischer zu verfolgen.

6.1 Themenbearbeitung

6.1.1 Digitalisierung und digitale Transformation

Unter Digitalisierung wurde in der Vergangenheit hauptsächlich die Transformation von analogen in digitale Medien verstanden, mit dem Ziel, diese auch digital zugänglich zu machen, damit sie von Computersystemen genutzt werden können. Ein Beispiel dazu ist das Scannen eines Buches. Durch diesen Vorgang kann es den Nutzerinnen und Nutzern mit entsprechender Software digital zur Verfügung gestellt werden (vgl. Fust et al., 2020, S. 8).

Fust ergänzt dieses Verständnis mit der nachfolgenden Definition: „Nutzung digitaler Technologien und Daten, um bestehende Geschäftsmodelle zu verbessern, neue Möglichkeiten zur Umsatzsteigerung sowie Mehrwertgenerierung zu schaffen (Fust et al., 2020, S. 8)." Für diesen Artikel sollen die beiden vorstehenden Definitionen implizit verwendet werden.

Unter digitaler Transformation ist der Veränderungsprozess zu verstehen, den Unternehmen im Rahmen der Digitalisierung durchlaufen. Hierbei stehen die Organisationsformen und die dazugehörigen Menschen im Fokus. Im Kern geht es um die Transformationen von Prozessen, Geschäftsmodellen, Aufbauorganisation, Branchengefüge bzw. Geschäftsumfeld und Gesellschaft, die durch die Digitalisierung ausgelöst werden. In diesem Artikel werden die Begriffe Digitalisierung und digitale Transformation synonym verwendet, um das Verständnis zu vereinfachen (vgl. Fust et al., 2020, S. 8–9).

Die Anwendungsbereiche für Digitalisierungstools sind heute breit aufgestellt. Im Folgenden werden einige der wichtigsten Anwendungsbereiche prägnant dargestellt, ohne einen Anspruch auf Vollständigkeit zu erheben. Zunächst sind Tools für den unternehmensinternen Gebrauch zu nennen. Sogenannte Enterprise Resource Planning Systeme (ERP) dienen zur Integration von Funktionen mehrerer Unternehmensbereiche in einem System (z. B. Finanz- und Rechnungswesen, F&E, Verkauf und Marketing etc.). Dokumentenmanagementsysteme (DMS) bilden Ablagesysteme für verschiedene Dateien, welche manuell oder automatisch gespeichert werden. Tools für die Buchhaltung und das Personalwesen sollen helfen, in diesen Bereichen einige Prozesse weitestgehend zu automatisieren. Weiterhin sind Anwendungen zu nennen, die eine Schnittstelle zu Kundinnen und Kunden bilden, wie Customer-Relationship-Management-Tools (CRM), Online-Marketing-Tools sowie Anwendungen zur teamübergreifenden Zusammenarbeit (z. B. Microsoft Teams) und weitere digitale Lösungen wie Business Intelligence (die Auswertung von Unternehmensdaten mittels Big Data) und Wissens- und Projektmanagement-Tools. Schlüsseltechnologien wie Künstliche Intelligenz (KI), Big Data, Cloud Computing und Internet of Things (IoT) sorgen dafür, dass die Anwendungsbereiche für Digitalisierung immer weiter zunehmen und daher die Relevanz der Digitalisierung für Unternehmen weiterwächst (vgl. Fust et al., 2020, S. 14–16).

6.1.2 Der Begriff KMU in Deutschland und China

Der Begriff KMU beschreibt in Deutschland sogenannte kleinste, kleine und mittlere Unternehmen. Gemäß der europäischen Kommission sind die Größen der Beschäftigungszahl und des Jahresumsatzes respektive der Bilanzsumme maßgeblich für die Definition. Somit gelten laut europäischer Kommission alle Unternehmen als KMU, welche eine Beschäftigungszahl von 249 Mitarbeitenden nicht überschreiten, einen Umsatz von bis zu 50 Mio. EUR pro Jahr aufweisen und eine Bilanzsumme von bis zu 43 Mio. EUR pro Jahr haben (vgl. EU-Kommission, 2003, S. 39).

Eine Aufschlüsselung in Kleinstunternehmen sowie in kleine und mittelständische Unternehmen, nach den genannten Größen, ist auf der Homepage des Instituts für Mittelstandforschung Bonn einzusehen (vgl. IfM Bonn, o. J.).

In China gelten Unternehmen als KMU, wenn sie eine kleine Personal- und Geschäftsgröße aufweisen. Analog zur Definition der europäischen Kommission finden sich auch hier die Parameter Beschäftigungszahl, Jahresumsatz und Bilanzsumme. Abweichend zur Deutschen Definition findet sich aber eine genauere Definition nach Branche. Hier können die genannten Parameter ihrer Größe abweichen. Beispielhaft ist hier der Transport und das Bauwesen zu nennen. In diesen Branchen gelten Unternehmen mit bis zu 2999 Mitarbeitenden als KMU. Der maximale Umsatz liegt branchenübergreifend bei 55,2 Mio. EUR (entspricht ca. 400 Mio. Yuan) und die maximale Bilanzsumme bei 41,4 Mio. EUR (entspricht ca. 300 Mio. Yuan) (vgl. Müller & Polfuß, 2021, S. 221–222).

Insgesamt kann festgestellt werden, dass die Parameter zur Definition von KMU in den beiden Volkswirtschaften Deutschland und China recht ähnlich sind. Auch wenn es in China zu einer genaueren Aufschlüsselung nach Branchen kommt, sind die Parameter grundsätzlich ähnlich. Als Konsequenz ergibt sich die Möglichkeit eines Vergleiches von KMU in den beiden Volkswirtschaften, da es durch die ähnliche definitorische Einordnung um ähnliche Unternehmensgrößen geht.

6.2 Transfer deutsch – chinesische Unternehmen

6.2.1 Rahmenbedingungen

Zentrales Instrument zur Analyse der digitalen Infrastruktur von Volkswirtschaften ist der Digital Riser Report von 2021. Dieser Report wurde von der ESCP Business School Berlin veröffentlicht. Er untersucht die Veränderungen in der digitalen Wettbewerbsfähigkeit von Ländern innerhalb der vergangenen drei Jahren. China kommt innerhalb der G20 Länder hier eine führende Rolle als digitaler Aufsteiger mit +211 Punkten auf dem ersten Rang zu. Gleichzeitig fiel Deutschland mit einem Wert von −176 auf den 17. Rang ab (vgl. European Center for Digital Competitiveness, 2021, S. 15).

Professor Meisner von der ESCP Business School hat folgende Begründung für diese Entwicklung: „Die führenden digitalen Aufsteiger in unserem Report verfolgen ambitionierte Ziele bei ihren Transformationsbemühungen und haben einen starken Fokus auf Entrepreneurship (Föderl & Rudisch, 2021)." Achim Berg, der Vorsitzende des IT-Verbands von Bitkom, begründet das schlechte Abschneiden mit einem großen Verlust an Vertrauen in den Staat, da die Umsetzung sich schon lange hinzieht. Zwar gäbe es Versuche, mit einem Digitalpakt über den Digitalfonds bis hin zur Digitalisierung der öffentlichen Verwaltung, doch umgesetzt würden diese allerdings nur sehr langsam (vgl. Riecke, 2021). Zudem ist es immer noch nicht gelungen, die Beteiligung von Mitarbeitenden an Start-ups besser zu regeln, der Staat sollte stärker als bisher auf die Kunden von digitalen Dienstleistungen und Produkten eingehen, um junge Unternehmen den Start zu erleichtern. Laut Meissner existiert in Deutschland eine weitere Herausforderung: „Wenn ein Unternehmen in der Krise steckt, dann versucht es mit Benchmarking wieder Anschluss an die Konkurrenz zu finden. Das passiert in der Politik kaum (Riecke, 2021)." Somit verweist er auf die fehlende Bestrebung Deutschlands, von anderen, erfolgreicheren Staaten zu lernen. Ergänzend kommt der schlechte Ausbau des Glasfasernetzes in Deutschland hinzu.

Lauck verweist an dieser Stelle auf die miserable Ausbausituation in Deutschland, was eng mit der ebenfalls nicht zufriedenstellenden Vergabe von Breitband-Fördermitteln korreliert (vgl. Lauck, 2019). Aktuelle Belege für diese Beobachtung ist der Ausbau des 5G-Netzes, welches viel zu langsam umgesetzt wird. Aus strategischer Perspektive ist zu erkennen, dass Deutschland kein übergeordnetes Ziel verfolgt. Als Konsequenz entsteht reaktionäres und verspätetes Handeln im Kontext der Digitalisierung. Gesellschaftlich ist in Deutschland zu beobachten, dass das Thema der Digitalisierung ebenfalls eher zurückhaltend in der Breite angenommen wird. Beispielsweise werden nur 30 % aller Transaktionen mit einer Karte getätigt. Somit entfallen 70 % aller Transaktionen auf Zahlungen mit Bargeld (vgl. Deutsche Bundesbank, 2021).

Auf globaler Ebene lässt sich die bereits beschriebene Verschiebung der digitalen Kräfteverhältnisse nachweisen. China konnte innerhalb der G20 bei der digitalen Wettbewerbsfähigkeit am meisten zulegen. Damit liegt China im Report mit großem Abstand auf Platz 1. Der Staat investiert mit enormen Summen in Zukunftstechnologien. Im Ausbau des 5G-Netzes ist China bereits Vorreiter. Neben der Vorreiterrolle im eigenen Land investieren China ebenfalls in andere Länder, um so einen Vorsprung zu erlangen. In China wurden bis Ende des Jahres 2020 ca. 550.000 Mobilfunkstationen der 5G-Technologie verbaut (vgl. BMVI, 2020). Besonders in den Großstädten zeigt sich, wie weit beispielsweise Künstliche Intelligenz als ein zentrales Tool der Digitalisierung eingesetzt werden kann. China ist in der Lage, nahezu jede Bewegung von Bürgerinnen und Bürgern nachzuvollziehen, zu überwachen und zu bewerten. Umgesetzt wird dies durch zahlreiche Kamerasysteme, die Vergehen ahnden, positives Verhalten belohnen und diese Bewertung in ein Social-Crédit-System übertragen. Aus dieser Bewertung entstehen als Konsequenz Vor- oder Nachteile für den entsprechenden Bürger in seinem Privatleben (vgl. Freyeisen, 2021). Bis zum 100-jährigen Jubiläum im Jahre 2049 hat China sich das Ziel gesetzt, eine dominierende Stellung in allen wichtigen technologischen Bereichen einzunehmen (vgl. Bartsch & Ramge, 2017).

6.2.2 Politik

Um dem technologischen Rückfall entgegenzuwirken, hat die deutsche Regierung das Projekt „Made in Germany: Die Industriestrategie 2030" ins Leben gerufen. Die Industrie trägt maßgeblich zu Wachstum und Wohlstand mit ihren mittelständischen Betrieben, großen Unternehmen und effizienten Dienstleistern bei. Technologische Neuerungen und politischen Herausforderungen müssen chancenorientiert gestaltet werden. Um die Stärken auch für die Zukunft zu sichern, werden drei zentrale Handlungsfelder genannt (vgl. BMWI, 2019). Anbei finden sich die drei wesentlichen Punkte aufgelistet:

1. Rahmenbedingungen für Unternehmen verbessern.
   Die primäre Aufgabe der Politik ist es, die wirtschaftspolitischen Rahmenbedingungen zu schaffen, damit auch zukünftig Unternehmen Chancen zur Weiterentwicklung eröffnet werden. Das sichert die Wettbewerbsfähigkeit des Industriestandorts Deutschland (vgl. BMWI, 2019).
2. Neue Technologien stärken, privates Kapital mobilisieren.
   Technologien treiben den Strukturwandel voran. Zwei Ziele werden konkret verfolgt. Zum einen werden konkrete Game-Changer-Technologien wie Künstliche Intelligenz weiter erforscht und angewendet. Zum anderen müssen diese Technologien auch weiterentwickelt werden, um neue Standards zu setzen. Das Innovationspotenzial und technologische Neuerungen müssen aktiviert und abgerufen werden (vgl. BMWI, 2019).
3. Technologische Souveränität wahren.
   Neben den verbesserten wirtschaftspolitischen Rahmenbedingungen und stärkere Technologieförderung ist es notwendig, die technologische Souveränität zu wahren.

Know-how-Verluste müssen vermieden werden und die Selbstbestimmung in den zentralen technologischen Feldern erhalten bleiben. Dazu ist es notwendig, die Cybersicherheit weiter auszubauen (vgl. BMWI, 2019).

Die deutsche Regierung fördert speziell KMU mit der Investitionsförderung „Digital Jetzt". Das Programm bietet Zuschüsse und regt Unternehmen dazu an, mehr digitale Technologien einzusetzen und in die Qualifizierung der Mitarbeitenden zu investieren. Bis 2024 stehen ca. 250 Mio. EUR zur Verfügung (vgl. BMWI, 2020).

China verfolgt ein grundsätzlich ähnliches Konzept mit dem Namen Vision „Made in China 2025". Es ist ein Transformationsprogramm, welches die Industrie 4.0 aus Deutschland zum Vorbild hat. Aus chinesischer Perspektive ist eine klare Fokussierung auf die Deutschlands „Hidden Champions" als Vorbild zu erkennen. Formuliertes Ziel ist der Aufstieg Chinas zu einer Hochtechnologienation. Die Strategie sieht die Stärkung der Binnenkonjunktur für gezielte Investitionen in ausländische Hochtechnologiefirmen vor und umreißt die Ziele für die Entwicklung von zehn inländischen Industriezweigen (vgl. ifo Institut, 2018). Der Fokus liegt in China hierbei auf der Anhebung des durchschnittlich geringen Automatisierungsniveaus sowie auf der Steigerung der Wettbewerbsfähigkeit im Produktionsbereich. Zudem beabsichtigt China, bis zum Jahr 2025 fortschrittliche Kerntechnologien zu beherrschen. Die Reputation für den Slogan „Made in China" soll von Quantität hin zu Innovation, Qualität und Effizienz in der internationalen Wahrnehmung transformiert werden (vgl. Kagermann et al., 2016, S. 40).

Als ein großes Referenzprojekt kann die digitale Seidenstraße angesehen werden. Ziel ist es, das Niveau der internationalen Kommunikationskonnektivität und eine reibungslos funktionierende „Informations-Seidenstraße" herzustellen. Konkret wird beabsichtigt, den Bau grenzüberschreitender Glasfaserkabel voranzutreiben und die Umsetzung internationaler Projekte zu beschleunigen sowie Satelliten zur Kommunikation zu installieren (vgl. Abele & Flattern, 2020).

Für KMU soll laut Staatspräsident Xi Jinping mit der Eröffnung des Beijing Stock Exchange eine „primäre" Finanzierungsplattform für „dienstleistungsorientierte" und „innovative" kleine Unternehmen geschaffen werden. Hintergrund ist die eher hinderliche Vergabe von Finanzmitteln des chinesischen staatlichen Bankensystems an KMU, da diese oftmals nur wenig Sicherheiten nachweisen können und gleichzeitig kaum Beschränkungen unterliegen (vgl. He, 2021).

6.2.3 Vergleich Ist-Zustand & Hemmnisse

6.2.3.1 Deutschland

Im Jahr 2019 wurden im Rahmen der Studie „Going Digital. The Challenges Facing European SMEs" 2586 KMU in fünf europäischen Ländern (Deutschland, Frankreich, Polen, Spanien und Großbritannien) mittels eines Onlinefragebogens zum Digitalisierungsstand in ihrem Unternehmen befragt. Die Unternehmen (20 bis 249 Mitarbeitende) wurden mittels einer zufälligen Stichprobenziehung ausgewählt, wobei die Stichprobenverteilung hinsichtlich Unternehmensgröße und Branchentätigkeit der tatsächlichen Verteilung in der Population im jeweiligen Land entsprach. In Deutschland wurde die Befragung durch die Kreditanstalt für Wiederaufbau (KfW) durchgeführt, welche unter anderem zu den in der folgenden Aufzählung aufgeführten Ergebnissen kam (vgl. Brockhaus et al., 2020, S. 6).

> **Überblick über den Ist-Stand der Digitalisierung in deutschen KMU (Brockhaus et al., 2020, S. 6–7)**
> - 37 % Weisen der Digitalisierung ihres Betriebes höchste Priorität zu
> - 48 % Glauben Digitalisierung von Prozessen ist notwendig, um konkurrenzfähig zu bleiben
> - 88 % Nutzen eine eigene Webseite
> - 48 % Nutzen elektronische Rechnungslegung
> - 62 % Nutzen Software, welche Zusammenarbeit vereinfacht
> - 32 % Nutzen Kundenmanagement-Software (CRM-Software oder unternehmenseigene Software)

Anhand der Studienergebnisse ist zu erkennen, dass bei vielen deutschen KMU das Thema Digitalisierung angekommen ist. Ebenfalls scheint sich der Prozess der Digitalisierung zumindest partiell in der Umsetzung zu befinden. Gleichzeitig ist auch festzustellen, dass 63 % der KMU der Digitalisierung nicht die höchste Priorität zuweisen. Zusätzlich sagen über die Hälfte aller KMU, dass sie die Digitalisierung von Prozessen nicht für notwendig erachten, um konkurrenzfähig zu bleiben. Hieraus ist deutlich abzuleiten, dass ein Großteil der deutschen KMU die Relevanz stark unterschätzt, welche die Digitalisierung schon heute hat und in Zukunft umso mehr haben wird. Somit kann ein Bedarf an weiterer Aufklärung und Unterstützung abgeleitet werden.

Im Rahmen der bereits beschriebenen Studie „Going Digital. The Challenges Facing European SMEs" werden insbesondere Bedenken hinsichtlich der Sicherheit und der Integrität von IT-Systemen, unzureichender Kenntnisse beim Personal (27 %; fehlende Fähigkeiten in der Softwareentwicklung und im Datenbankmanagement), der Mangel an Fachkräften am Arbeitsmarkt (23 %) sowie die unzureichende Internetgeschwindigkeit (27 %) als Haupthemmnisse für die Digitalisierung genannt (vgl. Brockhaus et al., 2020, S. 6–7).

Neben der zuvor zitierten Studie kann eine weitere Studie zur Untermauerung herangezogen werden. Bei einer Untersuchung der Techconsult GmbH hat das Unternehmen im Jahr 2019 2095 mittelständische Unternehmen mit bis zu 250 Beschäftigten hinsichtlich ihrer Digitalisierungsmaßnahmen befragt. Vergleicht man die Ergebnisse der beiden Studien, so ist auffällig, wie ähnlich diese sind. Ergänzend zu den bereits beschriebenen

Hemmnissen aus der „Going Digital" -Studie nannten hier 36 % der Unternehmen zusätzlich noch den hohen Investitionsaufwand als besondere Herausforderung für KMU (vgl. Brockhaus et al., 2020, S. 9–10).

In einer weiteren Studie von Albayrak und Gadatsch aus dem Jahr 2018 wurden 15 Unternehmen mit bis zu 499 Mitarbeitenden hinsichtlich der Frage untersucht, ob KMU bereits auf die digitale Transformation vorbereitet seien. Als Ergebnis kam zusätzlich noch die Herausforderung des hohen administrativen Aufwandes für das traditionelle IT-Management hinzu, welches KMU vor enorme Herausforderungen in der Planung und Umsetzung stellt (vgl. Brockhaus et al., 2020, S. 10–11).

Weiterhin wurde in einer Metaanalyse ausgewählter Studien der Business School Berlin GmbH zum Thema „Digitalisierung im deutschen Mittelstand: Was sagt die Forschung?" herausgefunden, dass für viele KMU auch die Geschwindigkeit und die Komplexität der Digitalisierung eine Herausforderung darstellen. Hieraus lässt sich eine Angst der Unternehmen und der Mitarbeiterschaft vor zu schnellen und großen Veränderungen ableiten (vgl. Brockhaus et al., 2020, S. 4).

In einer weiteren Metastudie zu Digitalisierung im Mittelstand von Demary et al. (2016) wurden 46 Einzelstudien zum Thema Digitalisierung im Mittelstand ausgewertet. Neben schon genanntem, wie dem hohen Investitions- bzw. Kostenaufwand, wird hier noch die Herausforderung genannt, dass für viele KMU die Wirtschaftlichkeit von Digitalisierungsmaßnahmen nur schwer einschätzbar ist (vgl. Brockhaus et al., 2020, S. 2–3).

Zusammenfassend sind für deutsche KMU Haupthemmnisse und Herausforderungen bei der Digitalisierung insbesondere Bedenken hinsichtlich Datenschutzes und Datensicherheit, mangelnde Kenntnisse beim Personal, die in Deutschland mangelhafte Infrastruktur sowie der hohe Investitionsaufwand und die schwer einschätzbare Wirtschaftlichkeit von Digitalisierungsmaßnahmen.

Als Ergebnis ergibt sich ein dringlicher Bedarf des Abbaus dieser Hemmnisse. Eine zentrale Rolle kommt dem deutschen Staat bei der Schaffung für die notwendigen Rahmenbedingungen zum Abbau dieser Hemmnisse zu.

6.2.3.2 China

Mit Blick auf chinesische KMU lohnt sich die Differenzierung nach KMU in Großstädten und KMU in ländlichen Gegenden. Während Städte wie Shanghai und Chongqing innovative KMU und Start-ups anziehen, indem sie diese massiv unterstützen, erhalten der Großteil der chinesischen KMU auf dem Land nur geringfügige Unterstützungen. Insgesamt kann die Wettbewerbsfähigkeit chinesischer KMU insgesamt als schwach im Vergleich zu deutschen KMU beschrieben werden. KMU werden in China in der Breite noch immer eher als Anbieter für Waren niedriger Qualität gesehen und können sich nur langsam von dem Image lösen (vgl. Müller & Polfuß, 2021, S. 223–225).

Haupthemmnisse für chinesische KMU sind aktuell Herausforderungen im Bereich der Finanzierung durch Banken und der Mangel an Fachkräften. Chinesische

Banken sind hauptsächlich staatlich und haben keine starke Anreize KMU bei der Finanzierung zu unterstützen. Mit Blick auf die Fachkräfte entscheiden sich chinesische Absolventinnen und Absolventen der chinesischen Universitäten meist für große Unternehmen. Lediglich im Bereich der IT-Branche scheint es stellenweise Ausnahmen zu geben (vgl. Müller & Polfuß, 2021, S. 223–224).

Des Weiteren hat die China Academy of Information and Communications Technology (CAICT) in einem Bericht zur digital-ökonomischen Entwicklung weitere Gründe herausgearbeitet. Allgemein fehlen noch technische Anwendungen bzw. Softwarelösungen für den Gebrauch in KMU. Außerdem fehlen den KMU finanzielle Möglichkeiten durch das bereits beschriebene Problem der Finanzierung. Ergänzend kommt die gesellschaftlich verbreitete Abneigung gegenüber der Digitalisierung in ländlichen Gebieten ebenfalls zum Tragen. Lösung für diese Herausforderungen ist unter anderem die Verbindung mit Plattformunternehmen, um mehr Anwendungen entwickeln zu können und um eine Marktinitiative für die digitale Transformation zu bilden. Die fehlenden finanziellen Möglichkeiten sollen hauptsächlich durch das Angebot zinsgünstiger, subventionierter Kredite und Steuererleichterungen gelöst werden. Die Abneigung vor der digitalen Transformation soll durch digitale Industrieparks gelöst werden, in welchen Unternehmen und Mitarbeitende die digitale Welt hautnah erleben können (vgl. CAICT, 2020, S. 21–22).

Zusammenfassend ist festzuhalten, dass chinesische KMU noch nicht auf dem Stand der deutschen KMU sind. Dieser Status quo darf allerdings nicht über die Tatsache hinwegtäuschen, dass sich viele chinesische KMU in den nächsten Jahren schnell weiterentwickeln werden. Gründe hierfür sind die beschriebenen Maßnahmen der chinesischen Regierung gepaart mit einem enormen Willen der Realisierung. Noch gelten deutsche KMU als Vorbilder, wobei sich diese Rolle in den nächsten Jahren ändern wird, sollte Deutschland in der Umsetzung ihrer Maßnahmen nicht fokussierter und ehrgeiziger werden (vgl. Müller & Polfuß, 2021, S. 224–225). Aus deutscher Perspektive lässt sich somit ein klares Risiko im Vergleich zu China in Bezug auf die noch existierende Vorreiterrolle identifizieren. Hieraus resultiert akuter Handlungsbedarf in Deutschland für KMU im Bereich der Digitalisierung.

6.2.4 Handlungsempfehlungen

Vor dem Hintergrund der zuvor durchgeführten vergleichenden Analyse zwischen den Volkswirtschaften China und Deutschland in Bezug auf die Digitalisierung von KMU lassen sich in diesem Kapitel klare Handlungsempfehlungen für deutsche KMU formulieren.

Grundsätzlich hat die Analyse ergeben, dass bei deutschen KMU noch immer viele Herausforderungen in Bezug auf die Digitalisierung existieren. Mittelstandsverbände oder die Beratung durch Unternehmensberatungen können hier eine sinnvolle Lösungsoption für KMU darstellen.

Verbände wie der Bundesverband mittelständischer Wirtschaft (BVMW), der deutsche Mittelstandsbund (DMB) und das Bundesforum Mittelstand e. V. bieten ein vielfältiges Angebot, um KMU bei der Digitalisierung zu unterstützen. Beispielsweise bieten sie ein großes Angebot von Informationsmaterial über die Digitalisierung und entsprechende Maßnahmen, sowie Angebote von Schulungen (z. B. zu Datenschutz und Digitalisierung) (vgl. DMBa, o. J.). Weiterbildungen stellen eine zentrale Möglichkeit dar, um die Mitarbeitenden für die Nutzung von digitalen Tools zu qualifizieren und Ängste vor der Digitalisierung abzubauen. Die Expertennetzwerke der Verbände können außerdem die Suche von qualifiziertem Fachpersonal effektiver gestalten (vgl. DMBb, o. J.). Weiterhin können die Verbände bei Förderanträgen für Digitalisierung unterstützen (vgl. DMBc, o. J.) und KMU untereinander vernetzen. Somit könnte ein wichtiger Austausch zwischen den Unternehmen entstehen (vgl. BVMW, o. J.). Beispielsweise könnten Digitalisierungsprojekten von KMU als Best Practice dienen und dabei helfen, Investitionsaufwände und Wirtschaftlichkeit von Digitalisierungsmaßnahmen besser abschätzen zu können (vgl. Faix & Windisch, 2021).

Des Weiteren vertreten die Verbände den Mittelstand in der Politik und bilden so ein starkes Sprachohr, um z. B. auch die Entwicklung der digitalen Infrastruktur in Deutschland weiter voranzutreiben und deren Wichtigkeit zu betonen (vgl. BVMW, 2021).

Insgesamt lässt sich für deutsche KMU die klare Handlungsempfehlung ableiten, zum Thema Digitalisierung und deren Umsetzung einem Mittelstandsverband beizutreten und sich dort aktiv Unterstützung zu suchen. Die Verbände können den KMU in vielfacher Hinsicht bei Digitalisierungsthemen helfen und bieten darüber hinaus noch viele weitere Vorteile.

Im Folgenden sind die Homepages von drei Mittelstandsverbänden aufgeführt:

1. Bundesverband mittelständische Wirtschaft (BVMW) – https://www.bvmw.de/
2. Deutsche Mittelstandsbund (DMB) – https://www.mittelstandsbund.de/
3. Bundesforum Mittelstand e. V. – https://bundesforum-mittelstand.de/

Wie zuvor herausgearbeitet, kommt den deutschen KMU aktuell noch eine Vorreiterrolle in Bezug auf chinesische KMU im Bereich der Digitalisierung zu. Es ist aufgrund der großen Unterstützung der chinesischen Regierung jedoch davon auszugehen, dass sich diese Diskrepanz in den kommenden Jahren reduzieren könnte. Hieraus ergeben sich mehrere Konsequenzen. Aktuell ist es für deutsche KMU noch hinreichend einfach, Partner in China zu finden, da diese grundsätzlich am Know-how und der Arbeitsweise deutscher KMU interessiert sind (vgl. Müller & Polfuß, S. 224). In sinnvollen Konstellationen könnten deutsche KMU dieses Interesse nutzen, um ihre Position zu verbessern. Denn chinesische Firmen produzieren in Industrien wie der Kommunikationstechnologie und E-Mobilität schon längst auf Weltniveau. Eine Kooperation mit chinesischen Unternehmen kann also schon heute Vorteile bringen und durch die schnell fortschreitende Entwicklung in chinesischen Unternehmen besonders in naher und mittlerer Zukunft gewinnbringend sein (vgl. Müller & Polfuß, S. 291–292). Da eine Kooperation ein aufwendigeres Unterfangen darstellt, ist dies insbesondere für größere KMU im produzierenden Gewerbe interessant. Denn aufgrund des Einsatzes von IoT in der Produktion ergeben sich hier besonders viele Ansatzpunkte für Wissenstransfer zwischen den KMU beider Länder. Dabei sollte aber der mangelnde Datenschutz in China beachtet werden.

Ergänzend dazu könnten deutsche KMU ihre aktuell positive Rolle nutzen, um diese weiter auszubauen. Hierfür bedingt es allerdings zweier Voraussetzungen. Zum einen müsste die Unterstützung durch die Bundesregierung verstärkt werden. Hierbei kommt der Fokussierung des Themas speziell für KMU eine wichtige Rolle zu. Gleichzeitig gilt es aber auch, das Thema Digitalisierung generell in Deutschland wesentlich konsequenter und schneller umzusetzen als bisher. Zum anderen müsste das Thema der Digitalisierung in KMU wesentlich ernster und konsequenter verfolgt werden. Beim Auftreten von Herausforderungen sollten sich KMU unverzüglich an Verbände oder Unternehmensberatungen wenden, um hier adäquate Unterstützung zu erhalten. Es empfiehlt sich, das Thema der Digitalisierung als eines der Top-Themen des Unternehmens auf die Agenda der Geschäftsleitung zu setzen.

6.3 Fazit

Deutsche und chinesische KMU weisen sowohl in ihrer Bedeutung für ihr jeweiliges Land als auch per Definition eine große Ähnlichkeit auf. Dies ermöglicht es grundsätzlich, Vergleiche zwischen den KMU aufzustellen und bildet eine Grundlage zur Ableitung allgemein gültiger Handlungsempfehlungen.

KMU beider Länder haben grundsätzlich noch einen starken Nachholbedarf bei der Digitalisierung. Digitalisierungshemmnisse für deutsche KMU sind insbesondere Datensicherheit und -schutz, der Mangel an Fachkräften, der hohe Investitionsaufwand und die schlechte digitale Infrastruktur in Deutschland. Auch bei den chinesischen KMU herrscht ein Fachkräftemangel. Des Weiteren fehlen in vielen Fällen technische Anwendungen für KMU. Ergänzend stellen fehlende Finanzierungsmöglichkeiten ein großes Digitalisierungshemmnis für die chinesischen KMU dar. Zum Status quo ist festzuhalten, dass chinesische KMU gegenüber den deutschen KMU in ihrer digitalen Entwicklung und Wettbewerbsfähigkeit in der Breite rückständig sind. Gleichzeitig ist anzumerken, dass chinesische KMU im urbanen Kontext weiterentwickelter sind als die Unternehmen auf dem Land. Es ist zu erwarten, dass chinesische KMU in ihrer Entwicklung schon in naher Zukunft zu den deutschen aufschließen werden, sollte Deutschland die zuvor beschriebene Handlungsempfehlungen nicht zügig, umgehend und konsequent umsetzen. Die chinesische Regierung verfolgt das konkrete Ziel, bis 2049 eine dominierende Stellung in allen wichtigen technologischen Bereichen zu erlangen, was unter anderem auch ihre KMU impliziert. Dazu fokussiert sie sich insbesondere seit 2018 auch stärker auf kleinste, kleine und mittlere Unternehmen und hat viele

Maßnahmen zur Unterstützung der KMU in die Wege geleitet. Auch auf deutscher Seite gibt es einige Unterstützungsmaßnahmen und Verbesserungspläne für deutsche KMU. Die inkonsequente Verfolgung und wenige Priorisierung führt jedoch aktuell dazu, dass nur wenige KMU in den Bereich der Digitalisierung investieren und dieses Thema aktiv bespielen. Nichtsdestotrotz ist es enorm relevant, dass sich KMU proaktiv um die Digitalisierung ihres Unternehmens kümmern. Es ist ihnen angeraten, sich Mittelstandsverbänden anzuschließen und Hilfe bei Beratungsunternehmen zu suchen.

Blickt man in die Zukunft kann eindeutig festgehalten werden, dass die digitale Transformation elementarer Bestandteil einer erfolgreichen unternehmerischen Zukunft in Deutschland und auch in China sein wird. Die Frage, ob dies relevant sein wird, stellt sich somit nicht. Vielmehr geht es aus volkswirtschaftlicher Perspektive darum, zu beantworten, ob deutsche KMU in der Lage sein werden, ihren Vorsprung zu chinesischen KMU zu halten. Der aktuelle Vorsprung sollte genutzt werden, um sinnige Kooperationen einzugehen oder auch von Vorreitern in China zu lernen. Gleichzeitig wird es elementar sein, die eigene digitale Transformation konsequent zu verfolgen und sich die benötigte Unterstützung von Experten zu holen. Sollten diese Empfehlungen nicht umgesetzt werden, ist damit zu rechnen, dass deutsche KMU in naher Zukunft von chinesischen KMU in Bezug auf Digitalisierung eingeholt werden.

Literatur

Abele, C., & Flattern, L. (8. Dezember 2020). China hegt expansive Pläne für die digitale Seidenstraße. Chinas neue Seidenstraße wird immer digitaler. Dazu tragen große Telekommunikationskonzerne genauso bei wie Internetgiganten und Cloud-Provider.

Bartsch, B., & Ramge, T. (2017). Der große Plan. Der große Plan China geht seinen Aufstieg zum Hightech-Land strategisch an. Kann das gelingen? Und falls ja: Werden deutsche Unternehmen die großen Verlierer sein? Eine Antwort in sieben Thesen. brand eins. https://www.brandeins.de/magazine/brand-eins-wirt-schaftsmagazin/2017/strategie/der-grosse-plan. Zugegriffen: 8. Dez. 2021.

BMVI – Bundesministerium für Digitales und Verkehr. (2020). Im Wettbewerb der Industrienationen kommt es für Deutschland auch auf die Verfügbarkeit und Qualität des 5G-Netzes an. Doch wie weit sind Unternehmen und Infrastruktur hierzulande? Ein Vergleich. https://www.deutschland-spricht-ueber-5g.de/informieren/wirtschaft/hier-steht-deutschland-beim-5g-netzausbau/. Zugegriffen: 8. Dez. 2021.

BMWI – Bundesministerium für Wirtschaft und Klimaschutz. (2019). Made in Germany: Die Industriestrategie 2030. https://www.bmwi.de/Redaktion/DE/Dossier/industriestrategie-2030.html. Zugegriffen: 8. Dez. 2021.

BMWI – Bundesministerium für Wirtschaft und Klimaschutz. (2020). „Digital Jetzt" – Neue Förderung für die Digitalisierung des Mittelstands. https://www.bmwi.de/Redaktion/DE/Dossier/digital-jetzt.html. Zugegriffen: 8. Dez. 2021.

Brockhaus, C., Bischoff, T., Haverkamp, K., Proeger, T., & Thonipara, A. (2020). Digitalisierung von kleinen und mittleren Unternehmen in Deutschland – Ein Forschungsüberblick. Göttinger Beiträge zur Handwerksforschung. No. 46. Volkswirtschaftliches Institut für Mittelstand und

Handwerk an der Universität Göttingen (ifh). Göttingen. https://doi.org/10.3249/2364-3897-gbh-46.

Bundesforum Mittelstand e. V. (o. D.). Außenwirtschaft China. https://bundesforum-mittelstand.de/aussenwirtschaft/china/. Zugegriffen: 23. Nov. 2021.

BVMW – Bundesverband mittelständische Wirtschaft. (9. September 2021). „Deutschland kann digital!" – Debatte zur Bundestagswahl. https://www.bvmw.de/news/10360/deutschland-kann-digital-debatte-zur-bundestagswahl/. Zugegriffen: 15. Dez. 2021.

BVMW – Bundesverband mittelständische Wirtschaft. (o. J.). Vorteile für Sie. https://www.bvmw.de/sektionen/vorteile-fuer-sie/. Zugegriffen: 15. Dez. 2021.

CAICT – China Academy of Information and Communications Technology. (2020). Digital economy development in China. http://www.caict.ac.cn/english/research/whitepapers/202007/P020200728343679920779.pdf. Zugegriffen: 15. Dez. 2021.

Demary, V., Engels, B., Röhl, K.-H., & Rusche, C. (2016). Digitalisierung und Mittelstand: Eine Metastudie. https://www.econstor.eu/handle/10419/157156.

Deutsche Bundesbank. (14. Januar 2021). Bezahlen in Deutschland im Corona-Jahr 2020: Karte und kontaktlos im Trend. https://www.bundesbank.de/de/presse/pressenotizen/bezahlen-in-deutschland-im-corona-jahr-2020-karte-und-kontaktlos-im-trend-855058. Zugegriffen: 8. Dez. 2021.

DMBa – Deutscher Mittelstandsbund. (o. J.). Digitalisierung. https://www.mittelstandsbund.de/themen/digitalisierung/. Zugegriffen: 12. Dez. 2021.

DMBb – Deutscher Mittelstandsbund. (o. J.). Fachkräfte finden – Hilfestellungen bei der Fachkräftesuche. https://www.mittelstandsbund.de/themen/arbeit-bildung/themenschwerpunkt-fachkraeftesuche/. Zugegriffen: 15. Dez. 2021.

DMBc – Deutscher Mittelstandsbund. (o. J.). Digitalisierung anpacken – Förderprogramme für KMU. https://www.mittelstandsbund.de/themen/finanzen/themenschwerpunkt-foerderhilfe/foerderprogramme-digitalisierung/. Zugegriffen: 15. Dez. 2021.

European Center for Digital Competitiveness. (2021). Digital riser report 2021. Berlin, Germany.

EU-Kommission. (2003). EMPFEHLUNG DER KOMMISSION vom 6. Mai 2003 betreffend die Definition der Kleinstunternehmen sowie der kleinen und mittleren Unternehmen, L 124, 36–41. https://eur-lex.europa.eu/legal-content/DE/TXT/PDF/?uri=CELEX:32003H0361&from=EN.

Faix, W., & Windisch, L. (14. Dezember 2021). Best Practice Innovationsbeispiele aus dem Mittelstand. DEMB – Deutscher Mittelstandsbund. https://www.mittelstandsbund.de/themen/digitalisierung/best-practice-innovationsbeispiele-aus-dem-mittelstand/. Zugegriffen: 15. Dez. 2021.

Föderl, M., & Rudisch, C. (2. September 2021). Pressemitteilung. Digital Riser Report 2021. China und Saudi-Arabien an Spitze der G20 Kanada, Italien und Frankreich führend innerhalb der G7. ESCP Business School und European Center for Digital Competitiveness. https://digital-competitiveness.eu/wp-content/uploads/Press-Release-German.pdf. Zugegriffen: 1. Dez. 2021.

Freyeisen, A. (4. August 2021). Chinas Sozialpunkte-System. Schikane von Wirtschaft und Bürgern?. Tagesschau. https://www.tagesschau.de/wirtschaft/weltwirtschaft/china-sozialpunktesystem-101.html. Zugegriffen: 8. Dez. 2021.

Fust, A., Graf, A., Züger, T., Brunner, C., & Baghdassarian, M. (2020). Ein Leitfaden für die Digitalisierung in KMU. Wie digitale Anwendungen die internen Prozesse verbessern. OBT AG.

He, L. (15. November 2021). China's Xi Jinping gets his pet stock exchange in Beijing. CNN Business. https://edition.cnn.com/2021/11/15/investing/china-beijing-stock-exchange-debut-intl-hnk/index.html. Zugegriffen: 9. Dez. 2021.

IfM Bonn. (o. J.). KMU-Definition der Europäischen Kommission. https://www.ifm-bonn.org/definitionen/kmu-definition-der-eu-kommission. Zugegriffen: 11. Nov. 2021.

Ifo Institut. (2018). »Made in China 2025«: Technologietransfer und Investitionen in ausländische Hochtechnologiefirmen – Chinas Weg zum Konkurrenten um die Zukunftstechnologien. https://www.ifo.de/publikationen/2018/aufsatz-zeitschrift/made-china-2025-technologietransfer-und-investitionen. Zugegriffen: 8. Dez. 2021.

Kagermann, H., Aderl, R., Gausemeiser, J., Schuh, G., & Wahlster, W. (2016). *Industrie 4.0 im globalen Kontext: Strategien der Zusammenarbeit mit internationalen Partnern.* Utz.

Lauck, D. (18. März 2019). Warum Deutschland hinterherhinkt. Tagesschau. https://www.tagesschau.de/inland/internet-breitband-101.html. Zugegriffen: 8. Dez. 2021.

Müller, M.H.-P., & Polfuß, J. (2021). *Deutschland und China zwischen Kooperation und Konkurrenz.* Springer Gabler.

Riecke, T. (2. September 2021). Drittletzter von 20 Staaten: Frankreich und Italien hängen Deutschland bei der Digitalisierung ab. Deutschland fällt nach einer neuen Studie im technologischen Wettrennen weiter zurück. Politik und Wirtschaft fehlen Mut und Ideen zum Wandel. Handelsblatt. https://www.handelsblatt.com/politik/international/standortwettbewerb-drittletzter-von-20-staaten-frankreich-und-italien-haengen-deutschland-bei-der-digitalisierung-ab/27569412.html?ticket=ST-590741-IX9CxOgwDAZyaiqbhdnQ-cas01.example.org. Zugegriffen: 1. Dez. 2021.

Florian Braunegger ist Vorstand der Germaco AG im Bereich Business Development. Die Germaco AG ist eine Beratungs- und Beteiligungsgesellschaft, in welcher er für die Bereiche Vertrieb und Unternehmensentwicklung verantwortlich ist. Neben dieser Tätigkeit ist Florian Braunegger als Hochschuldozent für verschiedene Hochschulen aktiv. Sein Forschungsschwerpunkt liegt im Bereich des Vertriebsmanagements. Zuvor absolvierte er ein internationales, betriebswirtschaftliches Studium in Köln und Dublin mit Schwerpunkt Unternehmensberatung. Danach bekleidete er über mehrere Jahre verschiedene Positionen im Bereich des Vertriebsmanagements bei internationalen Konzernen, bevor er 2020 in den Vorstand der Germaco AG wechselte.

Teil II
Vertrieb

Nachhaltige Impulse durch staatliche Regulierung – Windkraft, E-Mobilität und Co. am Beispiel von China

7

Ann-Katrin Voit

Inhaltsverzeichnis

7.1 Einleitung	100
7.2 Energie und Energienutzung als knappes Gut weltweit	100
7.3 Der Status quo in China	102
7.3.1 Allgemeine Situation	102
7.3.2 China und die Energie	103
7.4 Die chinesische Strategie für die Zukunft	103
7.4.1 Allgemeiner Trend	103
7.4.2 E-Mobilität	104
7.4.3 Windkraft	105
7.4.4 Solar	106
7.5 Fazit	107
7.6 Ausblick	107
Literatur	108

Zusammenfassung

Der vorliegende Beitrag beschäftigt sich mit der Trendwende zur Nachhaltigkeit in der Volksrepublik China. Obwohl China häufig nicht zu den Ländern hinzugezählt wird, die den nachhaltigen Wandel adaptiert haben, hat das Land in den letzten Jahren enorme Fortschritte gemacht und sich ehrgeizige Ziele für die Zukunft gesteckt.

A.-K. Voit (✉)
FOM Hochschule für Oekonomie & Management, Bochum, Deutschland
E-Mail: ann-katrin.voit@fom.de

© Der/die Autor(en), exklusiv lizenziert an Springer Fachmedien Wiesbaden GmbH, ein Teil von Springer Nature 2023
M. Seidel und J. Macht (Hrsg.), *China & Innovation*, FOM-Edition,
https://doi.org/10.1007/978-3-658-40440-6_7

Diese Ziele werden in den nächsten Jahren deutlich forciert, um wettbewerbsfähig zu bleiben, Versorgungssicherheit für die eigene Bevölkerung und die Industrie zu schaffen und sich auf politischer und wirtschaftlicher Ebene nicht abhängig zu machen bzw. bestehende Abhängigkeiten zu verringern. Dieser Beitrag diskutiert, wie China seine Ziele erreichen möchte und betrachtet dafür vordergründig die Rolle des Staates. Auch der aktuelle Status quo wird dargestellt, ergänzt von einer strategischen Betrachtung der Zukunft in den Bereichen E-Mobilität, Windkraft sowie Solar.

7.1 Einleitung

Die Tagesschau titelte im Jahr 2021 „China setzt verstärkt auf Windkraft" (vgl. Tagesschau, 2021). Diese und ähnliche Schlagzeilen, die zeigen, wie sich China immer mehr zum Kandidaten für eine Energiewende positioniert, sind in den Medien immer präsenter. So hat der chinesische Präsident 2020 verkündet, die CO_2-Emissionen in den nächsten Jahren stetig zu drosseln und bis 2060 auf null senken zu wollen (vgl. Bidder, 2021). China scheint sich zum internationalen Musterland zu mausern, was das Thema Energiewende angeht.

Was lange nach Zukunftsmusik klang, ist in China bereits Realität: Energieeffiziente Gebäude, E-Mobilität, erneuerbare Energien – China hat die Notwendigkeit erkannt und beginnt erfolgreich Strategien zu entwickeln und zu implementieren, um für die Zukunft gewappnet zu sein. Dieser Beitrag gibt einen Kurzüberblick darüber, was andere Länder und auch Unternehmen von China lernen können und wie China seinen Strategiewechsel im Bereich nachhaltiger Energie vollzogen hat.

Der Beitrag geht dabei zunächst in der Einleitung auf die Thematik allgemein und die Position Chinas ein, woran sich eine Betrachtung des Status quo des Landes anschließt. Dabei wird zunächst die allgemeine Situation des Themas erörtert, welche nicht nur für China, sondern auch für die meisten anderen Länder gilt. Da Nachhaltigkeit sich insbesondere auf dem Energiemarkt als sehr relevantes Thema herauskristallisiert hat, folgt ein Abschnitt zur Situation Chinas im Energiesektor. Um zu zeigen, welche Strategie China für die Zukunft verfolgt, wird hier zunächst der allgemeine Trend aufgezeigt, woran sich eine detailliertere Betrachtung der E-Mobilität, der Windkraft sowie ein kurzer Einblick in den Solar-Sektor anschließt. Der Beitrag schließt mit einem Fazit und Ausblick.

7.2 Energie und Energienutzung als knappes Gut weltweit

Nicht erst seit der russischen Invasion auf die Ukraine steht fest, dass fossile Energien langfristig keine Lösung mehr sein können, um den globalen Energieverbrauch zu decken. Viele Länder stehen daher vor der enormen Herausforderung, in den nächsten Jahrzehnten ihre vorhandenen Energiesysteme komplett umzustrukturieren. Deutschland hat den Wandel im Vergleich zu anderen Ländern, wie den USA oder Indien, bereits sehr früh auf den Weg gebracht, indem die Regierung einen Ausstieg aus der Kohle beschlossen und mit dem Erneuerbare-Energien-Gesetz sogar eine Rechtsgrundlage für den Wandel des Energiemarktes verabschiedet hat. Deutschland ist Vorreiter und zeigt, dass ein Wandel möglich und realisierbar ist, denn so betrug der Anteil der Stromerzeugung durch erneuerbare Energien im Jahr 2018 bereits 35 % (vgl. Bundesanstalt für Geowissenschaften und Rohstoffe, 2020).

Warum ist Energie heute so wichtig? Hierfür gibt es zwei Faktoren, die eine wesentliche Rolle spielen: Die wachsende Weltbevölkerung sowie der gestiegene Wohlstand, der sich durch den Anstieg des allgemeinen Lebensstandards zeigt. Beides führt, trotz rasanter Entwicklung der Energieeffizienz, dazu, dass der Energiebedarf kontinuierlich weltweit steigt. So brauchen mehr Menschen mehr Energie – selbst bei konstantem Lebensstandard. Wenn dieser jedoch eine positive und damit wünschenswerte Entwicklung nimmt, dann lässt sich daraus der gestiegene Energiehunger der Weltbevölkerung ableiten. Die fossilen Energien sind limitiert – wie seit Jahrzehnten bekannt ist. Zwar steigt die Attraktivität für bisher nicht wirtschaftlich nutzbare Öl-, Gas- und Kohlefelder durch die steigenden Energiepreise immer weiter, dennoch werden auch diese möglicherweise zukünftig verfügbaren Ressourcen irgendwann abgebaut und aufgebraucht sein. Eine langfristige Lösung in der Energiegewinnung liefern sie also nicht (vgl. Bundesanstalt für Geowissenschaften und Rohstoffe, 2020).

Natürlich werden fossile Energieträger und die Kernkraft nicht von heute auf morgen verschwinden, da sie nach wie vor einen enormen Stellenwert bei der Energiegewinnung ausmachen. Jedoch ändert sich gerade die Wertschätzung und die zukünftigen Investitionen im Energiesektor machen den Weg frei für eine Energiewende.

Ein Grund für das Umdenken auf dem Energiemarkt ist der Klimawandel. Starkwetterereignisse, Dürreperioden, die globale Erwärmung und viele damit verbundene Klimaphänomene und -probleme sind ausgelöst worden durch den Menschen und insbesondere dadurch, wie er mit fossilen Energien und den daraus resultierenden Emissionen in der Vergangenheit umgegangen ist.

Der bereits anfangs angesprochene Krieg zwischen Russland, einem der weltweit größten Exporteure für Energie, der viele Länder insbesondere in Europa, aber auch Asien mit fossiler Energie versorgt, heizt diesen Trend noch an. Hier zeigt sich der Konflikt zwischen wirtschaftlichen Interessen und Sicherheit, der auf Völkerrechtsverletzungen und Leid trifft. Vielen Ländern wurden hier die Nachteile einer wirtschaftlichen (Energie-)Abhängigkeit schmerzlich bewusst und somit der Wandel zu unabhängigen und dauerhaft nutzbaren Energiequellen geebnet.

Die Gründe für eine Neuausrichtung des Energiemarktes weltweit liegen also auf der Hand, werden aber sicherlich nicht von heute auf morgen realisierbar sein. Viele Länder haben bereits erkannt, dass langfristig kein Weg mehr an neuen, umweltfreundlichen Energien vorbeiführt, die eine politische und wirtschaftliche Unabhängigkeit gewährleisten, emissionsarm oder emissionsneutral sind und deren Preisschwankungen so gering oder tendenziell sogar abnehmend sein werden, dass dadurch keine Weltwirtschaftskrisen entstehen können. Zu diesen Ländern gehört auch China.

7.3 Der Status quo in China

7.3.1 Allgemeine Situation

China wird weithin als Schwellenland bezeichnet, da es grundsätzlich in vielen Bereichen im Vergleich zu Industrieländern einen enormen Aufholungs- und Nachholungsbedarf hat. Dennoch bleibt der Wandel Chinas nicht unbemerkt; das Land hat enorme Potenziale und Möglichkeiten, die in Zeiten von gestiegenen Energiepreisen, unsicheren Beschaffungsmärkten und knappen fossilen Energien immer interessanter für die wirtschaftliche Integration in den Markt werden.

China gehört zu den Ländern, deren Energiehunger in den letzten Jahrzehnten unglaublich angestiegen ist. Der Energiebedarf hat sich in den letzten zehn Jahren nahezu verdoppelt (vgl. Sternfeld, 2013). Hier gibt es gleich drei Gründe, die eine Erklärung liefern. Zunächst ist die Bevölkerung Chinas über lange Jahre enorm gewachsen, auch wenn der Trend seit Ausbruch der Corona-Pandemie rückläufig ist. Derzeit beträgt die Bevölkerungszahl 1,4 Mrd. Menschen (vgl. Deutsche Welle, 2022). Neben der reinen Anzahl der Menschen ist auch der Wohlstand stetig gewachsen. China gilt schon lange nicht mehr als Land der Menschen mit sehr niedrigem Einkommen, sondern hat in der Rangliste der Pro-Kopf-Einkommen mittlerweile Platz 100 von 180 eingenommen (vgl. Kamp, 2008). Natürlich besteht damit immer noch viel Entwicklungspotenzial, insbesondere da das Einkommen in China sehr ungleich verteilt ist, dennoch ist es eine beeindruckende Entwicklung, die zeigt, wie groß der Bedarf an Energie für China in der Zukunft sein wird (vgl. Giesen, 2021). Politisch wurde diese Entwicklung erkannt und von der chinesischen Regierung adressiert, indem Parteichef Xi Jinping den „gemeinsamen Wohlstand" zum erklärten Ziel des Landes benannt hat (vgl. Giesen, 2021).

China hat einen signifikanten Anteil seiner wirtschaftlichen Entwicklung der weltweiten Globalisierung zu verdanken. Aufgrund geringer Produktions- und Beschaffungskosten stieg die weltweite Nachfrage nach Gütern, aber auch Dienstleistungen, die „Made in China" sind, immer weiter an (vgl. Kamp, 2008). Dies führte zu einem enormen Wirtschaftswachstum, was die zuvor genannten Faktoren wie Bevölkerungsentwicklung und Wohlstand begünstigt hat. Die Schattenseiten dieses Wandels bekommt China allerdings ebenfalls zu spüren: So ist Umweltverschmutzung, Zerstörung der natürlichen Umwelt sowie Verschlechterung der Lebensqualität durch Umweltbelastung besonders in den Städten deutlich spür- und messbar (vgl. Kamp, 2008). Genau wie in vielen anderen Ländern werden die bereits entstandenen Schäden nicht alle umkehrbar sein, aber ein Wandel der Energieträger könnte dazu beitragen, den bereits entstandenen Schaden nicht weiter zu vergrößern (vgl. Kamp, 2008). China hat daher seine Energiestrategie für die Zukunft überdacht und setzt nun vor allem auf erneuerbare Energien, aber auch auf Atomkraft (vgl. Sternfeld, 2013). China will hier im Land für Energiesicherheit sorgen, damit sich der Trend der wirtschaftlichen Entwicklung und des Wirtschaftswachstums fortschreiben lässt (vgl. Sternfeld, 2013).

7.3.2 China und die Energie

2009 überholte China die USA in der weltweiten Nachfrage nach Energie (vgl. Zeit Online, 2010). Die absolut nachgefragte Menge an Energie eines Landes war nirgendwo höher als in China, wenngleich das Land aufgrund seiner enormen Einwohnerzahl nicht den höchsten Pro-Kopf-Verbrauch weltweit hat. Lange Zeit haben die USA den Titel des größten Energienachfragers weltweit getragen und konnten ihren Titel vermutlich deswegen abgeben, weil in den USA die Energieeffizienz im Vergleich zu China deutlich gestiegen ist (vgl. Zeit Online, 2010). Zudem waren die USA 2009 von einer Wirtschafts- und Finanzkrise und einer eingebrochenen Konjunktur betroffen, die sich in China in diesem Umfang nicht bemerkbar machte (vgl. Zeit Online, 2010).

Eine emissionsarme, energieeffiziente Stromversorgung und Industrie ist das erklärte Ziel vieler Länder, ebenso der chinesischen Regierung (vgl. Bloch, 2016, S. 13). Doch wo steht das Reich der Mitte gerade?

Von 1980 bis 2009 stieg der jährliche Energieverbrauch in China von 295 rasant auf 3660 TWh (vgl. Grave et al., 2015, S. 26). Die Wachstumsraten der Stromnachfrage liegen in China bei 12 % pro Jahr, was die bereits angesprochene enorme Entwicklung des Landes widerspiegelt (vgl. Grave et al., 2015, S. 26). 17,5 % des weltweiten Stromverbrauchs gingen damit auf China zurück, was den Energiehunger des Landes zeigt (vgl. Grave et al., 2015, S. 26). Nur etwa 10 % des Gesamtverbrauchs auf dem Strommarkt geht in China auf private Haushalte zurück, womit sich das Land sehr stark von anderen Ländern unterscheidet, da die Industrie ca. 75 % ausmacht (vgl. Grave et al., 2015, S. 26). Die Industrie ist damit in China der zentrale Nachfrager, nicht nur nach Strom, sondern beispielsweise auch nach Infrastruktur.

Auch wenn bis heute noch neue Kohlekraftwerke gebaut werden und ans Netz gehen, ist ein klarer Trend im Land zu beobachten. Viele Jahre ging im Schnitt ein neues Kohlekraftwerk pro Woche ans Netz (vgl. Kamp, 2008), doch 2015 verkündete die chinesische Regierung, dass die „Spitze der Kohleerzeugung" überschritten sei und China eine Vorreiterrolle in der Entwicklung emissionsarmer Stromerzeugung anstrebt (vgl. Grave et al., 2015, S. 26.).

7.4 Die chinesische Strategie für die Zukunft

7.4.1 Allgemeiner Trend

„Ob Energie- und Ressourceneffizienz, Kreislaufwirtschaft oder nachhaltige Mobilität: Ein breiter Blick auf grüne Technologien verdeutlicht das enorme Potenzial in einem in Zukunft weltweit stark wachsenden Markt. Neben Europa investieren die USA, Japan und China massiv in Klimaschutztechnologien" titelt das Institut der Deutschen Wirtschaft auf seiner Homepage (vgl. Institut der Deutschen Wirtschaft, o. J.).

Weltweit zeigt der Trend, dass sich die Länder von fossilen Energien abwenden und immer mehr auf erneuerbare Energien setzen. So wurden 2018 die erneuerbaren Energien mit 64 % für den Ausbau der Stromerzeugung eingesetzt (vgl. Bundesanstalt für Geowissenschaften und Rohstoffe, 2020). Insgesamt decken die erneuerbaren Energien im Jahr 2018 18 % des globalen Verbrauchs, was auf den ersten Blick nicht viel zu sein scheint, aber für die noch sehr jungen Technologien eine enorme globale Wertschätzung widerspiegelt. Das größte Wachstum entstand in den letzten Jahren dabei in China, was zeigt, wie das Land seine Energiestrategie für die Zukunft aufgestellt hat (vgl. Bundesanstalt für Geowissenschaften und Rohstoffe, 2020).

Wie viele andere Länder hat sich China ehrgeizige Ziele beim Einsatz erneuerbarer Energien gesetzt. Das Ziel war bis 2020, 15 % des gesamten Primärenergieverbrauchs aus nicht fossilen Energieträgern zu gewinnen, was 2018 bereits nahezu realisiert war. Anzumerken ist hier, dass in China laut Definition neben Wind, Solar, Wasser und Biomasse auch Atomkraft hinzugezählt wird. 2019 konnte das Land bereits 27,9 % der Stromerzeugung aus erneuerbaren Energien vorweisen (vgl. Abele, 2020). Nachfolgend werden einige Trends und Strategien für China aufgezeigt und diskutiert.

7.4.2 E-Mobilität

Mit fossilen Energien verbindet sich automatisch das Thema Mobilität. Wie bereits angesprochen, führt eine steigende Bevölkerungszahl, wachsender Wohlstand und damit neue und bisher nicht dagewesene finanzielle Möglichkeiten auch zu einer veränderten Nachfrage nach Gütern und Dienstleistungen. Individuelle Mobilität steht für viele weit vorne in der Nachfrageänderung. Die Nachfrage nach Autos allgemein wächst in China mit (vgl. Handelsblatt, 2013). Da viele Chinesinnen und Chinesen zur Arbeit pendeln, ist hier ein Auto das Verkehrsmittel der Wahl, was daher eine steigende Nachfrage erfährt (vgl. PWC, 2011, S. 18). Viele Chinesinnen und Chinesen sind im „Autofieber", wie eine Studie von PWC (2011, S. 21) titelte. Ein Auto gehört mittlerweile zum Lifestyle vieler Chinesinnen und Chinesen und agiert als Statussymbol (vgl. PWC, 2011, S. 19 und 21). Zudem hat sich der Bewegungsradius erhöht, was die Nachfrage nach (individueller) Mobilität zusätzlich befeuert (vgl. PWC, 2011, S. 20).

Dieser Trend geht vor allem zulasten der Großstädte wie Peking und Shanghai (vgl. Handelsblatt, 2013). Hier sei jedoch anzumerken, dass die Prognosen zeigen, dass es 2025 über 220 Städte in China sein werden, deren Einwohnerzahl die Grenze von einer Million Menschen überschreitet (vgl. PWC, 2011, S. 19). Mehr Autos führen insbesondere in den Großstädten zu mehr Stau und mehr Emissionen. Um hier Abhilfe zu schaffen, hat die chinesische Regierung teilweise eine Lotterie in Peking und eine Auktion in Shanghai ins Leben gerufen, nach der Neuzulassungen geregelt wurden, um die Gesamtzahl der Fahrzeuge zu deckeln (vgl. Handelsblatt, 2013).

In den chinesischen Großstädten könnten E-Fahrzeuge dazu beitragen, den gesundheitsgefährdenden Smog zu reduzieren und möglicherweise auch zur Reduktion der

Treibhausgas-Emissionen beitragen, je nachdem, mit welchem Strom sie betrieben werden (vgl. Zwick, 2021).

Die chinesische Regierung hat sich mit diesem wachsenden Umweltproblem beschäftigt und daher sehr früh auf E-Mobilität gesetzt. Chinas Mobilität und deren Veränderung spiegelt sich auch in den Fünf-Jahres-Plänen der Regierung wider, die die zentralen volkswirtschaftlichen Ziele definieren (vgl. PWC, 2011, S. 64).

Die chinesische Regierung hat sich dem Thema angenommen und sowohl angebots- als auch nachfrageseitig für gute Voraussetzungen gesorgt. Einerseits hat China hohe Subventionen auf E-Mobilität gezahlt, sodass die Nachfrage entsprechend hoch ist und steigend ist. 2021 wurden fast 1,5-mal so viele E-Autos in China im Vergleich zu Europa zugelassen, mit steigender Tendenz (vgl. Zwick, 2021). Für 2025 wird ein Marktanteil an E-Autos von 35 % erwartet (vgl. Zwick, 2021). Neben der reinen Zulassung ist ebenfalls die damit verbundene Infrastruktur interessant (vgl. Mersch, 2021). Hier zeigt sich deutlich, dass China die Ladeinfrastruktur massiv ausgeweitet hat, da es in China 1,59 Ladepunkte auf 1000 Einwohnerinnen und Einwohner, in Deutschland aber nur 0,53 auf 1000 Einwohnerinnen und Einwohner gibt, was ein zentrales Kaufargument bei der Nachfrage nach E-Mobilität darstellt (vgl. Zwick, 2021).

Neben der Nachfrage hat China zudem ideale Bedingungen für das Entwickeln, Testen und Verkaufen von E-Autos geschaffen, da die Regierung auch hier massiv subventioniert und gefördert hat (vgl. PWC, 2011, S. 59). Neben der Subventionierung führen auch die massiven Zulassungsrestriktionen, insbesondere in den Großstädten, zu einem wachsenden Interesse an E-Mobilität (vgl. Abele, 2022).

Die Bemühungen der chinesischen Regierung zeigen sich auch im Evi-Index (vgl. Seiwert, 2010; Böhmer, 2010). Dieser berechnet, welche Wertschätzung das jeweilige Land bei der Elektromobilität erfährt und bietet so ein Ranking an (vgl. Seiwert, 2010). China kann sich hier 2022 als weltweit größter Markt positionieren (vgl. Hattrup-Silberberg, 2022).

China zeigt der Welt hier sehr deutlich, wie in kurzer Zeit eine Wende auf dem Markt erreicht werden kann. Dem wachsenden Emissionsproblem wurde effizient entgegengesteuert, sodass heute jedes sechste Auto in China mit E-Antrieb fährt (vgl. Abele, 2022). Davon sind viele andere Länder, beispielsweise die USA, aber auch Deutschland, weit entfernt.

7.4.3 Windkraft

„China baut mehr Windräder als der Rest der Welt zusammen (vgl. Bidder, 2021)" war 2021 im Spiegel als Schlagzeile zu lesen. Eine solche Schlagzeile überrascht vielleicht, wenn China als Schwellenland betrachtet wird und zeigt gleichzeitig auch hier die Energiewende, die das Land anstrebt.

Mit welchem Tempo agiert wird, zeigt sich bei einem direkten Vergleich: 2020 wurden mehr Windkraftanlagen in China neu gebaut als in ganz Deutschland insgesamt in Betrieb sind (vgl. Bidder, 2021). Windkraft macht derzeit einen Anteil von ca. 5 % der Stromversorgung Chinas aus, hat sich aber seit 2010 verfünffacht (vgl. Statista, 2012). China hat erkannt, wie wichtig der Markt ist, insbesondere weil das Land nicht durchgängig dicht besiedelt ist und daher viele Möglichkeiten hat, aufgrund seiner enormen Fläche diese zur Energiegewinnung durch Windkraft zu nutzen. Auch hier fährt China eine Strategie der massiven Subventionierung: Die Unternehmen, die Windkraftanlagen produzieren, werden umfangreich bezuschusst, bis diese einen (weltweit) respektablen Marktanteil erlangen. Da Fläche in China nicht pauschal knapp ist, wurden in der Vergangenheit den Betreibern von Windparks die Fläche teilweise kostenfrei überlassen (vgl. Brück, 2011). Ergänzend dazu wird die Mehrwertsteuer hierfür halbiert, was ebenfalls einen Wettbewerbsvorteil sichert (vgl. Brück, 2011).

China stellt so sicher, dass der eine Markt versorgt ist, aber auch der (zukünftige) Export gesichert ist (vgl. Schmidt, 2011). Mittlerweile ist die Entwicklung Chinas in diesem Markt so fortgeschritten, dass die Subventionen in der Zukunft reduziert werden, da die gewünschte Marktreife erreicht wurde (vgl. Abele, 2020).

7.4.4 Solar

China dominiert schon sehr lange den Markt für Photovoltaikanlagen. Diese werden zu großen Teilen im Land selber hergestellt und dienen zum Teil dem Exportmarkt, wobei sie auch massiv im eigenen Land eingesetzt werden (vgl. Hengstler et al., 2021, S. 43). Seit 2017 liegt der weltweite Anteil Chinas auf dem Markt bei zwei Drittel, die drei größten Unternehmen kommen alle aus China (vgl. Hengstler et al., 2021, S. 43).

Im Jahr 2020 lag die Leistung der Photovoltaikanlagen bei 253 Gigawatt, was ein Drittel der weltweit installierten Leistung aller Anlagen entspricht. Damit hat China einen massiven Vorsprung gegenüber den USA, Japan und Deutschland, die im Ranking folgen (vgl. Statista, 2022). China versorgt sich und andere Länder mit Photovoltaik und konnte den Anteil von 2,8 % in 2015 auf 5,5 % in 2020 im eigenen Land steigern (vgl. Schmitt, 2019).

Auch hier hat China massiv auf eine Subventionierung der Branche gesetzt. Die gezahlten Subventionen waren so massiv, dass die Europäische Union ein Verfahren gegen China eingeleitet hat, weil der Verdacht auf Marktmanipulation bestand. Viele Hersteller aus der EU konnten dem Wettbewerbsdruck im Export nicht Stand halten, was zu dem enormen Anstieg der Marktanteile chinesischer Anbieter geführt hat (vgl. Süddeutsche Zeitung, 2012). Solar scheint für die chinesische Energiestrategie ein ebenso fester Bestandteil zu sein wie Wind und Kernkraft.

7.5 Fazit

China hat in der Vergangenheit gezeigt, dass es nicht nur Trends, sondern auch zukünftige Wettbewerbsmärkte früh erkannt hat und diese dann durch eine massive Förderungsstrategie in ihrer Entwicklung voranbringt. Auch wenn China noch viel Wandel in Richtung Nachhaltigkeit betreiben muss, so hat das Land bereits den Weg in die richtige Richtung eingeschlagen. Die Strategie, auf erneuerbare Energien, E-Mobilität sowie staatliche Regulierung zu setzen, bringt dem Land langfristig Unabhängigkeit, sichert den Wohlstand und verbessert die Umwelt- und Luftqualität und damit die Lebensbedingungen.

Auch wenn die chinesische Regierung mit ihren strikten Ge- und Verboten, einer für westliche Länder nahezu undenkbare Strategie durch Lotterien und Auktionen stark in den Markt eingreift, so scheint der Markt dadurch jedoch in größerem Umfang Veränderungen zu adaptieren. China zeigt, wie rasant der Markt für E-Mobilität sich entwickeln kann, wenn die richtigen Impulse in Form von Infrastruktur und Subventionen auf Anbieter und Nachfrager treffen.

7.6 Ausblick

Spannend wird es, die zukünftige Entwicklung des Landes zu betrachten. Schafft es China, diese Wachstumsraten beim Einsatz erneuerbarer Energien zu halten und ggf. das ehrgeizige Ziel, den Kohleausstieg, bald zu realisieren und zu erreichen? Wie gestaltet China den Übergang von Wachstum zum nachhaltigen Wachstum? Wie wird sich zukünftig die Akzeptanz der Bevölkerung entwickeln, was nachhaltige Entwicklung angeht und die möglicherweise zusätzlich resultierenden Kosten für die Bevölkerung?

Zudem ist eine Betrachtung der zukünftigen Wettbewerbsfähigkeit Chinas auf den internationalen Märkten ein lohnenswertes Thema. China exportiert bis heute viele Rohstoffe, die genau wie Öl, Kohle und Gas limitiert sind. Auch hier wird zukünftig eine Veränderung der Märkte notwendig sein, um den Wohlstand im Land zu sichern. Auch die Frage nach der weiteren Verlagerung energieintensiver Industrien vieler Länder nach China bleibt aktuell, da diese Nachfrage die Emissionen in China erhöhen und diese gleichzeitig in den importierenden Ländern senkt. China hat hier in der Vergangenheit bereits Schritte in die richtige Richtung unternommen, so wurden beispielsweise Müllimporte nach China verboten.

Obwohl China bis heute ein Schwellenland ist, können viele Industrieländer von der konsequenten und auch klar definierten Strategie des Landes lernen. Trends werden schneller erkannt, in die Fünf-Jahres-Pläne implementiert und dort reguliert, wo der Markt sich zu langsam und verhalten reagiert.

Literatur

Abele, C. (2020). Politische Ziele im Windsektor. https://www.gtai.de/de/trade/china/branchen/politische-ziele-im-windsektor-540312. Zugegriffen: 30. Apr. 2022.

Abele, C. (2022). Fast jeder sechste neue Pkw fährt in China mit Batterie. https://www.gtai.de/de/trade/china/branchen/fast-jeder-sechste-neue-pkw-faehrt-in-china-mit-batterie-795416. Zugegriffen: 16. Apr. 2022.

Bidder, B. (2021). Erneuerbare Energien China baut mehr Windräder als der Rest der Welt zusammen. https://www.spiegel.de/wirtschaft/windernergie-china-baut-mehr-windkraftanlagen-als-der-rest-der-welt-zusammen-a-7ae4c327-6300-4572-bf19-bca764b4ad8b. Zugegriffen: 11. Apr. 2022.

Bloch, J. (2016). Strom in China – Struktur und Regulierung. *Recht der Energiewirtschaft, 95*(1), 13–18.

Böhmer, R. (2010). Wie Evi die Bedeutung der Elektromobilität misst. https://www.wiwo.de/unternehmen/auto/index-wie-evi-die-bedeutung-der-elektromobilitaet-misst-seite-2/5214646-2.html. Zugegriffen: 12. Apr. 2022.

Brück, M. (2011). Energiepolitik „China ist neuer Windenergie-Weltmeister". https://www.wiwo.de/unternehmen/energiepolitik-china-ist-neuer-windenergie-weltmeister-seite-2/5260202-2.html. Zugegriffen: 10. Juni 2022.

Bundesanstalt für Geowissenschaften und Rohstoffe. (2020). BGR Energiestudie. https://www.bgr.bund.de/DE/Themen/Energie/Downloads/energiestudie_2019.pdf?__blob=publicationFile&v=6. Zugegriffen: 10. Mai 2022.

Deutsche Welle. (2022). China droht die Überalterung der Bevölkerung. https://www.dw.com/de/china-droht-die-%C3%BCberalterung-der-bev%C3%B6lkerung/a-60444246. Zugegriffen: 22. Mai 2022.

Giesen, C. (2021). Wohlstand auf Chinesisch. https://www.sueddeutsche.de/wirtschaft/china-vermoegen-wohlstand-1.5396371. Zugegriffen: 31 Mai 2022.

Grave, K., Hazrat, M., Boeve, S., von Blücher, F., Bourgault, C., Bader, N., Breitschopf, B., Friedrichsen, N., Arens, M., Aydemir, A., Pudlik, M., Duscha, V., Ordonez, J., Lutz, C., Großmann, A., & Flaute, M. (2015). Stromkosten der energieintensiven Industrie – Ein internationaler Vergleich. https://www.bmwk.de/Redaktion/DE/Publikationen/Studien/stromkosten-der-energieintensiven-industrie.pdf%3F__blob%3DpublicationFile%26amp;v%3D5. Zugegriffen: 30. Mai 2022.

Handelsblatt. (2013). Fahrzeug-Zulassungen in China Das Roulettespiel ums Autokennzeichen. https://www.handelsblatt.com/mobilitaet/motor/fahrzeug-zulassungen-in-china-nachfrage-fuer-autos-laesst-sich-so-nicht-ausbremsen/8630880-2.html. Zugegriffen: 30. März 2022.

Hattrup-Silberberg, M. (2022). Electric Vehicle Index: Marktanteil und Verkäufe von E-Autos weltweit verdoppelt. https://www.mckinsey.de/news/presse/2022-05-23-evi-2022. Zugegriffen: 12. Apr. 2022.

Hengstler, J., Russ, M., Stoffregen, A., Hendrich, A., Weidner, S., Held, M., & Briem, A.-K. (2021). Aktualisierung und Bewertung der Ökobilanzen von Windenergie- und Photovoltaikanlagen unter Berücksichtigung aktueller Technologieentwicklungen. https://www.umweltbundesamt.de/sites/default/files/medien/5750/publikationen/2021-05-06_cc_35-2021_oekobilanzen_windenergie_photovoltaik.pdf. Zugegriffen: 18. Juni 2022.

Institut der Deutschen Wirtschaft. (o. J.). Klimaschutz und komparative Vorteile der deutschen Wirtschaft. https://www.iwkoeln.de/studien/wie-vier-disruptionen-die-deutsche-wirtschaft-veraendern-herausforderungen-und-loesungen/untertitel-3-1.html. Zugegriffen: 30. Mai 2022.

Kamp, M. (2008). Schritte zum nachhaltigen Wohlstand in China. https://www.wiwo.de/politik/ausland/china-schritte-zum-nachhaltigen-wohlstand-in-china-seite-3/5469406-3.html. Zugegriffen: 30. Mai 2022.

Mersch, T. (2021). Elektromobilität: Fast die Hälfte aller Elektroautos ist in China unterwegs. https://www.handelsblatt.com/unternehmen/flottenmanagement/elektromobilitaet-fast-die-haelfte-aller-elektroautos-ist-in-china-unterwegs/27006278.html. Zugegriffen: 16. Apr. 2022.

PWC. (2011). Automobilindustrie und Mobilität in China: Plan, Wunsch und Realität. https://www.pwc.de/de/automobilindustrie/assets/automobilindustrie-und-mobilitaet-in-china.pdf. Zugegriffen: 29. Mai 2022.

Schmidt, J.-L. (2011). Goldwind-Aktie: Auftrieb durch Staatshilfen. https://www.wiwo.de/my/finanzen/geldanlage/aktien-analyse-goldwind-aktie-auftrieb-durch-staatshilfen-/27533486.html. Zugegriffen: 10. Juni 2022.

Schmitt, S. (2019). Widersprüchliche Signale aus Chinas Energiemarkt – Natürliche und technische Grenzen beschränken Ausbau der Erneuerbaren. https://www.gtai.de/de/trade/china/branchen/widerspruechliche-signale-aus-chinas-energiemarkt-202836. Zugegriffen: 10. Apr. 2022.

Seiwert, M. (2010). Elektromobilitäts-Index China ist bei Elektroautos auf dem Weg zur Weltspitze. https://www.wiwo.de/unternehmen/auto/elektromobilitaets-index-china-ist-bei-elektroautos-auf-dem-weg-zur-weltspitze/5154112-all.html. Zugegriffen: 12. Apr. 2022.

Statista. (2012). Anteil der Windenergie an Stromerzeugung in China im Jahr 2010 und Prognose bis 2020. https://de.statista.com/statistik/daten/studie/223058/umfrage/anteil-der-windenergie-an-stromerzeugung-in-china/. Zugegriffen: 12. Juni 2022.

Statista. (2022). Wichtigste Länder weltweit nach installierter Photovoltaikleistung im Jahr 2020. https://de.statista.com/statistik/daten/studie/37031/umfrage/solarenergie-weltweit-im-jahr-2009/. Zugegriffen: 17. Juni 2022.

Sternfeld, E. (2013). Chinas internationale Energiestrategie. https://www.bpb.de/themen/wirtschaft/energiepolitik/152664/chinas-internationale-energiestrategie/. Zugegriffen: 21. Mai 2022.

Süddeutsche Zeitung. (2012). Streit mit der EU über Solar-Subventionen: China schlägt zurück. https://www.sueddeutsche.de/wirtschaft/streit-um-solar-subventionen-china-schlaegt-zurueck-1.1511615. Zugegriffen: 10. Apr. 2022.

Tagesschau. (2021). Erneuerbare Energien China setzt verstärkt auf Windkraft. https://www.tagesschau.de/wirtschaft/china-setzt-verstaerkt-auf-windkraft-101.html. Zugegriffen: 10. Juni 2022.

Zeit Online. (2010). Energieverbrauch: China überholt USA als weltgrößten Energieverbraucher. https://www.zeit.de/wirtschaft/2010-07/energie-verbrauch-china-usa. Zugegriffen: 29. Mai 2022.

Zwick, D. (2021). Alles auf Elektro – China zeigt dem Westen, wie es geht. https://www.welt.de/wirtschaft/article234785348/Elektro-Mobilitaet-China-zeigt-dem-Westen-wie-es-richtig-geht.html. Zugegriffen: 18. Apr. 2022.

Prof. Dr. Ann-Katrin Voit ist seit 2018 Professorin für Volkswirtschaftslehre, insbesondere Wirtschaftspolitik, an der FOM Hochschule für Oekonomie & Management, Standort Bochum. Zuvor hat sie Wirtschaftswissenschaft an der Ruhr-Universität Bochum und der Universidad de Oviedo studiert. Promoviert wurde sie ebenfalls an der Ruhr-Universität mit Stationen an unter anderem der City University in New York (USA), der Universiteit Utrecht (Niederlande), der Katholieke Universiteit Leuven (Belgien) sowie an verschiedenen Hochschulen in China. Ihre Forschungsschwerpunkte liegen im Bereich der Internationalen Wirtschaftspolitik, Kulturökonomik, globalen öffentlichen Gütern, Europapolitik und -ökonomik sowie Themen der Nachhaltigkeit. Seit 2019 ist sie Mitglied des Advisory Councils des amerikanischen Generalkonsulats in Düsseldorf zu wirtschaftspolitischen Fragestellungen.

Vertrieb chinesischer KMUs im 21. Jahrhundert – Eine Betrachtung der Rolle des Onlinehandels

8

Florian Braunegger und Jannik Herzogenrath

Inhaltsverzeichnis

8.1　KMU und der Onlinehandel. 112
　　8.1.1　KMU in Deutschland und China 112
　　8.1.2　Die Rolle des Onlinehandels 113
8.2　Onlinehandel in chinesischen KMU – ein vergleichender Blick zu deutschen KMU. . . . 117
　　8.2.1　Methodik 117
　　8.2.2　Onlinehandel chinesischer KMU – die Kundschaft im Fokus. 117
8.3　Fazit 119
Literatur. 121

Zusammenfassung

Das Thema des Onlinehandels verzeichnet in den letzten Jahren eine stetige Zunahme an Relevanz. Eine besondere Rolle kommt in diesem Kontext kleinen- und mittelständischen Unternehmen (nachfolgend KMU genannt) aufgrund ihrer besonderen Rolle für Volkswirtschaften zu (vgl. Müller MH-P, Polfuß J in Deutschland und

---

F. Braunegger (✉)
Germaco AG, Rommerskirchen, Deutschland
E-Mail: braunegger@germaco.ag

J. Herzogenrath
SupplyHero GmbH & Co. KG, Mönchengladbach, Deutschland
E-Mail: jannik.herzogenrath@cbs-mail.de

© Der/die Autor(en), exklusiv lizenziert an Springer Fachmedien Wiesbaden GmbH, ein Teil von Springer Nature 2023
M. Seidel und J. Macht (Hrsg.), *China & Innovation*, FOM-Edition,
https://doi.org/10.1007/978-3-658-40440-6_8

China zwischen Kooperation und Konkurrenz – Eine vergleichende Analyse der Sozialen und Sozialistischen Marktwirtschaft. Springer Fachmedien Verlag, Wiesbaden, S 215, 2021). Dieser Artikel widmet sich einer vergleichenden Betrachtung des Onlinehandels in den beiden Volkswirtschaften Deutschland und China. Zentrales Ziel ist es, neben der vergleichenden Darstellung herauszustellen, was Deutsche KMU von chinesischen KMU lernen können. Am Ende dieses Artikels findet sich eine zusammenfassende Schlussbetrachtung inklusiver abgeleiteter Handlungsempfehlungen.

8.1 KMU und der Onlinehandel

8.1.1 KMU in Deutschland und China

Vor dem Hintergrund der in diesem Artikel gewählten Fragestellung scheint eine länderspezifische Begriffsdefinition von KMU an dieser Stelle als sinnig.

In China findet sich eine feinmaschige Klassifizierung im Bereich der KMU. Es wird in die beiden Kategorien „Unternehmen kleiner Größe" und „Unternehmen mittlerer Größe" unterschieden. Des Weiteren findet sich eine Klassifizierung nach den sieben Branchen Industrie, Bauwesen, Großhandel, Einzelhandel, Transport, Post und Gastronomie. Für diese Branchen gelten jeweils eigene Schwellenwerte in den Kategorien Mitarbeiterzahl, Umsatz und Bilanzsumme (vgl. Liu, 2008). Basierend auf dieser Bewertung gelten in China rund 97 % der Unternehmen als KMU. Ihr Wertbeitrag zum Bruttoinlandsprodukt liegt bei 60 % (2013), wobei mehr als 50 % der staatlichen Steuereinnahmen durch KMU abgeführt werden. Zusätzlich werden rund 80 % der Arbeitsplätze durch KMU zur Verfügung gestellt (vgl. Müller & Polfuß, 2021, S. 221–222).

In Deutschland ist die Definition von KMU in die drei Kategorien Kleinstunternehmen, Kleinunternehmen und mittelständische Unternehmen gegliedert. Zur Differenzierung werden, wie auch in China, die Kategorien Mitarbeiterzahl, Umsatz und Bilanzsumme herangezogen (vgl. IFM Bonn, 2020). „Das Rückgrat der deutschen Wirtschaftskraft sind die kleinen und mittelständischen Unternehmen, auch KMU genannt" (Müller & Polfuß, 2021, S. 215). Mehr als 99 % der Deutschen Unternehmen sind KMU, welche rund 35 % des Gesamtumsatzes in Deutschland erwirtschaften. Mit 58 % arbeitet die Mehrheit der sozialversicherungspflichtig Beschäftigten in Deutschland in KMU (vgl. BVMW, 2020).

Vergleicht man die zuvor prägnant dargestellten Definitionen von KMU, lässt sich sagen, dass in beiden Volkswirtschaften KMU den größten Anteil der Unternehmen ausmachen und ebenfalls die Mehrheit der Arbeitnehmenden in KMU beschäftigt sind. Somit kommt KMU in beiden Volkswirtschaften eine wesentliche Wichtigkeit zu. Gleichzeitig zeigen sich Unterschiede in der Definition durch Wertgrenzen, wann Unternehmen als KMU gelten. Die chinesischen Kategorien sind verglichen mit den Kategorien in Deutschland kleinmaschiger, nämlich nochmals nach Branchen unterteilt und weisen andere Schwellenwerte auf. Die Kategorien Mitarbeiteranzahl, Umsatz und Bilanzsumme sind jedoch identisch. In beiden Volkswirtschaften kommt den KMU eine wichtige Rolle zu, wenn man Faktoren wie Arbeitsplätze, Umsätze und die reine Anzahl der Unternehmen als Grundlage wählt.

8.1.2 Die Rolle des Onlinehandels

In diesem Kapitel wird die Rolle des Onlinehandels genauer beleuchtet.

8.1.2.1 Onlinehandel heute

Die Wirtschaft durchlebt seit einigen Jahren und Jahrzehnten einen Wandel, der die Wirtschaftsbeteiligten dazu zwingt, sich diesem anzupassen. Durch die Modernisierung und die Entdeckung neuer Möglichkeiten, befindet sich die Welt in einem stetigen Prozess der Weiterentwicklung. Kundinnen und Kunden sowie Händlerinnen und Händler entwickeln neue Angebote und neue Bedürfnisse, die in vielerlei Hinsicht aufeinander einwirken. Vor allem der Onlinehandel ist ein Vertriebszweig, dessen Rolle über viele Jahre mehr und mehr an Bedeutung hinzugewinnt. In den meisten Teilen der Welt ist das Internet ein täglicher Bestandteil des Lebens eines Menschen.

Schätzungen aus dem Jahre 2021 zur Folge sind weltweit mehr als 65 % der Menschen Internetnutzende und haben somit einen möglichen Zugang zu Angeboten im Onlinehandelssegment. 65 % der Weltbevölkerung gelten somit als mögliche Kundinnen und Kunden, die durch Angebote im Internet angesprochen werden können. Die Tendenz der Internetnutzenden weist dabei einen kontinuierlichen Aufwärtstrend auf. Die Schätzung ergab zudem, dass Asien der Kontinent mit der höchsten Dichte an Internetnutzenden ist. In Asien hat die Schätzung ergeben, dass mehr als 2,7 Mrd. Menschen Nutzende des Internets sind. Dabei hat allein China ca. 903 Mio. Internetnutzende im Jahr 2020 aufgewiesen. Die zweithöchste Internetnutzerdichte besitzt Europa, wo schätzungsweise ca. 737 Mio. Menschen das Internet nutzen (vgl. Rabe, 2022a).

Der Onlinehandel nimmt einen großen Platz in der Nutzung des Internets ein. Expertinnen und Experten des Digital Outlooks gehen davon aus, dass die Anzahl der Internetnutzenden bis 2025 auf ca. 3,69 Mrd. ansteigen wird. 2020 haben schon ca. 2,54 Mrd. den Onlinehandel genutzt. Im Bereich des Onlinehandels werden schon seit einigen Jahren beachtliche Umsatzgrößen erzielt. Weltweit gemessen konnte China im Jahr 2021 den größten Umsatz im Onlinehandel erzielen, während die USA mit einem Umsatz von ca. 709 Mrd. EUR den zweiten Platz belegt hat (vgl. Rabe, 2022b).

Für das Jahr 2022 wird ein weltweit erzieltes Umsatzvolumen im Bereich des Onlinehandels von mehr als 3.400.000 Mio. EUR prognostiziert, welches im Jahr 2025 auf ein Marktvolumen von mehr als 4.500.000 Mio. EUR ansteigen soll. Dieses Umsatzwachstum würde einer Steigerung innerhalb von drei Jahren von mehr als 9,9 % entsprechen. In China wird laut Prognose weiterhin das größte Marktvolumen prognostiziert. Der Prognose zur Folge, soll China im Jahr 2022 ein Marktvolumen von mehr als 1.160.000 Mio. EUR erwirtschaften und den meisten Umsatz erzielen (vgl. Statista, 2022).

Auch die steigende Zahl der Smartphone-Nutzenden übt erheblichen Einfluss auf die erzielten Umsatzgrößen im Onlinehandel aus. Dabei unterscheiden sich jedoch bestimmte Länder zu Teilen sehr stark voneinander. Im Jahr 2020 hat das Smartphone als eines der beliebtesten Endgeräte für die Nutzung des Onlinehandels und dem damit verbundenen Einkauf im Internet gegolten. Dabei haben Befragungen in den USA ergeben, dass nahezu die Hälfte der Befragten, ca. 49 %, Onlinekäufe mithilfe ihres Smartphones tätigen. Im Vergleich zu den USA haben zum gleichen Zeitpunkt der Befragungen nur ca. 38 % der Befragten angegeben, ein Smartphone für den Einkauf im Internet zu nutzen. Neben den USA und Deutschland wurden diese Befragungen in weiteren Ländern durchgeführt. Dabei stellte sich heraus, dass besonders in den asiatischen Ländern das Einkaufen mit dem Smartphone an Bedeutung gewinnt. Thailand und Indonesien sind dabei nur zwei von vielen Bespielen, die besonders herauszustellen sind, da dort über 70 % der Befragten angegeben haben, ihr Smartphone für Onlineeinkäufe zu verwenden (vgl. Statista, 2022). Durch diese Entwicklung können Onlineshops und große Onlineplattformen Jahr für Jahr ihre Umsätze steigern und große Umsätze erwirtschaften.

Im Jahr 2020 gehörte vor allem amazon.com zu den am umsatzstärksten Onlineshops weltweit. 2020 konnte amazon.com einen Nettoumsatz von 105.993 Mio. EUR erwirtschaften. Neben amazon.com sind walmart.com und jd.com weitere Onlineshops, die hohe Umsätze erzielt haben. 2020 entsprach der Nettoumsatz von jd.com, einem chinesischen Onlineshop, 72.776 Mio. EUR, während walmart.com einen Nettoumsatz von 36.025 Mio. EUR erzielen konnte (vgl. Statista, 2022).

Auch in Deutschland können Onlineshops Jahr für Jahr höhere Umsätze erwirtschaften. Der Onlineshop, der den größten Nettoumsatz in Deutschland im Jahr 2020 erzielt hat, ist amazon.de mit 13.875,5 Mio. EUR. Neben Amazon sind auch andere Onlineshops in Deutschland sehr erfolgreich. Der Onlineshop, der den zweithöchsten Nettoumsatz erzielen konnte, ist mit 4500 Mio. EUR otto.de. Während amazon.de und otto.de diese Umsätze mit einem breitgestreuten Produktsegment erzielt haben, konnte zalando.de mit dem Hauptproduktsegment Bekleidung einen Nettoumsatz von 1943,5 Mio. EUR erwirtschaften (vgl. EHI Retail Institute, 2021).

Neben dem in der Arbeit zuvor angesprochenen chinesischen Onlineshop jd.com gibt es eine Vielzahl weiterer chinesischer Onlineshops, die hohe Umsätze erzielen. Neben reinen Onlineshops sind auch Online-Marktplätze sehr beliebt und erzielen hohe Umsatzgrößen. Ein großer Player im chinesischen und weltweiten Onlinehandel ist Alibaba, welcher durch seine Anordnung verschiedenster Unterplattformen, Softwareangeboten und weiteren Nutzungsmöglichkeiten jährlich ein starkes Wachstum erfährt. Durch die Organisation der Unternehmensgruppe mehrerer Onlineplattformen, Onlineshops, Bezahlsystemen, Softwareangeboten, Online-Auktionshäusern und Handelsplattformen hat sich der Umsatz von Alibaba im Geschäftsjahr 2021 auf ca. 109 Mrd. US$. Der im Geschäftsjahr 2021 erwirtschaftete Umsatz ist dabei um rund 41 % im Vergleich zum vorherigen Geschäftsjahr angestiegen. Diesen hohen Umsatz kann die Unternehmensgruppe neben den Geschäften im chinesischen Raum auch durch den internationalen Onlinehandel erzielen (vgl. Statista, 2021).

Betrachtet man die Entwicklung des Onlinehandels und des Offlinehandels der vergangenen Jahre, so zeichnet sich eine klare Entwicklung ab. Der Onlinehandel nimmt in den letzten Jahren eine immer wichtigere Rolle ein. Wenn man die Anteile des Onlinehandels am Einzelhandelsumsatz betrachtet, so wächst dieser stetig an. Während im Jahr 2015 noch 9,1 % des gesamten Einzelhandelsumsatzes in Deutschland durch den Onlinehandel generiert wurde, ist der Anteil am Umsatz im Jahre 2018 schon auf 12,2 % angestiegen. Betrachtet man die Entwicklung der Folgejahre, so kann man einen weiteren Zuwachs feststellen. Der Anteil des Onlinehandels am gesamten Einzelhandelsumsatzes in Deutschland ist im Jahr 2021 auf 18,3 % angestiegen. Vergleicht man den Anteil des Onlinehandelsumsatzes am Einzelhandelsumsatz in Deutschland, so ist er von 2015 bis 2021 auf mehr als das Doppelte angestiegen (vgl. Rusche, 2021).

Während in Deutschland im Jahr 2019 der Anteil des Onlinehandels am Einzelhandelsumsatz 13,3 % ausgemacht hat, hat sich in China schon eine andere Entwicklung abgezeichnet. Der Anteil des Onlinehandels machte im Jahr 2019 in China schon 34,1 % des Einzelhandelsumsatzes aus. Auch in China steigt die Bedeutung des Onlinehandels weiter an. Vom Jahr 2019 bis zum Jahr 2020 ist der angesprochene Anteil um weitere 8,3 % angestiegen. Eine Prognose weist darauf hin, dass der Anteil des Onlinehandels am gesamten Einzelhandelsumsatz bis 2025 auf 56,8 % ansteigen könnte (vgl. Statista, 2021).

Der aufgezeigte Trend untermalt die Relevanz des Themas Onlinehandel eindeutig. Durch die stetige Verbesserung und Verbreitung des Internets, bekommen immer mehr Menschen einen Zugang zum Onlinehandel. Neben den steigenden Nutzerzahlen, steigt ebenso die Beliebtheit des Onlinehandels, welcher auf mehr und mehr Endgeräten verfügbar ist.

Der steigende Anteil des Onlinehandels am Einzelhandelsgesamtumsatz deutet auf die zunehmend wichtigere Rolle dieses Mediums als Teil einer Vertriebsstrategie hin. Des Weiteren zeigt sich ein klarer Unterschied zwischen China und Deutschland auf, welcher im weiteren Verlauf dieses Artikels genauer betrachtet wird.

8.1.2.2 Besonderheit des Onlinehandels im Mittelstand

Mit Blick auf die Rolle von KMU in beiden Volkswirtschaften ist implizit klar, dass KMU auch im Onlinehandel eine entscheidende Rolle zukommt. Hieraus ergeben sich besondere Chancen und Risiken. Die Umsetzung einer professionellen Onlinestrategie im Vertrieb kann spätestens durch den Kundenwunsch ausgedrückt werden, was Unternehmen zum Handeln zwingt. „Die Verbrauchergewohnheiten haben sich durch die Pandemie nachhaltig geändert", sagt die Branchenexpertin Einzelhandel Aurelien Duthoit (2022). KMU sehen sich im Zugzwang, ihren Kundinnen und Kunden, falls noch nicht geschehen, Omni-Channel-Lösungen anzubieten, um keine Aufträge zu verlieren. Diese Anpassung auf die Kundenbedürfnisse impliziert strukturelle Anpassungen des Unternehmens sowie die Erschließung neuer Aufgabenfelder wie beispielsweise der Datenpflege und der Speicherung. Diese können tendenziell von Konzernen besser bewältigt werden als von KMU, da hier Ressourcen, Kapital, Kapazitäten und Strukturen eher vorhanden sind. Ein Wettbewerb im Massenmarkt stellt für KMU somit eine große Herausforderung dar (vgl. Markt & Mittelstand, 2019).

Gleichzeitig lassen sich aber auch Chancen ableiten. Durch die Besetzung von Nischen, die für größere Unternehmen uninteressant sind, können KMU spezielle Kundengruppen zielgenau bespielen. Zusätzlich führen kleine Produktportfolios und überschaubare Kundensegmente (stets in Relation mit Konzernen) dazu, dass individuelle Inhalte und eine kundenspezifische Ansprache möglich werden. Durch diese hohe Fokussierung gepaart mit explizitem Fachwissen, kann ein Alleinstellungsmerkmal ausgebildet werden, welches zum nachhaltigen Erfolg beiträgt. Somit kann es gelingen, Kundinnen und Kunden nachhaltig an das Unternehmen zu binden (vgl. Saswito & Schürmann, 2019). Mit Blick in die Realität zeigen KMU immer wieder, wie man sich als vermeintlicher Underdog durchsetzen kann. Das Alexander-Humboldt-Institut für Internet und Gesellschaft kommt mit der Sirius Minds GmbH in Bezug auf die digitale Transformationsfähigkeit von KMU in ihrer Studie zu einer positiven Einschätzung und leitet drei zentrale Thesen ab:

- **Individuelle Lösungsstrategien für KMU:** Es werden stets spezielle Probleme behandelt, für die Lösungen gefunden werden müssen. Standardlösungen funktionieren hier nicht, weshalb auch im Kontext der digitalen Transformation keine Pauschallösung für KMU möglich ist. Dies reduziert die Gefahr von Wettbewerb für KMU, da man sich häufig in Teilsegmenten mit speziellen Kundengruppen bewegt.
- **Dynamisch und schnell am Markt:** KMU sind, verglichen mit Konzernen, anpassungsfähiger und dynamischer. Beide Kompetenzen, die vor allem bei digitalen Themen entscheidend sind. Daher genießen KMU hier tendenzielle Vorteile, auch wenn eine Ressourcenasymmetrie im Vergleich zu Konzernen herrscht.
- **Kundennähe:** KMU sollten Probleme ihrer Kundinnen und Kunden in der Realität lösen. Aufgrund der bereits genannten Ressourcenknappheit, die ein vermeintlicher Nachteil ist, kommen KMU nicht in die Verlegenheit, Budgets in Millionenhöhe auszugeben, um potenzielle Probleme zu finden oder dessen Wichtigkeit zu diskutieren. KMU müssen sich auf greifbare Herausforderungen ihrer Kundinnen und Kunden fokussieren, hierfür eine (digitale) Lösung finden und können so ein Wettbewerbsvorteil entwickeln (vgl. Wrobel & Nicolai, 2019).

Zusammenfassend ist somit festzustellen, dass der Onlinehandel in den vergangenen Jahren einen rasanten Aufschwung erlebt hat. Alles deutet darauf hin, dass sich dieser Trend auch in den kommenden Jahren fortsetzen wird. Im Ergebnis stellt der Onlinehandel somit eine nicht zu übersehende Marktmöglichkeit für Unternehmen dar. KMU kommt in diesem Kontext eine besondere Rolle aufgrund ihrer Eigenschaften zu. Neben den vorhandenen Risiken bestehen aber gleichzeitig zahlreiche Chancen im Onlinehandel für KMU.

8.2 Onlinehandel in chinesischen KMU – ein vergleichender Blick zu deutschen KMU

Nachdem der vorherige Abschnitt wichtige Grundlagen definiert, wird nun explizit auf die beiden Volkswirtschaften Deutschland und China eingegangen. Ziel ist es hierbei herauszufinden, welche Handlungsempfehlungen für Deutsche KMU aus China abgeleitet werden können.

8.2.1 Methodik

An dieser Stelle sei ein kurzer Blick auf das methodische Vorgehen gestattet, mit welchem die nachfolgenden Ergebnisse erhoben werden. Im Rahmen eines wissenschaftlichen Forschungsprojektes in Deutschland wurden chinesische und deutsche Unternehmerinnen und Unternehmer (KMU) mittels qualitativer, teilstrukturierter Experteninterviews zum Thema Onlinehandel im jeweiligen Land befragt. Ziel ist es herauszufinden, wie diese Unternehmerinnen und Unternehmer Onlinehandel umsetzen, wo sie Chancen und Risiken sehen und wo aus ihrer Sicht zukünftige Trends hinführen könnten. Des Weiteren werden neben der eigenen Umsetzung auch nach ihrer Meinung zu anderen KMU in deren Land gefragt. Im Ergebnis können spannende Insights zur Rolle von KMU im Onlinehandel in Deutschland und China erhoben werden.

Gleichzeitig muss bei der gewählten Methodik kritisch angemerkt werden, dass es sich um eine überschaubare Anzahl an Unternehmerinnen und Unternehmern handelt, welche befragt wurden. Somit stellt dieser Artikel singuläre Expertenmeinungen dar, womit keine Repräsentativität gegeben werden kann. Nachfolgend könnte in diesem Bereich repräsentative Empirie erhoben werden.

8.2.2 Onlinehandel chinesischer KMU – die Kundschaft im Fokus

Mit Blick auf die chinesischen Aktivitäten im Onlinehandel wird deutlich, dass sowohl von staatlicher Seite als auch von unternehmerischer Seite der Onlinehandel klar forciert wird. Unternehmen in China besitzen die Möglichkeit, Subventionen vom Staat zu erhalten, wenn sie Ware exportieren. Dies gilt selbstverständlich auch für den Onlinehandel. Des Weiteren bekommen chinesische KMU Unterstützung von den großen Onlineplattformen, über welche sie Waren national und international verkaufen können. Beispielsweise können Logistikdienstleistungen von KMU stark rabattiert bezogen werden. Somit kann festgehalten werden, dass Aktivitäten von KMU in China von allen Seiten unterstützt werden. Ein vergleichender Blick nach Deutschland zeigt, dass auch die deutsche Bundesregierung die Relevanz des Onlinehandels erkannt hat und Maßnahmen zur Unterstützung einleitet (vgl. Herzogenrath, 2022).

Neben diesen günstigen Rahmenbedingungen in China können chinesische KMU, wie auch die chinesische Gesellschaft, im Vergleich zu Deutschland als online-affin beschrieben werden. KMU in China nutzen differenzierte Strategien, um ihre Kundinnen und Kunden online zu erreichen. Je nachdem, welche Zielgruppe erreicht werden soll, existiert eine passende Vertriebsstrategie. Im Kontext des Onlinehandels hängt diese stark mit der Nutzung der jeweiligen Plattform zusammen. Diese Plattformen sind stark auf die jeweilige Zielgruppe und deren Präferenzen fokussiert. Jüngere Chinesinnen und Chinesen nutzen eher Plattformen wie Taobao oder Qiandong, während ältere Chinesinnen und Chinesen eher Pinduoduo nutzen. Plattformen, die sich eher an die ältere Generation richten, sind so aufgebaut, dass auch mit geringer digitaler Erfahrung eine zügige Nutzung möglich ist. In diesem Kontext ist zentral wichtig zu verstehen, dass Nutzen bedeutet, auf der Plattform einzukaufen und auch zu bezahlen. Der deutsche Markt scheint im Vergleich etwas konservativere Konsumentinnen und Konsumenten vorzuweisen. Des Weiteren findet sich hier, vor allem bei den KMU, eine weniger differenzierte Analyse der Kundengruppierung im Onlinehandel (vgl. Herzogenrath, 2022).

Vor allem im Bereich der Online-Lebensmittelindustrie zeigt sich eine deutliche Diskrepanz. In China ist es möglich, seine Lebensmittel online zu bestellen, zu bezahlen und bereits nach weniger als einer Stunde nach Hause geliefert zu bekommen. Chinesische Unternehmerinnen und Unternehmer gehen davon aus, dass 70 % der Einkäufe von jüngeren Menschen in China online erledigt werden. Bei der älteren Generation sind es annähernd 50 %. Für alle Altersgruppen ist eine steigende Tendenz der Affinität, Lebensmittel online zu kaufen, zu verzeichnen, wobei auch hier ein Gefälle von ländlichen und urbanen Regionen zu erkennen ist (vgl. Herzogenrath, 2022). Blickt man nach Deutschland, so zeigt sich, dass nur rund 3 % der Einkäufe im Lebensmittelbereich online erledigt werden. Dies liegt zum einen daran, dass die Verbrauchenden diese Möglichkeit der Lebensmittelbeschaffung in der Vergangenheit eher zögerlich nachgefragt haben. Zum anderen haben auch die Anbieter ihre E-Commerce-Aktivitäten eher schleppend umgesetzt. Die Covid-Pandemie hat das Nachfrageverhalten allerdings stark geändert (vgl. Duthoit, 2022). Neben jungen Unternehmen wie Flaschenpost oder Gorillas sehen sich auch etablierte Händler wie Rewe gezwungen, ihr E-Commerce-Angebot erweitern (vgl. Duthoit, 2022).

Neben den bereits beschriebenen Plattformen kommt den sozialen Medien eine tragende Rolle zu. Eine der wichtigsten Apps in China ist WeChat, was in Teilen als Pendant zum in Deutschland bekannten WhatsApp gesehen werden kann. Im Unterschied zu WhatsApp stellt WeChat eine Systemlösung dar, welche über Kommunikation und Unterhaltung hinaus geht. Nutzer können in der App zusätzlich einkaufen und bezahlen, ohne auf andere Seiten gehen zu müssen. Darüber hinaus kann WeChat auch als Zahlungsmittel im Offlineeinzelhandel eingesetzt werden (vgl. Herzogenrath, 2022).

Händler können sogenannte Kauf-Communities (Chatgruppen) erstellen, um ihre Ware gezielt an relevante Kundinnen und Kunden zu verkaufen. Ergänzend werden Plattformen wie Instagram, Twitter, Facebook, TikTok oder LinkedIn bespielt, um eine Omnipräsenz für Kundinnen und Kunden zu schaffen. Plattformen, auf denen kein direkter Verkauf möglich ist, werden zur Präsentation des Unternehmens oder der Produkte genutzt (vgl. Herzogenrath, 2022). Im Ergebnis entsteht bei idealer Umsetzung ein omnipräsentes Erlebnis aus Kundensicht. Dabei sind die Hürden zum Kauf minimal. Beispielsweise können in einer Kauf-Community in WeChat nicht nur Informationen über ein Produkt an die Zielgruppe vermittelt werden. Gleichzeitig wird der Kaufprozess, die Platzierung von Rabattierungen oder anderen Vorteilen und die Bezahlung inkl. Lieferinformationen direkt in dieser Gruppe abgewickelt.

In diesem Kontext der Vernetzung und Omnipräsenz stellt Herzogenrath vor allem die Nutzung von Livestreams und Videos heraus. Befragte Unternehmerinnen und Unternehmer geben an, dass diese Art der Produktpräsentation das bewährteste Mittel ist, um die Zielgruppe adäquat zu erreichen. Zum einen wird Wert darauf gelegt, explizit die Zielgruppe anzusprechen. Dies gelingt, indem nur interessierte Kundinnen und Kunden in Communities sind oder bestimmten Gruppen angehören. Zum anderen werden Informationen prägnant über diese sozialen Medien vermittelt. Livestreams ergänzen dies mit der Möglichkeit der Interaktion. Besonders hervorzuheben ist an dieser Stelle nochmals, dass für den Bestell- und Bezahlvorgang die Communities nicht verlassen werden müssen. Die befragten Unternehmerinnen und Unternehmer sehen diese Tatsache als enorm wichtig und verkaufsfördernd an (vgl. Herzogenrath, 2022). Auch auf dem deutschen Markt erkennt man Tendenzen, dass Influencerinnen und Influencer als Marketinginstrument genutzt werden, um Produkte einer speziellen Community über soziale Medien vorstellen. Gleichzeitig zeigen sich klare Unterschiede zu den Aktivitäten im chinesischen Markt, was Umsetzung und Einheitlichkeit der Prozesse angehen.

Bei der Befragung der KMU-Unternehmerinnen und -unternehmer zeigt sich ein klares Bild, nämlich, dass in beiden Ländern die Rolle des Onlinehandels sowie ihrer Relevanz und Zukunftsträchtigkeit eindeutig erkannt wurde. Differenzen ergeben sich jedoch hinsichtlich der Umsetzung und Nutzung. Während in Deutschland vieles noch in der Planungsphase zu sein scheint und nur von einzelnen KMU-Pionieren oder Großunternehmen umgesetzt wird, sind chinesische KMU wesentlich flächendeckender mit der Umsetzung beschäftigt. Chinesische KMU definieren exakt die einzelnen Zielgruppen für ihr Unternehmen und entwickeln ein entsprechendes, omnipräsentes Erscheinungsbild. Ziel ist es, der Kundin bzw. dem Kunden den Onlinekauf so angenehm und barrierefrei wie möglich zu machen. Der Bereich des Lebensmittelhandels zeigt beispielhaft die Differenzen auf.

8.3 Fazit

Zusammenfassend kann festgehalten werden, dass KMU sowohl in Deutschland als auch in China eine bedeutende Rolle einnehmen. In beiden Volkswirtschaften sind die meisten Betriebe sowie die meisten Arbeitsplätze in kleinen und mittelständischen Unternehmen zu finden. Gleichzeitig findet ein beträchtlicher Teil der Wertschöpfung in eben diesen

Betrieben statt. Auch wenn es unterschiedliche Bewertungen in den beiden Ländern gibt, welche Unternehmen zu den KMU zählen, sind die Parameter Mitarbeiterzahl, Umsatz und Bilanzsumme doch identisch. Die jeweilig wichtige Rolle für die Wirtschaft lässt sich somit klar feststellen.

Dem Onlinehandel kommt in der Wertschöpfung eine entscheidende Rolle zu, welche sich in den letzten Jahren und vor allem in den Jahren der globalen Covid-Pandemie gesteigert hat. Aufgrund der speziellen Voraussetzungen von KMU im Vergleich zu Konzernen gelten für KMU besondere Risiken, aber auch Chancen.

Vergleichend wurden die Aktivitäten von KMU in Deutschland und in China im Bereich des Onlinehandels beschrieben. Hierbei wurde primär der chinesische Markt beschrieben, um Lernpotenziale für Deutsche KMU ableiten zu können. Basis für die Erhebung ist eine Befragung von chinesischen und deutschen KMU im Jahr 2022 zum Thema Onlinehandel.

Im Ergebnis ist festzuhalten, dass der chinesische Onlinemarkt für KMU im Vergleich zu deutschen KMU wesentlich weiter ist. Sowohl die Gesellschaft als auch die Unternehmen in China nutzen den Onlinehandel intensiver. Somit lässt sich die Handlungsempfehlung für deutsche KMU formulieren, die durchaus bekannten Potenziale des Onlinehandels konsequenter zu fokussieren. Hierbei kann eine Orientierung am chinesischen Onlinemarkt hilfreich sein. Gleichzeitig sollten Strategien von chinesischen KMU nicht 1:1 ohne Überprüfung übernommen werden. Umfeldfaktoren im deutschen Markt weichen von chinesischen Verhältnissen ab. Beispielsweise sollten die Interessen der Zielgruppe durch Marktforschung genau ergründet werden, um herauszufinden, was die eigenen Kundinnen und Kunden wollen. Des Weiteren müssen auch die internen Ressourcen zur Vertriebsstrategie passen oder zumindest adäquat aufgebaut werden. Unternehmensindividuell sollte eine Analyse des aktuellen Nutzens des Onlinehandels stattfinden. Darauf aufbauend sollte eine klare Zielvorstellung entwickelt werden, die mit einer Umsetzungsplanung der Integrationsfähigkeit des Onlinehandels in die Vertriebsstrategie des Unternehmens einhergeht. Allgemeingültige Pauschallösungen scheinen an dieser Stelle wenig zielführend. Gleichzeitig lassen sich im Bereich der KMU einige Trends erkennen, die als Teaser für deutsche KMU anbei abschließend aufgelistet sind:

- **Omnipräsenz:**
  Deutsche KMU sollten versuchen, online eine Omnipräsenz bei ihren Kundinnen und Kunden herzustellen. Auf vielen Plattformen und in vielen Apps sollte der Fokus auf die Kundinnen und Kunden durch Dialog gewährleistet sein.
- **All-in-One:**
  Deutsche KMU sollten integrierte Plattformlösungen in Verbindung mit Social Media nutzen. Unterhaltung, Werbung, Kauf, Bezahlung und Versand auf einer Plattform, auf einem Video, in einem Kanal. Maximale Kundenorientierung je nach Zielgruppe ist die oberste Prämisse. KMU müssen diese Lösung nicht selbst anbieten, sollten aber Plattformen suchen und nutzen, die diese Lösungen bieten (werden).

- **Trends erkennen & nutzen:**
Kommende Trends wie Shortvideo, Social Commerce, digitale Messen und vieles mehr funktionieren auch im deutschen Markt. Vor allem KMU sollten hier offen sein und prüfen, wie dieser Trend als Chance genutzt werden kann.
- **Onlinehandel als zentraler Teil der Unternehmensstrategie:**
Deutsche KMU sollten sich trauen, den Onlinehandel ambitioniert und zentraler in ihre Vertriebsstrategie einzubauen und die Umsetzung zu forcieren.

Literatur

BVMW. (2020). Der Mittelstand ist Garant für Stabilität und Fortschritt, Zahlen und Fakten. https://www.bvmw.de/themen/mittelstand/zahlen-fakten/. Zugegriffen: 2. Mai 2022.

Duthoit, A. (2022). Studie Lebensmitteleinzelhandel in Europa. https://www.allianz-trade.de/presse/pressemitteilungen/studie-lebensmitteleinzelhandel-europa-umsatz-durch-online-trend-in-gefahr.html?utm_source=google&utm_medium=cpc&gclid=Cj0KCQjw1tGUBhDXARIsAIJx01khpZZW56CQeL4TnQ3eSubcDWnQMKDdCvmihlkgCVPRzt-NmM7SdlIaApNuEALw_wcB. Zugegriffen: 28. Apr. 2022.

EHI Retail Institute. (2021). E-COMMERCE – Top 100 Onlineshops in Deutschland. https://www.ehi.org/news/top-100-onlineshops-in-deutschland/. Zugegriffen: 31. März 2022.

Herzogenrath, J. (2022). *Vertriebsstrategien chinesischer KMU*. CBS International Business School.

IfM Bonn. (2020). KMU-Definition der Europäischen Kommission. https://www.ifm-bonn.org/definitionen/kmu-definition-der-eu-kommission/. Zugegriffen: 28. Apr. 2022.

Liu, X. (2008). SME development in China: A policy perspective on SME industrial clustering. In H. Lim (Hrsg.), *SME in Asia and globalization* (ERIA Research Project Report 2007-5, S. 37–68).

Markt und Mittelstand. (2019). E-Commerce auf Onlineplattformen: Pflicht für Mittelständler? https://www.marktundmittelstand.de/technologie/der-mittelstand-investiert-verstaerkt-in-die-digitalisierung/e-commerce-auf-onlineplattformen-pflicht-fuer-mittelstaendler-1286841/. Zugegriffen: 19. Apr. 2022.

Müller, M.H.-P., & Polfuß, J. (2021). *Deutschland und China zwischen Kooperation und Konkurrenz – Eine vergleichende Analyse der Sozialen und Sozialistischen Marktwirtschaft*. Springer Fachmedien.

Rabe, L. (2022a). Statistiken zur Internetnutzung in Europa. Statista. https://de.statista.com/themen/3118/internetnutzung-in-europa/#:~:text=Die%20Zahl%20der%20Internetnutzer%20in,an%20Offlinern%20f%C3%BChrt%20Griechenland%20an. Zugegriffen: 2. Jan. 2023.

Rabe, L. (2022b). Statistiken zum E-Commerce weltweit. Statista. https://de.statista.com/themen/3118/internetnutzung-in-europa/#:~:text=Die%20Zahl%20der%20Internetnutzer%20in,an%20Offlinern%20f%C3%BChrt%20Griechenland%20an. Zugegriffen: 2. Jan. 2023.

Rusche, C. (2021). Die Effekte der Corona-Pandemie auf den Onlinehandel in Deutschland. https://www.iwkoeln.de/studien/christian-rusche-die-effekte-der-corona-pandemie-auf-den-onlinehandel-in-deutschland.html. Zugegriffen: 1. Apr. 2022.

Saswito, J., & Schürmann, M. (2019). E-Commerce im Mittelstand: Den „Goliaths" der Branche die Stirn bieten. Locationinsider. https://locationinsider.de/e-commerce-im-mittelstand-den-goliaths-der-branche-die-stirn-bieten/. Zugegriffen: 19. Apr. 2022.

Wrobel, A., & Nicolai, A. T. (2019). Digitale Innovation im Mittelstand. Fallbeispiele erfolgreicher Digitalisierungsprojekte. https://www.hiig.de/publication/digitale-innovation-im-mittelstand-fallbeispiele-erfolgreicher-digitalisierungsprojekte/.

Florian Braunegger ist Vorstand der Germaco AG im Bereich Business Development. Die Germaco AG ist eine Beratungs- und Beteiligungsgesellschaft, in welcher er für die Bereiche Vertrieb und Unternehmensentwicklung verantwortlich ist. Neben dieser Tätigkeit ist Florian Braunegger als Hochschuldozent für verschiedene Hochschulen aktiv. Sein Forschungsschwerpunkt liegt im Bereich des Vertriebsmanagements. Zuvor absolvierte er ein internationales betriebswirtschaftliches Studium in Köln und Dublin mit Schwerpunkt Unternehmensberatung. Danach bekleidete er über mehrere Jahre verschiedene Positionen im Bereich des Vertriebsmanagements bei internationalen Konzernen, bevor er 2020 in den Vorstand der Germaco AG wechselte.

Jannik Herzogenrath ist der Geschäftsführer der SupplyHero GmbH & Co. KG. SupplyHero ist darauf spezialisiert, Produkte im Ausland zu produzieren, Importe durchzuführen und auf individuelle Groß- und Kleinprojekte einzugehen. Während der ersten Jahre des Unternehmens absolvierte Jannik Herzogenrath ein Masterstudium im Bereich Sales Management und Vertriebspsychologie in Köln. Er betreute zuvor Großprojekte in Bezug auf Beschaffung im Eventbereich und spezialisierte sich besonders auf Importe aus China.

Einflussfaktoren auf die Nutzungsabsicht von Produkten mit KI in China

Oliver A. Gansser, Christina S. Reich und Andreas G. Oberheitmann

Inhaltsverzeichnis

9.1	Einleitung	124
9.2	Theorie und Hypothesenentwicklung	126
	9.2.1 Sicherheitsbedenken	126
	9.2.2 Gesundheit	128
	9.2.3 Praktikabilität	129
	9.2.4 Nachhaltigkeit	129
	9.2.5 Nützlichkeit	130
	9.2.6 Aufwandsreduzierung	131
	9.2.7 Gruppenzwang	132
	9.2.8 Spaß	132
	9.2.9 Innovationsfreude	133
	9.2.10 Preiswertigkeit	133
9.3	Methodik	134
	9.3.1 Regressionsmodelle	134
	9.3.2 Reliabilität der Modellvariablen	135
9.4	Ergebnisse	135
9.5	Diskussion	141
Literatur		143

O. A. Gansser (✉) · C. S. Reich
FOM Hochschule für Oekonomie & Management, München, Deutschland
E-Mail: oliver.gansser@fom.de

C. S. Reich
E-Mail: christina.reich@fom.de

A. G. Oberheitmann
FOM Hochschule für Oekonomie & Management, Essen, Deutschland
E-Mail: andreas.oberheitmann@fom.de

© Der/die Autor(en), exklusiv lizenziert an Springer Fachmedien Wiesbaden GmbH, ein Teil von Springer Nature 2023
M. Seidel und J. Macht (Hrsg.), *China & Innovation*, FOM-Edition,
https://doi.org/10.1007/978-3-658-40440-6_9

Zusammenfassung

Trotz der allgegenwärtigen medialen Präsenz Künstlicher Intelligenz (KI) ist wenig darüber bekannt, was die individuelle Nutzungsabsicht von Produkten, die KI nutzen oder enthalten, beeinflusst. Der Zweck dieser Studie ist es, Faktoren zu untersuchen, die die Absicht einer Person bestimmen, Produkte mit KI im Alltag in den Anwendungsbereichen Haushalt, Gesundheit und Mobilität in China zu nutzen. Die Ergebnisse können insbesondere auch kleine und mittlere Unternehmen in Deutschland nutzen, die ihre Waren und Dienstleistungen bereits in China anbieten oder anbieten wollen. Chinesische Unternehmen wie Baidu oder Alibaba analysieren diese Faktoren in ihrem Land, insofern können die deutschen KMU von diesen Unternehmen lernen. Wir untersuchen die Faktoren Sicherheitsbedenken, Gesundheit, Praktikabilität, Nachhaltigkeit, Nützlichkeit, Aufwandsreduzierung, Gruppenzwang, Spaß, Innovationsfreude und Preiswertigkeit und beziehen einen Interaktionseffekt bezüglich der KI-Kenntnis in die Analyse mit ein. Die Ergebnisse der multiplen Regressionsanalysen bei 2969 Auskunftspersonen in China zeigen einen starken positiven Einfluss insbesondere von Nützlichkeit und Innovationsfreude auf die Nutzungsabsicht. Aufwandsreduzierung, Gruppenzwang und Spaß haben einen mittleren positiven Einfluss auf die Nutzungsabsicht. Der Artikel basiert auf dem Artikel von Gansser O, Reich C (Einflussfaktoren auf die Nutzungsabsicht von KI im privaten Umfeld. In: Buchkremer R, Heupel T, Koch O (Hrsg) Künstliche Intelligenz in Wirtschaft & Gesellschaft. Springer, Wiesbaden, S 487–515, 2020).

9.1 Einleitung

Künstliche Intelligenz (KI) hält zunehmend Einzug in viele Lebensbereiche von Menschen. KI soll das Leben der Menschen vereinfachen und sie in einer Vielzahl von Situationen unterstützen. Die Studie untersucht, welche Einflussfaktoren auf die Nutzungsabsicht von Produkten die KI enthalten (nachfolgend KI-Produkte genannt) in China eine Rolle spielen. Insbesondere für Hersteller von KI-Produkten lassen sich Faktoren identifizieren, die entweder ignoriert werden können oder bei der Produktentwicklung besondere Aufmerksamkeit erfordern. So kann es beispielsweise relevant sein zu wissen, ob Verbraucherinnen und Verbraucher bzw. Nutzerinnen und Nutzer ein erhöhtes Interesse an der Sicherheit ihrer offenbarten Daten haben oder nicht. Dieses Wissen sollte vom Anbieter bei der Produktgestaltung und -kommunikation berücksichtigt werden. Um die Verwendung eines Produkts überhaupt in Betracht zu ziehen, setzt die Kundin bzw. der Kunde in China Mindestanforderungen, die erfüllt sein müssen, um in sein relevantes Set aufgenommen zu werden. Die Fragestellung der Studie ist die Identifizierung, die Stärke und die Richtung der Einflussgrößen auf die Nutzungsabsicht von KI in China, wobei der aktuelle Wissensstand der Menschen über KI eine Herausforderung darstellt. Das Konzept der KI mag den meisten Menschen bekannt sein, aber das tatsächliche Verständnis dessen, was genau KI ist, kann deutlich niedriger sein. Dies sollte sich auch auf die Stärke der Einflussfaktoren auswirken.

Wenn es in der Forschung um die Untersuchung der Nutzungsabsicht neuer Technologien geht, werden überwiegend die Unified Theory of Acceptance and Use of Technology (UTAUT) und das zugrunde liegende Technology Acceptance Model (TAM) von Davis (1986, 1989) in der Literatur verwendet. Da die ursprüngliche UTAUT mehr mit der Akzeptanz von Technologien in der direkten Arbeitsumgebung zu tun hat, bevorzugen wir die UTAUT2 von Venkatesh et al. (2012). In der aktuellen Marktforschung stellt dieses Modell die Erweiterung des UTAUT-Modells um weitere Faktoren (Price Value, Habit und Hedonic Motivation) dar, die es ermöglicht, die Akzeptanz neuer Technologien, insbesondere im privaten Umfeld bzw. mit einem stärker verbraucherorientierten Kontext, zu untersuchen (vgl. Venkatesh et al., 2012, S. 158). Das UTAUT2 untersucht die Auswirkungen von Performance Expectancy, Effort Expectancy, Social Influence, Facilitating Conditions, Hedonic Motivation, Price Value und Habit auf Behavioral Intension als medierende Variable und schließlich Use Behavior. Zusätzlich zu den Einflussgrößen aus dem UTAUT2-Modell nehmen wir analog zu Baudier et al. (2018) und Chen und Chang (2009) die Faktoren aus der Smart-Home-Forschung Sicherheitsbedenken, Gesundheit, Praktikabilität, Nachhaltigkeit und aus dem IT-Bereich Innovationsfreude mit auf. Use behavior bzw. die tatsächliche Nutzung nehmen wir in unserer Modellanalyse nicht mit auf, da in den drei unterschiedlichen Bereichen auch verschiedene Anwendungen für KI vorkommen, und wir somit eine globale Analyse nicht als geeignet erachten.

Gegenstand der Untersuchung ist die Analyse der Einflussfaktoren auf die Nutzungsabsicht von KI-Produkten im Alltag. Zunächst werden theoriebasiert die Einflussgrößen auf die Nutzungsabsicht begründet. Hieraus werden Hypothesen abgeleitet, mit einer theoretisch begründeten Richtung der Einflussgrößen bezüglich der Nutzungsabsicht. Mittels einer empirischen Umfragestudie, die die operationalisierten theoretischen Konstrukte beinhalten, werden die vermuteten Zusammenhänge in Bezug auf die Richtung und die Stärke der Wirkung der verschiedenen Einflussgrößen auf die Nutzungsabsicht analysiert und interpretiert. Die Nutzungsabsicht ist ein wertvoller Hinweis für kleine und mittlere Unternehmen aus Deutschland, um ihr Angebot in China zu schärfen. Da chinesische Unternehmen wie Baidu oder Alibaba dies seit Langem in China bereits tun, können die deutschen KMU insofern von diesen Unternehmen lernen.

Zur Untersuchung der Fragestellung der Studie wurden im Rahmen der FOM Sommerumfrage 2019 (01.03.2019 bis 31.05.2019) Face-to-Face-Interviews von Studierenden der FOM Hochschule in China zu den Themen Mobilität, Haushalt und Gesundheit hinsichtlich der Meinungen und Nutzungsabsicht von KI-Produkten im Alltag durchgeführt. Die Daten wurden durch persönliche Interviews von Studierenden an den Partneruniversitäten der FOM in China (Shandong Agricultural University, Shanxi University of Finance and Economics) erhoben. Für die Quotierung der Stichprobenmerkmale wurde ein Quotenplan verwendet, mit der Verteilung der Merkmale Geschlecht, Altersgruppe und Anwendungsgebieten der KI-Produkte.

9.2 Theorie und Hypothesenentwicklung

In diesem Abschnitt untersuchen wir die theoretischen Hintergründe der unabhängigen Variablen, auf die wir uns konzentriert haben, als Prädiktoren für die Absicht, KI-Produkte in den drei untersuchten Bereichen (Haushalt, Gesundheit und Mobilität) einzusetzen. Diese sind 1) Sicherheitsbedenken, 2) Gesundheit, 3) Praktikabilität, 4) Nachhaltigkeit, 5) Nützlichkeit, 6) Aufwandsreduzierung, 7) Gruppenzwang, 8) Spaß, 9) Innovationsfreude, 10) Preiswertigkeit. Der im UTAUT2 mit aufgenommene Faktor Gewohnheit spielt unseres Erachtens nach im Kontext von KI-Produkten eine untergeordnete Rolle und wird bei der Hypothesenentwicklung nicht weiter berücksichtigt.

9.2.1 Sicherheitsbedenken

Neben dem Nutzen eines neuen Produkts stellt das damit verbundene Risiko in Form von Sicherheitsbedenken des Anwendenden bei der Nutzung einen wichtigen Bestandteil für die beabsichtigte und tatsächliche Nutzung, insbesondere im Bereich der KI-Produkte, dar. Hubert et al. (2018) stellen fest, dass die Nutzerinnen und Nutzer in diesem Zusammenhang nicht nur über den Verlust der Kontrolle über personenbezogene Daten oder den illegalen Zugriff Dritter auf das System besorgt sein könnten, sondern auch darüber, dass das System defekt ist und nicht wie vorgesehen funktioniert. Der Einflussfaktor Sicherheitsbedenken stellt daher eine wichtige Komponente für die beabsichtigte und tatsächliche Nutzung von KI-Produkten dar. Dies wird durch die Theorie des wahrgenommenen Risikos (vgl. Cox & Rich, 1964; Cox, 1967) unterstützt, die besagt, dass die wahrgenommene Bedeutung von unerwünschten Konsequenzen und die subjektiv wahrgenommene Wahrscheinlichkeit der unerwünschten Konsequenz für Nutzerinnen und Nutzer von Bedeutung sind.

Chao und Lin (2009) unterstützen dies insbesondere für Fälle, in denen es um Datensicherheit geht. Nutzerinnen und Nutzer befürchten häufig, dass Daten weitergegeben werden. Die Studie zeigt, dass, wenn die Nutzerinnen und Nutzer die Nutzung und Verarbeitung der Daten als sicher empfinden, dies einen signifikanten positiven Effekt auf die beabsichtigte Nutzung hat (vgl. Chao & Lin, 2009, S. 70–71). Bei der Untersuchung von Curran und Meuter (2005) wird die Nutzungsabsicht der Einstellung zur Nutzung vorangestellt wird. Der Begriff Risiko wird hier verwendet, um die Wahrscheinlichkeit bestimmter Ergebnisse eines Verhaltens und die daraus resultierende Gefahr für Nutzerinnen und Nutzer und das Ausmaß der negativen Folgen, zu beschreiben (vgl. Cunningham, 1967). Es wird davon ausgegangen, dass Nutzerinnen und Nutzer im Rahmen der Kaufentscheidung versuchen, das Risiko von zeitlichen, finanziellen, sozialen und psychologischen Verlusten zu minimieren (vgl. Peter & Tarpley, 1975). Manche Autorinnen und Autoren gehen von einem in China im Vergleich geringeren Sicherheitsbedenken aus. So zitieren Roberts et al. (2021,

S. 69) Robin Li, einen Mitbegründer von Baidu, mit den Worten im Jahr 2018, dass „das chinesische Volk offener oder weniger sensibel in Bezug auf die Frage der Privatsphäre ist. Wenn sie in der Lage sind, Privatsphäre gegen Bequemlichkeit, Sicherheit und Effizienz einzutauschen, sind sie in vielen Fällen bereit, dies zu tun".

Im Servicekontext wird auf Murray (1991) verwiesen. Hier versuchen die Nutzerinnen und Nutzer, so viele Informationen wie möglich zu sammeln, um das Risiko der negativen Folgen des Kaufs zu minimieren. Dabei stützen sich die Nutzerinnen und Nutzer bei Bedarf hauptsächlich auf ihre eigene Erfahrung (vgl. Murray, 1991, S. 105). Insgesamt kommen Curran und Meuter (2005) zu dem Schluss, dass es von der Technologie abhängt, ob das wahrgenommene Risiko ein wesentlicher Einflussfaktor für Selbstbedienungstechnologien ist. Es wurde ein signifikanter negativer Einfluss des wahrgenommenen Risikos im Online-Banking festgestellt, nicht aber in den beiden anderen betrachteten Selbstbedienungstechnologien, Geldautomat oder Telefonbanking. Sie beziehen sich auch auf die Studie von Eastin (2002), in der gezeigt wird, dass die Sicherheitsbedenken von Nutzerinnen und Nutzern auch bei der Akzeptanz von E-Commerce-Diensten wie Online-Shopping, -Banking, -Anlagen und Internetdiensten eine große Rolle spielen (vgl. Eastin, 2002, S. 254). Die Ergebnisse der Studie zeigten auch Unterschiede in Abhängigkeit vom betrachteten E-Commerce-Kanal. So lassen sich im Online-Banking und bei Online-Investitionen signifikante negative Einflüsse messen (vgl. Eastin, 2002, S. 259). Ooi und Tan (2016) befassen sich mit der Akzeptanz von Smartphone-Kreditkarten mit NFC-Technologie. Sie schließen die Ergebnisse der Studie von Cheong et al. (2014) mit ein, die zeigen, dass das wahrgenommene Risiko bei der Nutzung mobiler Dienste einen wesentlichen Einfluss auf die Nutzungseinstellung hat. Die Ergebnisse der Studie von Tan et al. (2014) wiederum zeigen keinen signifikanten Einfluss des wahrgenommenen Risikos auf die Nutzungsabsicht. Dimitriadi und Kyrezis (2010) sehen die zunehmende Bedeutung von Datenschutz und -sicherheit für die Kundinnen und Kunden als ein wesentliches Hindernis für die Einführung von E-Kanälen und Online-Transaktionen. Die Ergebnisse der Studie zeigen jedoch keine signifikanten Auswirkungen der wahrgenommenen Transaktionssicherheit oder des Datenschutzes auf die Absicht der Nutzerinnen und Nutzer, das Telefon oder Online-Banking zu nutzen.

Jedoch gerade bei der Einführung von Produkten und Dienstleistungen, die neue, den Nutzerinnen und Nutzern weitestgehend unbekannte Technologien enthalten, spielt Sicherheit eine große Rolle. Besonders bei KI spielt die Verarbeitung von Daten eine zentrale Rolle, weswegen ein hohes Risiko im Sinne von Sicherheitsbedenken der Nutzerinnen und Nutzer dabei ein großes Hindernis hinsichtlich der Nutzung von KI darstellen können. Auch bei möglicherweise geringeren Sicherheitsbedenken in China leiten wir daraus folgende Hypothese ab:

▶ **H1:** Je höher die in China wahrgenommenen Sicherheitsbedenken, desto geringer ist dort die Absicht, KI-Produkte zu nutzen.

9.2.2 Gesundheit

In Übereinstimmung mit Chen und Chang (2009) zeigt auch eine Studie der Konrad-Adenauer-Stiftung (vgl. Pokorny, 2017), dass für die Befragten Gesundheit der wichtigste Aspekt im Leben ist, gefolgt von Familie und Partnerschaft. Nach Angaben des Zukunftsinstituts sagt bereits ein Drittel der deutschen Bevölkerung aus, dass es gesundheitsbewusst lebt und bereit ist, hohe Kosten dafür in Kauf zu nehmen. Sogar 85 % der Befragten geben an, dass sie zumindest an Informationen über gesunde Ernährung und einem gesunden Lebensstil interessiert sind. Sie sehen Gesundheit als eine private Investition in ihr eigenes Lebensglück (vgl. Zukunftsinstitut, 2018). Auch in China ist die Gesundheit ein wichtiges gesellschaftliches Ziel, welches von der Regierung gefördert wird, etwa durch die Staatsratsinitiative „Healthy China 2030". Diese zielt darauf ab, das Gesundheitssystem zu verbessern, explizit auch mithilfe der Künstlichen Intelligenz (vgl. Roberts et al., 2021).

Die Studie von Lee und Lee (2018) beschäftigt sich mit der Akzeptanz von tragbaren Gesundheitsgeräten. Es wird argumentiert, dass Einzelpersonen, die mehr Interesse an Gesundheit haben, auch eine höhere Absicht haben, solche tragbaren Gesundheitsgeräte einzusetzen, da sie diese als hilfreich zur Erhaltung oder Verbesserung der eigenen Gesundheit angesehen werden (vgl. Lee & Lee, 2018, S. 158). Dies wird durch das Ergebnis der Untersuchung, das einen signifikanten positiven Einfluss des gesundheitlichen Interesses der Nutzerinnen und Nutzer auf die in der Untersuchung betrachtete Nutzungsabsicht bekräftigt.

Zhang et al. (2017) untersuchen die Akzeptanz von tragbaren Technologien im Gesundheitsbereich. Dabei werden gesundheitliche Überzeugungen im Hinblick auf das Health Belief Model (vgl. Hochbaum, 1958; Rosenstock, 1966) berücksichtigt. Dieses Modell berücksichtigt die Entscheidungsfindung im gesundheitlichen Umfeld hinsichtlich individuellem Gesundheitsverhalten, wie z. B. die Einstellung zum Screening oder der Suche nach geeigneten Behandlungsmethoden. Basierend darauf wird von Zhang et al. (2017) angenommen, dass die Wahrscheinlichkeit, dass eine Person eine neue tragbare Technologie im Gesundheitsbereich annimmt, abhängig davon ist, wie stark die Person ihre eigene Gesundheit in Gefahr sieht, aber auch davon, wie hoch die Wirksamkeit des vorgeschlagenen Gesundheitsverhaltens bewertet wird. Dies gilt auch für KI-Produkte. Da die Gesundheit in allen Lebensbereichen ein immer wichtigerer Bestandteil ist, kann der gesundheitsfördernde Aspekt eine wichtige Rolle bei der Akzeptanz von KI-Produkten spielen. Das Ergebnis der Studie von Zhang et al. (2017) kann dies durch einen signifikanten, positiven Einfluss des Gesundheitsbewusstseins auf den wahrgenommenen Nutzen bei der weiblichen Stichprobe unterstützen. Darüber hinaus zeigt die von Li et al. (2019) durchgeführte Untersuchung einen signifikanten, negativen Einfluss auf den Gesundheitszustand einer Person und die Akzeptanz der Nutzung tragbarer Technologien durch Erwachsene ab 60 Jahren. Wir leiten daraus folgende Hypothese ab:

▶ **H2:** Je höher die erwartete Gesundheit durch ein KI-Produkt in China, desto höher dort ist die Nutzungsabsicht.

9.2.3 Praktikabilität

Laut Baudier et al. (2018) kann Bequemlichkeit und Komfort als ein weiterer Aspekt angesehen werden, der auch zur Akzeptanz von KI-Produkten beitragen kann, indem er dem Anwendenden einen komfortableren und bequemeren Alltag ermöglicht, und somit praktikabel erscheint. Die Untersuchung von Mert et al. (2008) zeigt, dass die Probandinnen und Probanden eine positive Einstellung zu intelligenten Geräten haben, wenn sie erwarten, dass diese ihr Leben komfortabler und die Hausarbeit weniger zeitaufwendig machen (vgl. Mert et al., 2008, S. 17). Das Ergebnis der Studie von Guillen-Gamez und Mayorga-Fernandez (2019) ergibt, dass die physische Attraktivität von Wearables, welche die Komfortdimension beinhaltet, einen positiven Zusammenhang zur Nutzungsabsicht und auch zu Gefühlen und Emotionen bei der Verwendung der betrachteten Wearables hat (vgl. Guillen-Gamez & Mayorga-Fernandez, 2019, S. 4). Wir leiten daraus folgende Hypothese ab:

▶ **H3:** Je höher die Praktikabilität, desto höher ist die Nutzungsabsicht für KI-Produkte in China.

9.2.4 Nachhaltigkeit

Die starke Medienpräsenz von Themen wie Klimawandel oder globale Erwärmung erhöht das Bewusstsein für nachhaltiges Handeln in allen Lebensbereichen. PwC sieht KI als Motor der Vierten Industriellen Revolution, aber auch im privaten Umfeld wächst die Bereitschaft, einen Beitrag zur Nachhaltigkeit in der Gesellschaft zu leisten. Dies geht einher mit Kostenersparnissen, Energieersparnissen oder Rohstoffersparnissen (vgl. Fink, 2018; PwC, 2018). Dies gilt auch für die Digitalisierung in China durch das Innovationsprogramm „Made in China 2025", auch für kleine und mittlere Unternehmen (vgl. Oberheitmann, 2020).

Park et al. (2017) untersuchen die Akzeptanz eines Home-Energy-Management-Systems. Das Ergebnis zeigt ein signifikantes Ergebnis hinsichtlich des Einflusses der Umweltverantwortung auf den Nutzen. Sie beziehen sich auf die Studie von Averdung und Wagenfuehrer (2011), in der festgestellt wird, dass Menschen, die ein großes Interesse am Schutz und an der Verbesserung der Umwelt zeigen und für die Nachhaltigkeit eine große Rolle spielt, offener für umweltfreundliche Technologien sind und diese für sehr nützlich halten.

Stern (1992) beschäftigt sich mit der Frage, ob neue Technologien, die sowohl für Verbraucherinnen und Verbraucher als auch für den Betreiber Geld sparen, vom Verbrauchenden akzeptiert werden, sobald sie oder er von deren Nutzen weiß (vgl. Stern, 1992, S. 1224). Dies ist jedoch nicht der Fall, da der Prozess der Verhaltensänderung wesentlich komplexer ist. Es wird argumentiert, dass die Kundin bzw. der Kunde Energieeinsparung als Umweltverantwortung empfindet, da sie einen positiven Einfluss auf die Umwelt hat. Dies wird als nützlich empfunden, auch wenn der persönliche monetäre Vorteil nicht berücksichtigt wird (vgl. Stern, 1992, S. 1229).

Diese Annahme steht im Einklang mit den Ergebnissen der Untersuchung von Mert et al. (2008). Ihre Probandinnen und Probanden wurden gefragt, ob sie die neue Technologie aus finanziellen oder ökologischen Gründen oder aus beiden Gründen akzeptieren würden. Es zeigt sich, dass eine Mischung aus beidem die größte Resonanz hat. Die Tatsache, dass nicht nur der finanzielle Aspekt eine Rolle spielt, unterstützt zusätzlich die Annahme, dass die Befragten ein Umweltbewusstsein haben und auch zu dessen Schutz beitragen wollen. Die Autoren stellen fest, dass der ökologische Aspekt den finanziellen Aspekt nicht überwiegt, aber es sich um einen willkommenen Nebeneffekt handelt, der sich positiv auf die Akzeptanz der neuen Produkte oder Technologien auswirkt (vgl. Mert et al., 2008, S. 30). Wir leiten daraus folgende Hypothese ab:

▶ **H4:** Je größer die Nachhaltigkeit der KI-Produkte in China, desto höher ist dort die Nutzungsabsicht.

9.2.5 Nützlichkeit

Ein weiteres Konstrukt, welches die Nutzungsabsicht im UTAUT/UTAUT2 erklärt, ist die Leistungserwartung (vgl. Venkatesh et al., 2003, 2012). Es wird auch in TAM/TAM2/TAM 3 (vgl. Davis, 1986, 1989; Venkatesh & Davis, 2000; Venkatesh & Bala, 2008) verwendet, und dort als wahrgenommene Nützlichkeit bezeichnet. Diese ist definiert als der Grad, in dem eine Person glaubt, dass die Verwendung eines neuen Produktes oder einer neuen Technologie dazu beiträgt, eine bessere Leistung in der jeweiligen Anwendung zu erzielen (vgl. Venkatesh et al., 2003, S. 447). Darüber hinaus gibt es nach Venkatesh et al. (2003) eine Reihe ähnlicher Konstrukte aus früheren Studien, die auch zur Nützlichkeit gehören. In China wird dies z. B. beim Data Mining und Machine Learning gesehen (vgl. Gao et al., 2008).

Davis et al. (1992) beziehen sich auf die Motivationstheorie, durch die sie den Einsatz und das Verständnis neuer Technologien erklären. Sie gehen davon aus, dass es notwendig ist, den Nutzerinnen und Nutzern von außen ein bestimmtes Ziel (extrinsische Motivation) zu bieten, dessen Erreichung durch die Ausführung einer bestimmten Aktion erreicht werden kann, die jedoch nicht direkt mit dieser Aktivität zusammenhängt (vgl. Davis et al., 1992, S. 1112). Im übertragenen Sinne könnte dies im Hinblick auf die Anwendung von Produkten oder Technologien mit KI bedeuten, dass diese instrumentalisiert werden können, um die Nutzerziele besser und einfacher zu erreichen.

Ähnlich erwähnt das Model of PC utilization von Thompson et al. (1991) Technologien, die Einzelpersonen verwenden, weil sie ihre Arbeitsleistung verbessern sollen (Job-fit) (vgl. Thompson et al., 1991, S. 129). Auch Moore und Benbasat (1991) bezeichnen die Leistungserwartung als relativen Vorteil einer Innovation gegenüber ihrem Vorfahren (vgl. Moore & Benbasat, 1991, S. 195) in der adapted Innovation Diffusion Theory. Wir leiten daraus folgende Hypothese ab:

▶ **H5:** Je höher die Nützlichkeit von KI-Produkten in China, desto höher ist dort die Nutzungsabsicht.

9.2.6 Aufwandsreduzierung

Um die Nutzungsabsicht zu erklären, ist die Aufwandsreduzierung eine der vier Einflussgrößen, die in UTAUT/UTAUT2 berücksichtigt werden (vgl. Venkatesh et al., 2003, 2012). Die Modelle TAM/TAM2/TAM3 (vgl. Davis, 1986, 1989; Venkatesh & Davis, 2000; Venkatesh & Bala, 2008) verwenden dafür den Faktor als wahrgenommene Benutzerfreundlichkeit. In diesem Zusammenhang ist zu beachten, dass Benutzerfreundlichkeit im TAM und Aufwandsreduzierung im UTAUT entgegengesetzt formulierte Einflussgrößen sind, die aber den gleichen Inhalt messen. Der positive Einfluss der wahrgenommenen Benutzerfreundlichkeit erklärt sich somit daraus, dass eine neue Technologie vor allem dann eingesetzt wird, wenn sie aufwandslos/mühelos zu sein scheint (vgl. Davis 1989, S. 985). Venkatesh et al. (2003) argumentieren dagegen, dass die Nutzung des gegensätzlichen Konstrukts Aufwandsreduzierung insbesondere zu Beginn der Nutzung eines neuen Produkts oder einer neuen Technologie sinnvoller ist, wenn erste Hindernisse überwunden werden müssen (vgl. Venkatesh et al., 2003, S. 450).

Darüber hinaus wird nach Venkatesh et al. (2003) das Konstrukt Aufwandsreduzierung auch von Thompson et al. (1991) im Modell der PC-Nutzung verwendet, wo es als Komplexität in Bezug darauf erscheint, wie schwierig es wahrgenommen wird, ein System zu verstehen und zu benutzen (vgl. Thompson et al., 1991, S. 128). Basierend auf der Innovation Diffusion Theory von Rogers (1995) entwickelten und validierten Moore und Benbasat (1991) ein Modell mit Konstrukten zur individuellen Technologieakzeptanz (vgl. Moore & Benbasat, 1991). Auch hier wird ein Konstrukt Benutzerfreundlichkeit verwendet, welches misst, wie schwierig es ist, eine neue Innovation einzusetzen (vgl. Moore & Benbasat, 1991, S. 195). Dies bestärk die Annahme, dass sich auch bei KI-Produkten eine Aufwandsreduzierung positiv auf die Nutzungsabsicht auswirkt. Staus auf den Straßen sind in China ein großes Problem, insbesondere in Mega Cities wie Shanghai oder Chongqing. Bu et al. (2021) schätzen hier die Aufwandsreduzierung durch die Nutzung von KI in Bezug auf die Zeit in einer Studie aus dem Jahr 2021 als besonders hoch ein.

Daher wird für die hier durchgeführte Studie das Konstrukt Aufwandsreduzierung nach Venkatesh et al. (2003) gewählt, da derzeit Produkte oder Technologien mit Künstlicher Intelligenz noch weitgehend als sehr neu oder gar unbekannt für den Anwendenden wahrgenommen werden. Folglich erscheint es sinnvoller als die Benutzerfreundlichkeit, den erwarteten Aufwand für den Einsatz neuer Produkte oder Technologien zu messen, da nur neue Produkte mit geringer Anwendungsbarriere als in den Alltag integriert angesehen werden. Wir leiten daraus folgende Hypothese ab:

▶ **H6:** Je höher die Aufwandsreduzierung durch KI-Produkte in China, desto höher ist die Nutzungsabsicht dort.

9.2.7 Gruppenzwang

Das Konstrukt Gruppenzwang basiert auf der Theorie der Theory of Reasoned Action (vgl. Fishbein & Ajzen, 1975), die als Subjektive Norm bezeichnet und auch im TAM2 (vgl. Venkatesh & Davis, 2000), der Theory of planned behavior (vgl. Ajzen, 1991), der decomposed Theory of planned behavior (vgl. Taylor & Todd, 1995b) und dem kombinierten Modell aus TAM und Theory of planned behavior (vgl. Taylor & Todd, 1995a) verwendet wird. Darunter versteht man das Ausmaß, in dem Menschen, die für den Benutzenden wichtig sind, denken, dass sie das neue Produkt oder die neue Technologie verwenden sollten (vgl. Venkatesh et al., 2003, S. 451). Das Modell der Personal-Computer-Nutzung (vgl. Thompson et al., 1991) betrachtet ein ähnliches Konstrukt mit sozialen Faktoren, basierend auf der Theorie des menschlichen Verhaltens von Triandis (1977). Einerseits wird die Verinnerlichung der subjektiven Kultur der Referenzgruppe von Thompson et al. (1991) erwähnt und andererseits die zwischenmenschlichen Vereinbarungen, die eine Person in bestimmten sozialen Situationen mit anderen getroffen hat. Laut Venkatesh et al. (2003) ist ein Faktor, der dem sozialen Einfluss ähnlich ist, der Image-Faktor, der in der Innovation Diffusion Theory, basierend auf Rogers (1995) und angepasst von Moore und Benbasat (1991), erscheint. Es geht bei dieser Theorie um die Wahrnehmung, inwieweit der Einsatz einer Innovation das Image oder die Position im Sozialsystem verbessern kann. Wir leiten daraus folgende Hypothese ab:

▶ **H7:** Je größer der Gruppenzwang bei KI-Produkten in China, desto stärker ist dort die Nutzungsabsicht.

9.2.8 Spaß

Das ursprüngliche UTAUT beinhaltet nur extrinsisch motivierte Faktoren und legt einen starken Fokus auf den Nutzenwert, der durch das Konstrukt der Leistungserwartung, im Sinne von Nützlichkeit, dargestellt wird, welches auch den stärksten Einflussfaktor für die Nutzungsabsicht im UTAUT darstellt (vgl. Venkatesh et al., 2003). Diese extrinsische Motivationskomponente wird nach Venkatesh et al. (2012) im UTAUT2 um die intrinsische bzw. hedonistische Komponente Spaß bzw. Vergnügen ergänzt. Spaß wird grundsätzlich als intrinsische Ergänzung aus der Perspektive der Motivationstheorie verstanden (vgl. Venkatesh et al., 2012, S. 160; Vallerand, 1997, S. 271 ff.). Brown und Venkatesh (2005) zeigen, dass dies im Verbraucherkontext eine wichtige Größe hinsichtlich der Technologieakzeptanz und -nutzung darstellt. Somit führt mehr Spaß an einer neuen Technologie wie z. B. Künstliche Intelligenz in Produkten des Alltags dazu, dass die Nutzerinnen und Nutzer über eine höhere Nutzenabsicht verfügen, was wiederum die tatsächliche Nutzung begünstigt. In China sind z. B. Online-Computerspiele unter Jugendlichen so beliebt, dass die Regierung die Nutzung per Gesetz eingeschränkt hat. Ab dem 1. September 2021 dürfen Minderjährige diese nur noch an Freitagen, Samstagen sowie Sonn- und Feiertagen spielen, und zwar nur noch zwischen 20 und 21 Uhr (vgl. Redaktionsnetzwerk Deutschland, 2021). Wir leiten daraus folgende Hypothese ab:

▶ **H8:** Je mehr Spaß in China mit KI-Produkten in Verbindung gebracht wird, desto höher ist dort die Nutzungsabsicht.

9.2.9 Innovationsfreude

Innovationsfreude basiert auf der Forschung von Agarwal und Prasad (1998). Sie kommen zu dem Schluss, dass es Menschen gibt, die „informationstechnische Innovationen früher als andere übernehmen" (Agarwal & Prasad, 1998, S. 205) und daher eine wichtige Rolle bei der Einführung neuer Technologien spielen. Gerade bei Produkten oder Dienstleistungen mit Künstlicher Intelligenz spielt dies eine große Rolle, da eine gewisse Neugierde und Experimentierfreude unerlässlich sind, damit Menschen überhaupt über den Einsatz eines neuen Produkts oder einer neuen Technologie nachdenken können. Es wird unterstellt, dass dies auch für China gilt. Wir leiten daraus folgende Hypothese ab:

▶ **H9:** Je stärker die persönliche Innovationsfreude bei KI-Produkten in China, desto größer ist die Nutzungsabsicht dort.

9.2.10 Preiswertigkeit

Eine weitere Komponente, die im UTAUT2 (vgl. Venkatesh et al., 2012) ergänzt wird, ist die Preiswertigkeit. Im Gegensatz zur Technologienutzung am Arbeitsplatz müssen Nutzerinnen und Nutzer im privaten Umfeld die Kosten für neue Produkte oder Technologien selbst tragen. Das Model of Adoption of Technology in Households (MATH) von Brown und Venkatesh (2005) beschäftigt sich mit der Akzeptanz von PCs für den Heimgebrauch und stellen fest, dass die Kosten einen signifikanten negativen Einfluss auf die Nutzungsabsicht haben.

Zudem wird in dem Faktor Preiswertigkeit nach Venkatesh et al. (2012) eine Ergänzung des Faktors Aufwandsreduzierung gesehen, denn dieser befasst sich mehr mit der Investition von Zeit und Aufwand hinsichtlich der Akzeptanz und Nutzung von neuen Technologien. Somit wird durch die Preiswertigkeit dem Verbraucherkontext besser Rechnung getragen. Wenn die Vorteile aus der Nutzung eines Produktes die monetären Kosten des Produktes überwiegen, dann wird von einer positiven Preiswertigkeit ausgegangen, auch in China. Wir leiten daraus folgende Hypothese ab:

▶ **H10:** Je wertiger der Preis eines KI-Produktes beurteilt wird, desto größer ist dort die Nutzungsabsicht.

9.3 Methodik

In dieser Studie haben wir eine multiple Regressionsanalyse durchgeführt, hauptsächlich deswegen, weil die abhängige Variable und die unabhängigen Variablen metrisches Skalenniveau haben und wir mit den unabhängigen Variablen untersuchen wollen, welche Einflussfaktoren in welcher Richtung und in welcher Stärke auf die abhängige Variable wirken.

9.3.1 Regressionsmodelle

Die abhängige Variable des Regressionsmodells ist die Absicht, Produkte aus dem Bereich Gesundheit, Haushalt und Mobilität zu nutzen. Mit den im vorherigen Abschnitt beschriebenen unabhängigen Variablen haben wir das folgende Regressionsmodell formuliert:

$$\begin{aligned}\text{Nutzungsabsicht}_i = {} & \beta_0 + \beta_1 * \text{Sicherheitsbedenken}_i + \beta_2 * \text{Gesundheit}_i \\ & + \beta_3 * \text{Praktikabilität}_i + \beta_4 * \text{Nachhaltigkeit}_i + \beta_5 * \text{Nützlichkeit} \\ & + \beta_6 * \text{Aufwandsreduzierung}_i + \beta_7 * \text{Gruppenzwang}_i + \beta_8 * \text{Spaß}_i \\ & + \beta_9 * \text{Innovationsfreude}_i + \beta_{10} * \text{Preiswertigkeit}_i + \varepsilon_i\end{aligned}$$

Die Auskunftspersonen mussten zu Beginn der Befragung angeben, ob sie wissen, was unter Künstlicher Intelligenz verstanden wird. Dies Antwort konnten sie mit „Ja" (Variablenausprägung: Kenntnis/ja) oder „nein" (Variablenausprägung: Kenntnis/nein) beantworten. Um diejenigen nicht auszuschließen, die keine Kenntnis von KI hatten, wurde bei der Frage, wo KI im Alltag vorkommt, eine kurze Definition von KI präsentiert, damit sich alle Probandinnen und Probanden eine Vorstellung zu den abgefragten Produktkategorien machen konnten. Um einen Einfluss der Kenntnis auf die Zusammenhänge des zuvor definierten Regressionsmodells messen zu können, wurde die bivariate Variable „Kenntnis" als Interaktionsvariable bei allen Einflussgrößen dem Regressionsmodell hinzugefügt, um einen moderierenden Effekt zu messen. Das Modell mit Interaktionsvariable sieht folgendermaßen aus:

$$\begin{aligned}\text{Nutzungsabsicht}_i = {} & \beta_0 + \beta_1 * \text{Sicherheitsbedenken}_i + \beta_2 * \text{Gesundheit}_i \\ & + \beta_3 * \text{Praktikabilität}_i + \beta_4 * \text{Nachhaltigkeit}_i + \beta_5 * \text{Nützlichkeit}_i \\ & + \beta_6 * \text{Aufwandsreduzierung}_i + \beta_7 * \text{Gruppenzwang}_i + \beta_8 * \text{Spaß}_i \\ & + \beta_9 * \text{Innovationsfreude}_i + \beta_{10} * \text{Preiswertigkeit}_i \\ & + \beta_{11} * \text{Sicherheitsbedenken}_i * \text{Kenntnis}_i + \beta_{12} * \text{Gesundheit}_i * \text{Kenntnis}_i \\ & + \beta_{13} * \text{Praktikabilität}_i * \text{Kenntnis}_i + \beta_{14} * \text{Nachhaltigkeit}_i * \text{Kenntnis}_i \\ & + \beta_{15} * \text{Nützlichkeit}_i * \text{Kenntnis}_i + \beta_{16} * \text{Aufwandsreduzierung}_i * \text{Kenntnis}_i \\ & + \beta_{17} * \text{Gruppenzwang}_i * \text{Kenntnis}_i + \beta_{18} * \text{Spaß}_i * \text{Kenntnis}_i \\ & + \beta_{19} * \text{Innovationsfreude}_i * \text{Kenntnis}_i + \beta_{20} * \text{Preiswertigkeit}_i * \text{Kenntnis}_i + \varepsilon_i\end{aligned}$$

9.3.2 Reliabilität der Modellvariablen

Die einzelnen Konstrukte des verwendeten Regressionsmodells zur Messung der Akzeptanz von KI-Produkten wurden über multiple Itemsets erfasst. Die Items für alle Konstrukte sind aus Gansser und Reich (2020) und Gansser und Reich (2021). Bei allen Messinstrumenten handelt es sich um etablierte Indikatoren aus vorausgegangenen Studien mit ausreichend großem Cronbachs Alpha (α). Für die Nutzungsabsicht liegt in dieser Studie ein α von 0,88 vor. Die inhaltliche Beschreibung der unabhängigen Variablen und deren Reliabilität sind nachfolgend dargestellt:

Sicherheitsbedenken$_i$ = Die Bedenken einer Person i über die Sicherheit und den Schutz der eigenen Daten bei der Nutzung von KI-Produkten. $\alpha = 0,82$
Gesundheit$_i$ = Die Person i geht davon aus, dass KI-Produkte die Gesundheit und das Wahlbefinden verbessern. $\alpha = 0,88$
Praktikabilität$_i$ = Die Person i findet es praktisch, dass KI-Produkte bestimmte praktische Funktionen beinhalten, die das Leben erleichtern und komfortabler machen. $\alpha = 0,87$
Nachhaltigkeit$_i$ = Die Person i geht davon aus, dass mit KI-Produkten ein nachhaltigerer Umgang mit der Umwelt möglich ist. $\alpha = 0,87$
Nützlichkeit$_i$ = Die Person i geht davon aus, dass KI-Produkte für den Alltag nützlicher sind. $\alpha = 0,88$
Aufwandsreduzierung$_i$ = Die Person i geht davon aus, dass KI-Produkte leicht zu erlernen und einfach zu bedienen sind. $\alpha = 0,86$
Gruppenzwang$_i$ = Die Person i geht davon aus, dass sie selbst KI-Produkte verwenden sollte, weil andere Menschen, die ihr wichtig sind, dies auch tun. $\alpha = 0,81$
Spaß$_i$ = Die Person i geht davon aus, dass die Verwendung von KI-Produkte Vergnügen und Freude bereiten. $\alpha = 0,87$
Innovationsfreude$_i$ = Die Person i probiert und experimentiert gerne mit neuen Technologien. $\alpha = 0,83$
Preiswertigkeit$_i$ = Die Person i geht davon aus, dass KI-Produkte ein gutes Preis-/Leistungsverhältnis haben. $\alpha = 0,81$

9.4 Ergebnisse

Alle Konstrukte zeigen über alle Einflussfaktoren einen signifikanten Unterschied zwischen den Mittelwerten der beiden Gruppen Kenntnis/ja und Kenntnis/nein (siehe Tab. 9.1). Dies bestätigt unsere Einschätzung, dass auch für die Regressionsmodelle Interaktionseffekte zu erwarten sind.

Um zu untersuchen, ob und wie stark die Einflussgrößen die Nutzungsabsicht von KI-Produkten beeinflussen und ob die Kenntnis von KI diesen Einfluss moderiert, wurden fünf Regressionsanalysen mit den Daten gerechnet. Tab. 9.2 zeigt die β-Koeffizienten

Tab. 9.1 Ergebnisse der t-Tests aller Konstrukte zwischen KI-Kenntnis und keinen KI-Kenntnissen

	Keine Kenntnis ($n=1391$)	Kenntnis ($n=1542$)		Differenz der Mittelwerte
	Mittelwert	Mittelwert	t-Wert	95 % CI [LL; UL]
Sicherheitsbedenken	4,31	4,50	$-3,66^{**}$	[$-0,29$; $-0,09$]
Gesundheit	4,16	4,63	$-10,06^{**}$	[$-0,56$; $-0,38$]
Praktikabilität	4,14	4,59	$-9,75^{**}$	[$-0,55$; $-0,36$]
Nachhaltigkeit	4,09	4,53	$-9,35^{**}$	[$-0,53$; $-0,35$]
Nützlichkeit	4,23	4,85	$-12,04^{**}$	[$-0,72$; $-0,52$]
Aufwandsreduzierung	3,96	4,60	$-13,08^{**}$	[$-0,74$: $-0,55$]
Gruppenzwang	4,09	4,59	$-10,06^{**}$	[$-0,59$; $-0,40$]
Spaß	4,12	4,68	$-11,40^{**}$	[$-0,66$; $-0,47$]
Innovationsfreude	3,88	4,40	$-9,87^{**}$	[$-0,62$; $-0,42$]
Preiswertigkeit	3,93	4,45	$-10,42^{**}$	[$-0,62$; $-0,42$]
Nutzungsabsicht	3,99	4,65	$-11,85^{**}$	[$-0,76$; $-0,55$]

Anmerkung: LL und UL geben die untere und obere Grenze eines Konfidenzintervalls (CI) an
* zeigt $p < 0,05$ an. ** zeigt $p < 0,01$ an

Tab. 9.2 Regression ohne Interaktionseffekt über alle Anwendungsgebiete

Prädiktor	β	β 95 % CI [LL, UL]
Konstante	$-0,29^{**}$	[$-0,43$; $-0,15$]
Sicherheitsbedenken	$0,08^{**}$	[0,05; 0,11]
Gesundheit	$0,07^{**}$	[0,02; 0,12]
Praktikabilität	$-0,01$	[$-0,06$; 0,04]
Nachhaltigkeit	$-0,02$	[$-0,06$; 0,02]
Nützlichkeit	$0,48^{**}$	[0,44; 0,52]
Aufwandsreduzierung	$0,12^{**}$	[0,08; 0,16]
Gruppenzwang	$0,14^{**}$	[0,10; 0,17]
Spaß	$0,13^{**}$	[0,09; 0,17]
Innovationsfreude	$0,05^{**}$	[0,01; 0,08]
Preiswertigkeit	0,01	[$-0,02$; 0,05]

Anmerkung: $R^2 = 0,66^{**}$; 95 % CI[0,64; 0,67]; Ein signifikantes β-Gewicht zeigt an, dass das Beta-Gewicht signifikant ist. β repräsentiert die unstandardisierte Regressionsgewichte. LL und UL geben die untere und obere Grenze eines Konfidenzintervalls (CI) an
* zeigt $p < 0,05$ an. ** zeigt $p < 0,01$ an

der Einflussgrößen auf die Nutzungsabsicht von KI-Produkten mit den über alle Anwendungsbereiche gepoolten Daten.

Betrachtet man die Ergebnisse ohne Interaktionseffekte, also ohne Unterscheidung zwischen Kenntnis und Nichtkenntnis, um Künstliche Intelligenz, so haben alle Einflussgrößen bis auf Preiswertigkeit, Nachhaltigkeit und Praktikabilität einen positiven signifikanten Effekt auf die Absicht, KI-Produkte zu nutzen. Der stärkste Einfluss zeigt sich in China für die Variable Nützlichkeit ($\beta=0{,}48$). Die Hypothese 1 (je höher die in China wahrgenommenen Sicherheitsbedenken, desto geringer ist dort die Absicht, KI-Produkte zu nutzen) muss jedoch abgelehnt werden, da die Regressionsanalyse hier einen positiven Zusammenhang ($\beta=0{,}08$) ergibt. Dies deckt sich mit den Beobachtungen in Deutschland für die Gruppe, die KI-Kenntnisse haben (vgl. Gansser & Reich, 2020).

Um den moderierenden Effekt der binären Variable Kenntnis (ja/nein) im Regressionsmodell zu berücksichtigen und die drei verschiedenen Anwendungsgebiete zu unterscheiden, wurde ein Gesamtmodell mit Interaktionseffekt und jeweils ein Teilmodell mit den Anwendungsgebieten Gesundheit, Haushalt und Mobilität gerechnet. Tab. 9.3 zeigt die Ergebnisse der vier Regressionsanalysen mit dem Interaktionseffekt „Kenntnis" als moderierende kategoriale Variable auf die unabhängigen Variablen.

Hier zeigt sich im Gesamtmodell mit Interaktionseffekt, dass bei Kenntnissen um die Künstliche Intelligenz in China bei der Variablen Gruppenzwang ($\beta=0{,}07$) knapp kein signifikanter Effekt erkennbar ist und bei Kenntnis der Einfluss von Gruppenzwang positiv signifikant ist ($\beta=0{,}10$).

Um eine bessere Übersicht für die Interpretation der Ergebnisse zu bekommen, wurden alle Werte aus der Tabelle in jeweils einem Koeffizienten-Plot in Abb. 9.1 dargestellt.

Die Koeffizienten der Einflussgrößen in der Gruppe mit Kenntnis (Kenntnis/ja) in Abb. 9.1 sind als Differenz zu den Koeffizienten der Gruppe ohne Kenntnis (Basiskategorie) zu interpretieren. Letztere sind jeweils in der unteren Hälfte der Koeffizienten-Plots dargestellt.

Interaktionseffekte liegen dann vor, wenn die Koeffizienten der Differenzen (in der Gruppe Kenntnis-ja) signifikant sind. Dann gibt es signifikante Unterschiede der Einflüsse im Vergleich zur Basiskategorie (ist die Gruppe ohne KI-Kenntnisse). Das Bestimmtheitsmaß des Gesamtmodells als auch der Teilmodelle liegt jeweils über 60 %, was bedeutet, dass über 60 % der Variation der Nutzungsabsicht durch das jeweilige Modell erklärt werden kann. Wir stufen deshalb die Modellgüte sowohl vom Gesamtmodell als auch von den Teilmodellen als gut bis substanziell ein.

Betrachtet man die Teilmodelle Haushalt, Gesundheit und Mobilität in China, so zeigt sich im Vergleich zum Gesamtmodell (über alle Bereiche) Folgendes:

- Bei der Nutzung von KI im Haushalt ohne Kenntnis der KI haben in China nur noch die Nützlichkeit ($\beta=0{,}50$), Spaß ($\beta=0{,}14$) und Aufwandsreduzierung ($\beta=0{,}11$) einen signifikant positiven Effekt auf die Nutzungsabsicht der KI. Innovationsfreude, Gruppenzwang und Gesundheit haben keinen Einfluss mehr. Auch die Sicherheits-

Tab. 9.3 Regression mit Interaktion

Prädiktor	Insgesamt		Haushalt		Gesundheit		Mobilität	
	β	β 95 % CI [LL, UL]	β	β 95 % CI [LL, UL]	β	β 95 % CI [LL, UL]	b	β 95 % CI [LL, UL]
Konstante	−0,25**	[−0,40; −0,11]	−0,24*	[−0,47; −0,01]	−0,12	[−0,36; −0,13]	−0,40**	[−0,66; −0,14]
Sicherheitsbedenken	0,08**	[0,03; 0,12]	0,10**	[0,03; 0,17]	0,15**	[0,07; 0,22]	0,03	[−0,04; 0,10]
Gesundheit	0,09**	[0,03; 0,16]	0,07	[−0,05; 0,19]	0,09	[−0,03; 0,21]	0,08	[−0,04; 0,21]
Praktikabilität	−0,05	[−0,12; 0,01]	0,01	[−0,10; 0,11]	−0,16**	[−0,28; −0,05]	−0,01	[−0,12; 0,11]
Nachhaltigkeit	−0,04	[−0,10; 0,02]	−0,10	[−0,20; 0,00]	0,07	[−0,04; 0,18]	−0,04	[−0,14; 0,06]
Nützlichkeit	0,49**	[0,44; 0,55]	0,50**	[0,40; 0,61]	0,55**	[0,45; 0,65]	0,46**	[0,37; 0,56]
Aufwands-reduzierung	0,15**	[0,09; 0,20]	0,11*	[0,01; 0,20]	0,07	[−0,04; 0,17]	0,25**	[0,15; 0,35]
Gruppenzwang	0,10**	[0,04; 0,15]	0,08	[−0,01; 0,17]	0,03	[−0,08; 0,13]	0,14**	[0,06; 0,23]
Spaß	0,11**	[0,05; 0,17]	0,14**	[0,04; 0,24]	0,12*	[0,02; 0,23]	0,06	[−0,04; 0,15]
Innovationsfreude	0,07**	[0,02; 0,11]	0,03	[−0,05; 0,11]	0,03	[−0,05; 0,12]	0,11**	[0,03; 0,19]
Preiswertigkeit	0,03	[−0,02; 0,08]	0,08	[−0,00; 0,17]	0,06	[−0,03; 0,15]	−0,05	[−0,14; 0,03]
Sicherheits-bedenken: Kenntnis/ja	0,01	[−0,05; 0,07]	−0,01	[−0,10; 0,09]	−0,08	[−0,19; 0,02]	0,07	[−0,03; 0,17]
Gesundheit: Kenntnis/ja	−0,05	[−0,14; 0,05]	−0,07	[−0,24; 0,09]	−0,02	[−0,18; 0,14]	0,01	[−0,16; 0,19]
Praktikabilität: Kenntnis/ja	0,09	[−0,00; 0,08]	0,07	[−0,08; 0,22]	0,18*	[0,02; 0,35]	0,01	[−0,16; 0,18]
Nachhaltigkeit: Kenntnis/ja	0,03	[−0,06; 0,11]	0,02	[−0,12; 0,17]	−0,07	[−0,22; 0,08]	0,11	[−0,04; 0,25]

(Fortsetzung)

Tab. 9.3 (Fortsetzung)

Prädiktor	Insgesamt β	β 95 % CI [LL, UL]	Haushalt β	β 95 % CI [LL, UL]	Gesundheit β	β 95 % CI [LL, UL]	Mobilität b	β 95 % CI [LL, UL]
Nützlichkeit: Kenntnis/ja	−0,03	[−0,11; 0,05]	−0,03	[−0,17; 0,11]	−0,11	[−0,25; 0,03]	−0,00	[−0,14; 0,14]
Aufwandsreduzierung: Kenntnis/ja	−0,06	[−0,14, 0,02]	−0,01	[−0,15; 0,13]	−0,01	[−0,16; 0,13]	−0,12	[−0,26; −0,02]
Gruppenzwang: Kenntnis/ja	0,07	[−0,00; 0,15]	0,05	[−0,08; 0,18]	0,22**	[0,08; 0,36]	0,03	[−0,15; 0,10]
Spaß: Kenntnis/ja	0,04	[−0,04; 0,12]	0,07	[−0,07; 0,21]	−0,07	[−0,21; 0,08]	0,14	[−0,01; 0,28]
Innovationsfreude: Kenntnis/ja	−0,04	[−0,11; 0,02]	0,02	[−0,09; 0,13]	0,00	[−0,11; 0,12]	−0,17**	[−0,29; −0,06]
Preiswertigkeit: Kenntnis/ja	−0,03	[−0,10; 0,04]	−0,10	[−0,22; 0,02]	−0,05	[−0,17; 0,07]	0,02	[−0,09; 0,14]
R^2	0,659** CI[0,64; 0,67]		0,692** CI[0,66; 0,71]		0,633** CI[0,59; 0,65]		0,674** CI[0,64; 0,69]	

Ein signifikantes β-Gewicht zeigt an, dass das Beta-Gewicht signifikant ist. β repräsentiert die unstandardisierte Regressionsgewichte. LL und UL geben die untere und obere Grenze eines Konfidenzintervalls (CI) an
* zeigt $p < 0,05$ an. ** zeigt $p < 0,01$ an

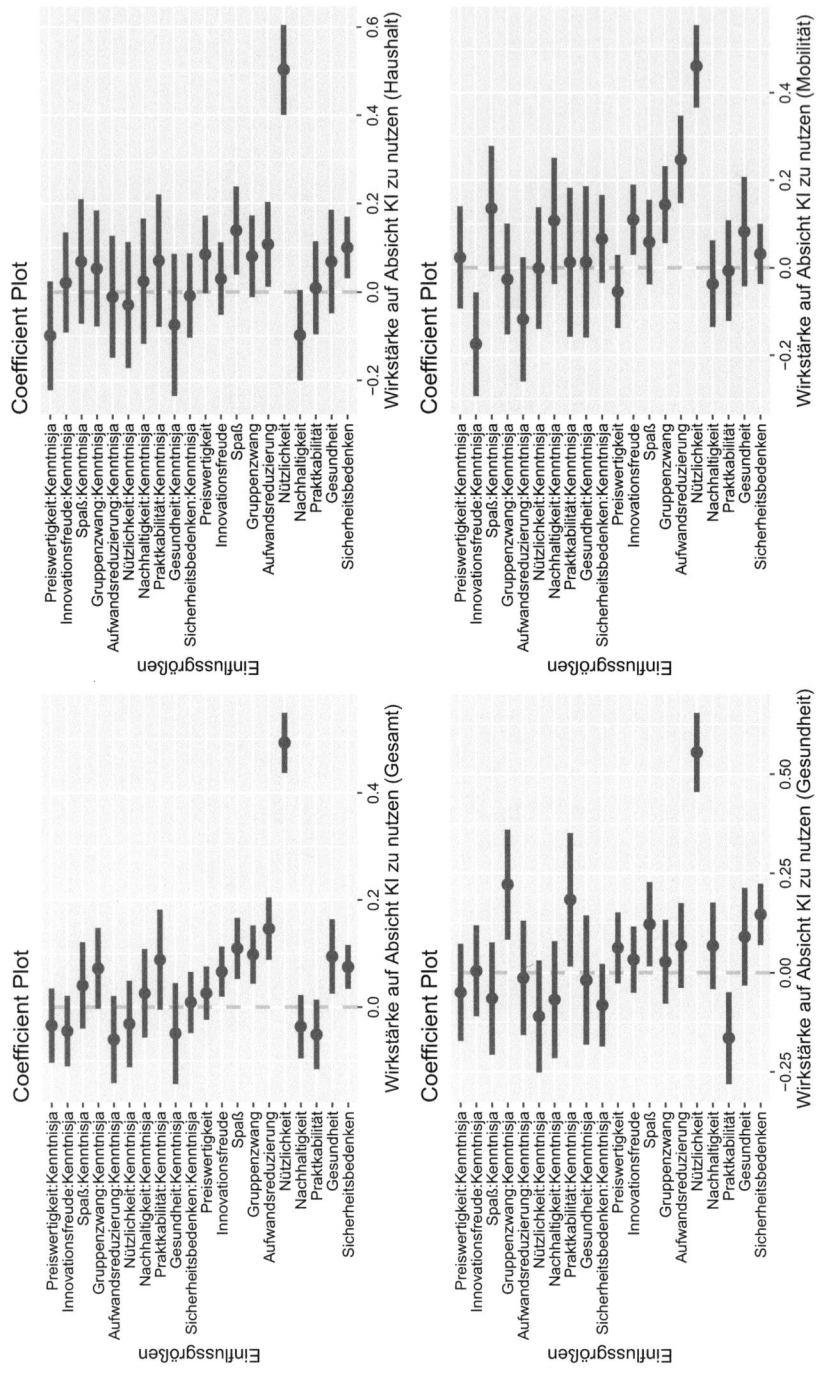

Abb. 9.1 Koeffizienten-Plots der Regressionsanalysen mit Interaktionseffekt

bedenken haben einen positiven Einfluss auf die Nutzungsabsicht ($\beta = 0{,}10$), also auch hier muss die Hypothese angelehnt werden.
- Bei der Nutzung von KI im Bereich Gesundheit ohne Kenntnis der KI sind in China nur die Variablen Nützlichkeit ($\beta = 0{,}55$), Spaß ($\beta = 0{,}12$) und Sicherheitsbedenken ($\beta = 0{,}15$) signifikant. Bei Praktikabilität zeigt sich ein negativ signifikanter Einfluss ($\beta = -0{,}16$) was gegenläufig zur aufgestellten Hypothese ist. Gleiches gilt für die Hypothese in Bezug auf Sicherheitsbedenken ($\beta = 0{,}15$). Die Kenntnis von KI führt hier zwar zu einem niedrigeren positiven Einfluss ($\beta = -0{,}08$), welcher jedoch nicht signifikant ist. Ohne KI-Kenntnis hat die Praktikabilität einen negativen signifikanten Einfluss auf die Nützlichkeit ($\beta = -0{,}16$) welcher bei Kenntnis von KI mit einer positiv signifikanten Differenz zur Gruppe ohne Kenntnis ($\beta = 0{,}18$) zeigt, dass der Interaktionseffekt von Kenntnis sehr groß ist und den Einfluss sogar umkehrt.
- Bei der Nutzung von KI im Bereich Mobilität ohne Kenntnis der KI haben in China die Variablen Nützlichkeit ($\beta = 0{,}46$), Aufwandsreduzierung ($\beta = 0{,}25$), Gruppenzwang ($\beta = 0{,}14$) und Innovationsfreude ($\beta = 0{,}11$) einen signifikanten Einfluss auf die Nutzungsabsicht von KI. Dies spiegelt sehr gut das Lebensgefühl der Bevölkerung in China wider, die z. B. Gadgets wie Didi Dache nutzen, um ein Taxi zu bestellen. Die Kenntnis der KI senkt dabei sogar signifikant den Einfluss der Variablen Innovationsfreude ($\beta = -0{,}17$) im Vergleich zur Gruppe ohne KI-Kenntnis, steigert, wenn auch nicht signifikant den Einfluss der Variablen Nachhaltigkeit ($\beta = 0{,}11$) und Spaß ($\beta = 0{,}14$) auf die Nutzungsabsicht, was ebenfalls zu einem modernen Lebensstil passt.

9.5 Diskussion

Zielsetzung der Studie war die Analyse der Einflussgrößen auf die Nutzungsabsicht von KI-Produkten im Alltag in China. Die Ergebnisse liefern damit Handlungsempfehlungen für mittelständische Unternehmen in Deutschland, die den chinesischen Markt beliefern. Für die Analyse wurden Einflussgrößen und deren Wirkrichtung vorwiegend aus den Theorien der Akzeptanzforschung abgeleitet, operationalisiert und mittels einer Umfragestudie in den Anwendungsgebieten Haushalt, Gesundheit und Mobilität überprüft. Der Artikel basiert auf dem Artikel von Gansser und Reich (2020). Eine Analyse der Ergebnisse von 2969 Befragten im Rahmen der FOM-Sommerumfrage 2019 in China ergab differenzierte Ergebnisse bei der Hypothesenprüfung. Es wurden insgesamt zehn Hypothesen aufgestellt.

Von den zehn Hypothesen können sechs Hypothesen bei den gepoolten (über alle drei Anwendungsbereiche) Daten angenommen werden. Dies sind Gesundheit, Nützlichkeit, Aufwandsreduzierung, Gruppenzwang, Spaß und Innovationsfreude. Die Hypothese H1, dass eine Zunahme der Sicherheitsbedenken in China zu einer Abnahme der Nutzungsabsicht führt, muss vor dem Hintergrund der vorliegenden Daten abgelehnt werden. Die Daten legen nahe, dass die Nutzung von Produkten, die KI enthalten, in China sogar leicht zunimmt, wenn die Sicherheitsbedenken gegenüber KI steigen. Dies gilt sowohl bei Unkenntnis als auch bei Kenntnis der KI. Aussagen von Betreibern chinesischer Suchmaschinen untermauern dies (vgl. Roberts et al., 2021). Die Anwendungsgebiete einzeln betrachtet liefern ein anderes Bild. Sowohl in den Gesamtdaten als auch in den drei Anwendungsgebieten Haushalt, Gesundheit und Mobilität in China hat die Nützlichkeit den größten signifikanten Einfluss auf die Absicht, Produkte, die KI enthalten, zu nutzen. Chinesische Unternehmen wie Baidu oder Alibaba untersuchen diese Faktoren im Rahmen der Analyse ihrer Daten schon seit Langem. Kleine und mittlere Unternehmen aus Deutschland, die bereits auf dem chinesischen Markt sind oder dort ihre Waren und Dienstleistungen anbieten wollen, können von den chinesischen Unternehmen lernen und sich die Analyse der Nutzungsabsichten zunutze machen, um ihr Angebot in China zu verbessern.

Für deutsche Unternehmen auf dem chinesischen Markt bedeutet dies generell, dass in der Produktkommunikation ein verstärkter Fokus auf die Nützlichkeit der KI-Anwendung gelegt werden sollte. Der signifikant starke Einfluss in den drei Anwendungsgebieten deutet darauf hin, dass dies allgemeingültig in Bezug auf die Nützlichkeit auf andere Anwendungsbereiche übertragbar ist.

Vor allem wegen der Schwierigkeit, alle möglichen Anwendungsgebiete in einer Umfragestudie zu untersuchen, konzentrieren wir uns in der vorliegenden Studie auf die drei Anwendungsgebiete Haushalt, Gesundheit und Mobilität. Spezifische Empfehlungen für das Marketing in China sind hier die Folgenden:

- Bei der Nutzung von KI im Haushaltsbereich sollte in China im Marketing neben der Nützlichkeit (s. zuvor) insbesondere der Spaß und die Aufwandsreduzierung im Vordergrund stehen. Ein Beispiel wäre das verstärkte Angebot von Kühlschränken, die anzeigen, wie lange noch Nahrungsmittel frisch sind und welche Gerichte mit den im Kühlschrank befindlichen Dingen gekocht werden können, und wann Nahrungsmittel nachgekauft werden müssen. Zudem könnten auch die Vorteile in Bezug auf Praktikabilität und Nachhaltigkeit in den Vordergrund gerückt werden, aufgrund der Potenziale für geringere Lebensmittelverschwendung bei Nutzung von intelligenten Kühlschränken mit KI.
- Bei der Nutzung von KI im Bereich Gesundheit steht neben der Nützlichkeit in China der Faktor Spaß im Vordergrund. Armbanduhren mit Funktionen, die Gesundheitsparameter wie die Herzfrequenz oder den Verbrauch von Kalorien durch Bewegung angeben (Smartwatch), sollten in zunehmendem Maße angeboten und beworben werden. Dabei sollte insbesondere auf die Nützlichkeit und den Spaß der Produkte hingewiesen werden, um weitere Absatzpotenziale zu generieren. Dabei spielt insbesondere der individuelle Gesundheitsnutzen und das Thema Gamifikation bei der Handhabung eine besondere Rolle.
- Die Nutzung von KI im Mobilitätsbereich spiegelt in hohem Maße das Lebensgefühl des modernen Chinas wider. Vorteile wie eine Aufwandsreduzierung, die Zugehörigkeit zu einer Peer-Group und das Widerspiegeln der Freude, innovative Produkte zu verwenden, sollten im Marketing an erster Stelle stehen. Gadgets für Apps wie die

Planung von Urlaubsreisen mit der Anzeige des Weges und markanter Punkte könnten hier z. B. einen großen Markt haben. Auch spielt hier zunehmend der Faktor Nachhaltigkeit eine Rolle. Auch hier können Apps in dem Bereich ein großes Marktpotenzial haben.

Die in dieser Studie gefundenen Ergebnisse, insbesondere, wenn die gepoolten Daten mit den ähnlichen Ergebnissen der drei Anwendungsgebiete verglichen werden, lassen sich auch auf andere Anwendungsgebiete übertragen. Beispielsweise auf die Bereiche der Energiewirtschaft, der Finanzdienstleistungen, der Konsumelektronik, der Landwirtschaft, der Logistik, des Marketings/der Medien und in der Sicherheit. Da sich die Bedingungen, unter denen KI-Produkte verwendet werden, grundsätzlich unterscheiden, empfehlen wir, dass zukünftige Studien weitere Anwendungsgebiete mit in die Untersuchung aufnehmen. Weiterhin empfehlen wir die zusätzliche Aufnahme der tatsächlichen Nutzung in das Hypothesenmodell und eine Überprüfung eventueller Abhängigkeiten oder medierender Effekte in einem Strukturgleichungsmodell.

Literatur

Agarwal, R., & Prasad, J. (1998). A conceptual and operational definition of personal innovativeness in the domain of information technology. *Information Systems Research, 9*(2), 204–215.

Ajzen, I. (1991). The theory of planned behavior. *Organizational Behavior and Human Decision Processes, 50*(2), 179–211.

Averdung, A., & Wagenfuehrer, D. (2011). Consumers' acceptance, adoption and behavioural intentions regarding environmentally sustainable innovations. *Journal of Business Management and Economics, 2*(3), 98–106.

Baudier, P., Ammib, C., & Deboeuf-Rouchonc, M. (2018). Smart home: Highly-educated students' acceptance. *Technological Forecasting & Social Change*. https://doi.org/10.1016/j.techfore.2018.06.043.

Brown, S. A., & Venkatesh, V. (2005). Model of adoption of technology in the household: A baseline model test and extension incorporating household life cycle. *Management Information Systems Quarterly, 29*(4), 399–426.

Bu, L., Chung, V., Leung, N., Wang, K., Xia, B., & Xia, C. (2021). The future of digital innovation in china: Megatrends shaping one of the world's fastest evolving digital ecosystems. Mc Kinsey & Company, September 30, 2021. https://www.mckinsey.com/featured-insights/china/the-future-of-digital-innovation-in-china-megatrends-shaping-one-of-the-worlds-fastest-evolving-digital-ecosystems. Zugegriffen: 17. März 2022.

Chao, S.-L., & Lin, P.-S. (2009). Critical factors affecting the adoption of container security service: The shippers' perspective. *International Journal of Production Economics, 1221*(1), 67–77.

Chen, S.-Y., & Chang, S.-F. (2009). A review of smart living space development in a cloud computing network environment. *Computer-Aided Design and Applications, 6*(49), 513–527.

Cheong, S.-N., Ling, H.-C., & The, P.-L. (2014). Secure encrypted steganography graphical password scheme for near field communication smartphone access control system. *Expert Systems with Applications, 41*(7), 3561–3568.

Cox, D. F., & Rich, S. V. (1964). Perceived risk and consumer decision-making: The case of telephone shopping. *Journal of Marketing Research, 1*(4), 32–39.

Cox, D. F. (1967). Risk handling in consumer behavior – An intensive study of two cases. In D. F. Cox (Hrsg.), *Risk taking and information handling in consumer behavior* (S. 34–81). Harvard University Press.

Cunningham, S. M. (1967). The major dimension of perceived risk. In D. F. Cox (Hrsg.), *Risk taking and information handling in consumer behavior* (S. 82–108). Harvard University Press.

Curran, J., & Meuter, M. (2005). Self-service technology adoption: Comparing three technologies. *Journal of Services Marketing, 19*(2), 103–113.

Davis, F. D. (1986). *A technology acceptance model for empirically testing new end-user information systems: Theory and results*. Doctoral dissertation, Sloan School of Management, Massachusetts Institute of Technology.

Davis, F. D. (1989). Perceived usefulness perceived ease of use, and user acceptance of information technology. *Management Information Systems Quarterly, 13*(3), 319–339.

Davis, F. D., Bagozzi, R. P., & Warshaw, P. R. (1992). Extrinsic and intrinsic motivation to use computers in the workplace. *Journal of Applied Social Psychology, 22*(14), 1111–1132.

Dimitriadis, S., & Kyrezis, N. (2010). Linking trust to use intention for technology-enabled bank channels: The role of trusting intentions. *Psychology & Marketing, 27*(8), 799–820. https://doi.org/10.1002/mar.20358.

Eastin, M. (2002). Diffusion of e-commerce: An analysis of the adoption of four e-commerce activities. *Telematics and Informatics, 19*(3), 251–267.

Fink, H. (2018). Studie: Mit Künstlicher Intelligenz gegen den Klimawandel. https://www.pwc.de/de/nachhaltigkeit/studie-mit-kuenstlicher-intelligenz-gegen-den-klimawandel.html. Zugegriffen: 20. Aug. 2019.

Fishbein, M., & Ajzen, I. (1975). *Belief, attitude, intention and behavior: An introduction to theory and research*. Addison-Wesley.

Gansser, O., & Reich, C. (2020). Einflussfaktoren auf die Nutzungsabsicht von KI im privaten Umfeld. In R. Buchkremer, T. Heupel, & O. Koch (Hrsg.), *Künstliche Intelligenz in Wirtschaft & Gesellschaft* (S. 487–515). Springer.

Gansser, O. A., & Reich, C. S. (2021). A new acceptance model for artificial intelligence with extensions to UTAUT2: An empirical study in three segments of application. *Technology in Society, 65*(2), 101535. https://doi.org/10.1016/j.techsoc.2021.101535.

Gao, X., Lu, R., Ouyang, D., Sun, J., Li, S., Shi, S., Yao, T., Lu, R., Han, Z., Wang, J., & Cao, C. (2008). AI in China: A survey. IEEE intelligent systems. January 2008. https://www.researchgate.net/publication/220629552_AI_in_China_A_Survey. Zugegriffen: 17. März 2022.

Guillen-Gamez, F. D., & Mayorga-Fernandez, M. J. (2019). Empirical study based on the perceptions of patients and relatives about the acceptance of wearable devices to improve their health and prevent possible diseases. *Mobile Information Systems*. https://doi.org/10.1155/2019/4731048.

Hochbaum, G. M. (1958). *Public participation in medical screening programs: A sociopsychological study*. Public Health Service Publication, 572. US Government Printing Office.

Hubert, M., Blut, M., Brock, C., Zhang, R. W., Koch, V., & Riedl, R. (2018). The influence of acceptance and adoption drivers on smart home usage. *European Journal of Marketing, 53*(6), 1073–1098.

Lee, S. Y., & Lee, K. (2018). Factors that influence an individual's intention to adopt a wearable healthcare device: The case of a wearable fitness tracker. *Technological Forecasting & Social Change, 129,* 154–163. https://doi.org/10.1016/j.techfore.2018.01.002.

Li, J., Ma, Q., Chan, A. H., & Man, S. S. (2019). Health monitoring through wearable technologies for older adults: Smart wearables acceptance model. *Applied Ergonomics, 75,* 162–169. https://doi.org/10.1016/j.apergo.2018.10.006.

Mert, W., Suschek-Berger, J., & Tritthart, W. (2008). Consumer acceptance of smart appliances. https://ec.europa.eu/energy/intelligent/projects/sites/iee-projects/files/projects/documents/smart-a_consumer_acceptance.pdf.

Moore, G. C., & Benbasat, I. (1991). Development of an instrument to measure the perceptions of adopting an information technology innovation. *Information Systems Research, 2*(3), 192–222.

Murray, K. B. (1991). A test of services marketing theory: Consumer information acquisition activities. *Journal of Marketing, 55*(1), 10–25.

Oberheitmann, A. (2020). Industry 4.0—Economic benefits and challenges, especially for small and medium-sized enterprises. In A. Oberheitmann, T. Heupel, J. Yang, & Z. Wang (Hrsg.), *German and Chinese contributions to digitalization—Opportunities, challenges, and impacts*. FOM-Edition (FOM Hochschule für Oekonomie & Management). Springer Gabler. https://doi.org/10.1007/978-3-658-29340-6_2.

Ooi, K.-B., & Tan, G.W.-H. (2016). Mobile technology acceptance model: An investigation using mobile users to explore smartphone credit card. *Expert Systems with Applications, 59,* 33–46. https://doi.org/10.1016/j.eswa.2016.04.015.

Park, E.-S., Hwang, B., Ko, K., & Kim, D. (2017). Consumer acceptance analysis of the home energy management system. *Sustainability, 9*(12). https://doi.org/10.3390/su9122351.

Peter, J. P., & Tarpley, L. X. (1975). A comparative analysis of three consumer decision strategies. *Journal of Consumer Research, 2*(1), 29–37.

Pokorny, S. (2017). Gesundheit und Familie vor Arbeit und Einkommen – Studie zum sozialen Aufstieg in Deutschland. Analysen und Argumente, Konrad Adenauer Stiftung, 247. https://www.kas.de/analysen-und-argumente/detail/-/content/gesundheit-und-familie-vor-arbeit-und-einkommen-studie-zum-sozialen-aufstieg-in-deutschland. Zugegriffen: 20. Aug. 2019.

PwC. (2018). Fourth industrial revolution for the earth harnessing artificial intelligence for the earth. https://www.pwc.com/gx/en/sustainability/assets/ai-for-the-earth-jan-2018.pdf. Zugegriffen: 20. Aug. 2019.

Redaktionsnetzwerk Deutschland. (2021). Zocken unter der Woche nicht erlaubt: China erlässt striktes Onlinegamingverbot für Jugendliche. https://www.rnd.de/digital/china-verbietet-online-spiele-fuer-jugendliche-nur-noch-drei-stunden-pro-woche-2R4UCVHS4FDNLKKTBQNYMR7OWU.html. Zugegriffen: 17. März 2022.

Roberts, H., Cowls, J., Morley, J., Taddeo, M., Wang, V., & Floridi, L. (2021). The Chinese approach to artificial intelligence: An analysis of policy, ethics, and regulation. *AI & Society, 36,* 59–77.

Rogers, E. (1995). *Diffusion of innovations*. Free Press.

Rosenstock, I. M. (1966). Why people use health services. *Milbank Memorial Fund Quarterly, 44*(3), 94–127.

Stern, P. C. (1992). What psychology knows about energy conservation. *American Psychologist, 47*(10), 1224–1232.

Tan, G.W.-H., Ooi, K.-B., Chong, S.-C., & Hew, T.-S. (2014). NFC mobile credit card: The next frontier of mobile payment? *Telematics and Informatics, 31*(2), 292–307.

Taylor, S., & Todd, P. (1995a). Assessing IT usage: The role of prior experience. *Management Information Systems Quarterly, 19*(2), 561–570.

Taylor, S., & Todd, P. (1995b). Decomposition and crossover effects in the theory of planned behavior: A study of consumer adoption intentions. *International Journal of Research in Marketing, 12*(2), 137–155.

Thompson, R. L., Higgins, C. A., & Howell, J. M. (1991). Personal computing: Toward a conceptual model of utilization. *Management Information Systems Quarterly, 15*(1), 124–143.

Triandis, H. C. (1977). *Interpersonal behavior*. Brooks/Cole.

Vallerand, R. J. (1997). Toward a hierarchical model of intrinsic and extrinsic motivation. In M. Zanna (Hrsg.), *Advances in experimental social psychology* (S. 271–360). Academic.

Venkatesh, V., & Bala, H. (2008). Technology acceptance model 3 and a research agenda on interventions. *Decision Sciences, 39*(2), 273–315.

Venkatesh, V., & Davis, F. D. (2000). A theoretical extension of the technology acceptance model: Four longitudinal field studies. *Management Science, 45*(2), 186–204.

Venkatesh, V., Morris, M. G., Davis, G. B., & Davis, F. D. (2003). User acceptance of information technology: Toward a unified view. *Management Information Systems Quarterly, 27*(3), 425–478.

Venkatesh, V., Thong, J. Y., & Xu, X. (2012). Consumer acceptance and use of information technology: Extending the unified theory of acceptance and use of technology. *Management Information Systems Quarterly, 36*(1), 157–178.

Zhang, M., Meifen, L., Nie, R., & Zhang, Y. (2017). Technical attributes, health attribute, consumer attributes and their roles in adoption intention of healthcare wearable technology. *International Journal of Medical Informatics, 108,* 97–108.

Zukunftsinstitut. (2018). Healthness: Gesundheit wird ganzheitlich. Megatrend Dokumentation, Zukunftsinstitut September. https://www.zukunftsinstitut.de/artikel/healthness-gesundheit-wird-ganzheitlich/. Zugegriffen: 20. Aug. 2019.

Prof. Dr. Oliver A. Gansser ist stellvertretender Direktor des ifes Institut für Empirie & Statistik und hauptamtlicher Professor für Betriebswirtschaftslehre, insbesondere Marketing, an der FOM Hochschule in München. Er ist Mitglied im Vorstand von Access Marketing Management (AMM) e. V. Seine Forschungsschwerpunkte liegen in den Feldern Verhaltenstypologien, Präferenzforschung, Kommunikationsforschung und Käuferverhalten sowie dem Management von Kundenbeziehungen.

Prof. Dr. Christina S. Reich ist hauptamtliche Professorin für Quantitative Methoden an der FOM Hochschule in München und wissenschaftliche Mitarbeiterin des ifes Institut für Empirie & Statistik. Sie studierte Wirtschaftspädagogik an der Universität Konstanz (Dipl.-Hdl., 2011). Nach ihrer Tätigkeit bei einer Unternehmensberatung und Agentur als Junior Consultant und Projektmanagerin war sie wissenschaftliche Mitarbeiterin an der Hochschule München. Ihre Promotion hat sie 2020 an der University of South Wales (UK) im Bereich Marketing und Vertrieb abgeschlossen.

Prof. Dr. Andreas G. Oberheitmann ist Professor für Allgemeine BWL an der German-Sino School of Business & Technology der FOM Hochschule, dort wissenschaftlicher Direktor des German-Sino CompetenceCenter for Business & Technology (KCBT) und forscht im Bereich Umweltschutz, KMU und Strukturwandel. Er ist Mitglied des Editorial Boards des American Journal of Climate Change und war Gutachter für den 5. und 6. Sachstandsberichts des Intergovernmental Panel on Climate Change (IPCC), Arbeitsgruppe III. Von 2007 bis 2013 war er International Director des Research Center for International Environmental Policy (RCIEP) an der Tsinghua-Universität in Peking, von 1993 bis 2015 Senior Research Fellow am RWI Essen.

Methoden zur Analyse von chinesischen Kundenmeinungen

10

Kundenerlebnisse als Einflussfaktoren auf die Akzeptanz digitaler Innovationen – Entwicklung des KEADI-Modells und Handlungsempfehlungen

Jun Huo und Marcel Seidel

Inhaltsverzeichnis

10.1	Einführung	150
10.2	Theoriebezogene Konzeptualisierung	151
	10.2.1 Definition relevanter Begriffe	151
	10.2.2 Hypothesenmodell	152
10.3	Operationalisierung des Hypothesenmodells	155
10.4	Überprüfung des Hypothesenmodells	155
	10.4.1 Untersuchungsdesign, Datenerhebung und Güteprüfung	159
	10.4.2 Ergebnisse	160
10.5	Kundenerlebnisbasiertes Akzeptanzmodell für die digitalen Innovationen (KEADI) und Handlungsempfehlungen	162
10.6	Schlussbetrachtung	165
Literatur		165

J. Huo
Stuttgart, Deutschland

M. Seidel (✉)
FOM Hochschule für Oekonomie & Management, Stuttgart, Deutschland
E-Mail: marcel.seidel@fom.de

© Der/die Autor(en), exklusiv lizenziert an Springer Fachmedien Wiesbaden GmbH, ein Teil von Springer Nature 2023
M. Seidel und J. Macht (Hrsg.), *China & Innovation,* FOM-Edition,
https://doi.org/10.1007/978-3-658-40440-6_10

> **Zusammenfassung**
>
> Eignen sich Kundenerlebnisse als Einflussfaktoren auf die Akzeptanz digitaler Innovationen? Bestehen dabei Unterschiede zwischen China und Deutschland? Diesen Fragen ist eine quantitative ländervergleichende Untersuchung nachgegangen. Basierend auf den daraus gewonnenen Erkenntnissen wurde ein kundenerlebnisbasiertes Akzeptanzmodell für die digitalen Innovationen (abgekürzt: KEADI) entwickelt. Dieses Modell liefert länderspezifische Empfehlungen, anhand deren jene Maßnahmen konzipiert werden können, die zur Entstehung der ganzheitlichen akzeptanzfördernden Kundenerlebnisse führen. Solche Maßnahmen sind von Relevanz nicht nur für das Marketing, sondern auch für die Entwicklung der digitalen Innovationen. Der vorliegende Beitrag erläutert die drei Schritte der Modellentwicklung und stellt das KEADI-Modell anhand der Handlungsempfehlungen vor, wobei der Fokus auf der mittleren digitalen Innovationsart in China liegt.

10.1 Einführung

Mit digitalen Innovationen gehen nicht nur Herausforderungen einher, sondern auch gute Gelegenheiten, um eine stärkere Wettbewerbsfähigkeit und sicherere Zukunft zu erlangen (vgl. BMWi, 2020, S. 2). Insofern sind akzeptanzfördernde Faktoren für Anbieter digitaler Innovationen von bedeutendem Interesse. Auf Basis vorausgegangener Literaturrecherche lässt sich jedoch erkennen, dass in der bisherigen Forschung eine Betrachtung aller sechs Arten von Kundenerlebnissen (s. Abschn. 10.2.1) als fördernde Einflussfaktoren auf die Akzeptanz aller drei digitaler Innovationsarten fehlt. Zudem können die in den westlichen Ländern entwickelten verhaltensbezogenen Modelle nur eingeschränkt zur Erklärung des Verhaltens in den nichtwestlichen Ländern beitragen, weil die kulturbedingten Unterschiede zwischen den Ländern dabei unzureichend berücksichtigt werden (vgl. Götze, 2011, S. 2). Folglich fehlt Anbietern digitaler Innovationen bislang eine länderspezifische Hilfestellung bei der Konzeption von kundenerlebnisbasierten Maßnahmen zur Akzeptanzförderung.

Im Rahmen einer Masterarbeit setzte sich daher eine exemplarische ländervergleichende Untersuchung in China und Deutschland zum Ziel, ein kundenerlebnisbasiertes Akzeptanzmodell zu entwickeln, das als Hilfestellung zur Förderung der Akzeptanz digitaler Innovationen in den beiden Ländern dient. Die Modellentwicklung erfolgte in drei Schritten: Zuerst wurde ein Hypothesenmodell theoriebezogen konzeptualisiert; anschließend wurde dieses Hypothesenmodell der Untersuchung gerecht operationalisiert und dann im dritten Schritt durch die Messung der betroffenen Variablen quantitativ überprüft. Das auf den hier gewonnenen Erkenntnissen beruhende Modell trägt den Namen „Kundenerlebnisbasiertes Akzeptanzmodell für die digitalen Innovationen in China und Deutschland" (abgekürzt: KEADI).

Im Rahmen dieses Buches konzentriert sich der vorliegende Beitrag bei der Ergebnisvorstellung auf das Untersuchungsland „China" und die mittlere digitale Innovationsart „dynamisch-kontinuierliche Innovationen", da die durchgeführte Untersuchung aufgrund zweier Untersuchungsländer und mehrerer Erlebnis- und Innovationsarten vielschichtiger Natur ist. Im Anschluss an diese Einführung werden die drei Modellentwicklungsschritte abschnittsweise erläutert. Anschließend wird das KEADI-Modell anhand der Handlungsempfehlungen für die Praxis präsentiert, bevor dieser Beitrag mit der Schlussbetrachtung abschließt.

10.2 Theoriebezogene Konzeptualisierung

Beim ersten Schritt „Konzeptualisierung" geht es darum, eine fundierte Ausgangsbasis für die Modellentwicklung zu bilden. Es gilt zunächst, die drei elementaren Begriffe „digitale Innovationen", „Akzeptanz" und „Kundenerlebnisse" zu definieren (Abschn. 10.2.1). Darauf aufbauend wird ein geeignetes Hypothesenmodell aufgestellt (Abschn. 10.2.2).

10.2.1 Definition relevanter Begriffe

Da der Untersuchungsschwerpunkt auf der Perspektive der Nachfragenden liegt, wird der Begriff „digitale Innovationen" in Anlehnung an Hoyer et al. (2013, S. 415) und im Sinne von Produktinnovationen wie folgt definiert: Eine digitale Innovation ist ein Produkt mit digitalen Informations- und Kommunikationstechnologien, das von Nachfragenden als neuartig wahrgenommen wird. Bei diesem Produkt handelt es sich entweder um a) eine kontinuierliche, b) eine dynamisch-kontinuierliche oder c) eine diskontinuierliche Innovation. Diese drei Innovationsarten unterscheiden sich wie folgt (vgl. Binsack, 2003, S. 20–29):

1. *Kontinuierliche* Innovationen haben keine oder nur geringfügige Auswirkungen auf das bestehende Verhalten. Daher erfolgt die Verhaltensänderung kontinuierlich und unauffällig, z. B. bei der Nutzung leistungsstärkerer Computerprozessoren.
2. *Dynamisch-kontinuierliche* Innovationen hingegen verändern das alte Verhalten merklich, z. B. beim Lesen von E-Books im Vergleich mit gedruckten Büchern.
3. *Diskontinuierliche* Innovationen gehen über die merkliche Verhaltensänderung hinaus und verlangen von Nachfragern bei der Nutzung ein vollkommen neues Verhalten, wie der erste Computer oder das Internet.

Hinsichtlich der digitalen Innovationen sieht Kollmann (2019, S. 74–79; vgl. auch Kornmeier, 2009, S. 116–117) Akzeptanz als dynamischen Prozess an und postuliert drei aufeinanderfolgende Arten von Akzeptanz: *Einstellungsakzeptanz* repräsentiert die innere, zeitlich relativ stabile Bereitschaft einer potenziellen Kundin bzw. eines potenziellen Kunden, eine bestimmte Innovation zu erwerben bzw. zu nutzen. Darauf folgt *Handlungsakzeptanz*, wenn die potenzielle Kundin oder der potenzielle Kunde seine Handlungsbereitschaft in die Tat umsetzt. Letztlich bildet sich *Nutzungsakzeptanz*, wenn die Kundin bzw. der Kunde die erworbene Innovation freiwillig und intensiv nutzt. Insofern gilt die Einstellungsakzeptanz als Voraussetzung für die Handlungs- und Nutzungsakzeptanz. Deshalb wird der Begriff „Akzeptanz" im Sinne der Einstellungsakzeptanz und in Anlehnung an Bauer et al. (2004, S. 14) wie folgt verstanden: Die Akzeptanz einer bestimmten Innovation bei einem potenziellen Nutzenden ist seine positive Einstellung gegenüber der Nutzung dieser Innovation und ist verknüpft mit der Nutzungsabsicht.

Zusammen mit dem Begriff „Kundenerfahrung" bildet der Begriff „Kundenerlebnis" das Begriffspaar der deutschen Übersetzung des Begriffs „Customer Experience". Interagieren Kundinnen und Kunden mit einem bestimmten Produkt bzw. dessen Anbieter, so entstehen bei ihnen Erlebnisse, die kurzfristiger und emotionaler Natur sind. Reflektieren sie diese Erlebnisse unter Berücksichtigung z. B. neuer Kenntnisse und Fähigkeiten, die sie sich während der Produktnutzung über eine längere Zeit angeeignet haben, so bilden sich bei ihnen Erfahrungen, die wiederum langfristiger und evaluierender Natur sind (vgl. Bruhn & Hadwich, 2012, S. 8–10). Da sich das Akzeptanzverständnis hier auf die Einstellungsakzeptanz bezieht, die sich vor der Produktnutzung bildet, eignen sich nicht Kundenerfahrungen als Einflussfaktoren auf die zu untersuchende Akzeptanz, sondern Kundenerlebnisse. Den Überlegungen von Gentile et al. (2007, S. 398; vgl. auch Bruhn & Hadwich, 2012, S. 13) nach unterscheiden sich folgende sechs Erlebnisarten:

1. *Sensorische* Erlebnisse (Sehen, Hören, Schmecken und Riechen sowie Anfassen);
2. *Affektive* Erlebnisse (Emotionen und Stimmungen);
3. *Kognitive* Erlebnisse (Nachdenken);
4. *Verhaltensbezogene* Erlebnisse (Verhaltensänderung);
5. *Lifestylebezogene* Erlebnisse (Werte und Überzeugungen);
6. *Soziale* Erlebnisse (Zugehörigkeit und Verbundenheit).

In Anlehnung an Gentile et al. (2007, S. 397–398) wird der Begriff „Kundenerlebnisse" wie folgt definiert: Die Kundenerlebnisse umfassen die sensorischen, affektiven, kognitiven, verhaltensbezogenen und lifestylebezogenen sowie sozialen Erlebnisse. Diese Erlebnisse ergeben sich aus jener Interaktion zwischen dem Unternehmen und seinen potenziellen Kundinnen und Kunden, mit der die persönlichen Reaktionen dieser Kundschaft auf marketingtechnische Stimuli vor dem Erwerb eines bestimmten Produkts einhergehen.

10.2.2 Hypothesenmodell

Um nachvollziehbare Hypothesen herzuleiten und somit ein hypothetisches Akzeptanzmodell aufzustellen, bedarf es zunächst der Plausibilisierung der Kundenerlebnisse als Einflussgrößen, der Akzeptanz als Zielgröße und des Mediators.

Die Eignung der Kundenerlebnisse als Einflussgrößen lässt sich anhand der Erfolgskette (s. Abb. 10.1) begründen, die auf der Service-Profit Chain von Heskett et al. basiert. Der Erfolgskette nach haben Unternehmensaktivitäten wie positiv und einzigartig gestaltete Kundenerlebnisse (Input) zunächst psychologische Wirkungen auf die Kundinnen und Kunden (z. B. Zufriedenheit oder positive Einstellung). Diese wiederum erzielen Wirkungen auf das Verhalten der Kundinnen und Kunden (z. B. Wiederkauf oder Weiterempfehlung). Solche Verhaltenswirkungen führen schließlich zum ökonomischen Unternehmenserfolg (Output) (vgl. Bruhn & Hadwich, 2012, S. 20–21).

Zur Plausibilisierung der Akzeptanz wird das erprobte Technologieakzeptanzmodell (TAM) von Davis (s. Abb. 10.2) herangezogen (vgl. Ginner, 2018, S. 157). Das TAM zeichnet sich insbesondere durch zwei technologiespezifische Einschätzungen aus: Bei der wahrgenommenen Nützlichkeit geht es um die innere, subjektive Einschätzung eines potenziellen Nutzenden, inwieweit seine eigene Leistung durch die Nutzung z. B. einer digitalen Innovation erhöht werden kann; wohingegen die wahrgenommene Benutzerfreundlichkeit sich auf die Einschätzung bezieht, wie einfach sich diese Innovation bedienen lässt. Diese beiden Einschätzungen üben dann Einfluss auf weitere Komponenten wie „Einstellung" und „Nutzungsabsicht" aus. Ferner hebt das TAM die Relevanz externer Einflussfaktoren (z. B. Produkteigenschaften oder situative Bedingungen) für die wahrgenommene Nützlichkeit und Benutzerfreundlichkeit hervor (vgl. Davis et al., 1989, S. 985–989).

Bei der Gegenüberstellung des TAM und der Erfolgskette – ungeachtet des Outputs – zeigt sich, dass die beiden Genannten deckungsgleich sind. Die Komponente des TAM „tatsächliche Nutzung" lässt sich den in der Erfolgskette postulierten Verhaltenswirkungen zuordnen; die Komponenten „Nützlichkeit", „Benutzerfreundlichkeit", „Einstellung" und „Nutzungsabsicht" hingegen den psychologischen Wirkungen; die

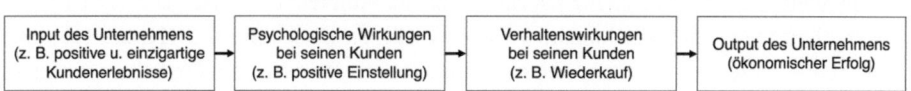

Abb. 10.1 Wirkungen der Kundenerlebnisse entlang der Erfolgskette. (Quelle: In Anlehnung an Bruhn & Hadwich, 2012, S. 21)

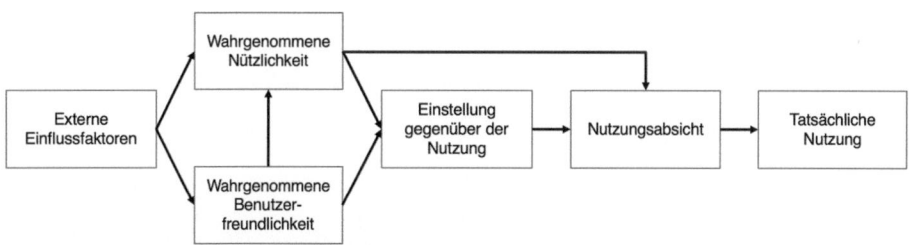

Abb. 10.2 Technologieakzeptanzmodell (TAM) von Davis. (Quelle: In Anlehnung an Davis et al., 1989, S. 985)

Komponente „externe Einflussfaktoren" lässt sich als Input des Unternehmens betrachten (vgl. Davis et al., 1989, S. 985–989; Bruhn & Hadwich, 2012, S. 20–21). Daraus folgt die 1. Annahme, dass der Input „Kundenerlebnisse" als externe Einflussfaktoren auf die Nützlichkeit und Benutzerfreundlichkeit fungieren könnte.

Bezüglich der wahrgenommenen Nützlichkeit und Benutzerfreundlichkeit zeigen das TAM und weitere Untersuchungen, dass der Einfluss der Nützlichkeit tiefgreifender als der Einfluss der Benutzerfreundlichkeit ist. Überdies wird der Einfluss der Nützlichkeit zusätzlich von der Benutzerfreundlichkeit verstärkt, weil eine sehr einfache Bedienung als aufwandsreduzierend und somit leistungsfördernd bzw. nützlich bewertet wird. Folglich sind diese beiden Komponenten, die die innere, subjektive Einschätzung eines potenziellen Nutzenden widerspiegeln, sehr eng miteinander verbunden (vgl. Kornmeier, 2009, S. 130–131). Die genannten Gründe lassen die 2. Annahme als plausibel erscheinen, dass die Benutzerfreundlichkeit eine Facette der Nützlichkeit darstellen könnte. Diese Annahme erlaubt die Integration der Benutzerfreundlichkeit in die Nützlichkeit, um einen neuen, vereinfachten Faktor zu bilden, der als alleiniger Mediator zwischen den Kundenerlebnissen und der Akzeptanz fungiert. Außerdem ist diese Vorgehensweise sinnvoll, weil bei mehreren Mediatoren die Überkreuzungsgefahr besteht (vgl. Scheuer, 2020, S. 43).

Wie dargelegt, bilden die Einstellung und Nutzungsabsicht gemeinsam das hier definierte Verständnis von „Akzeptanz". Dem TAM nach wird die Nutzungsabsicht sowohl von der Einstellung eines potenziellen Nutzenden als auch von seiner wahrgenommenen Nützlichkeit direkt ausgelöst (vgl. Davis et al., 1989, S. 985–986). Dieser Zusammenhang geht als die 3. Annahme in die Herleitung von Hypothesen ein. Der Einfluss der Kundenerlebnisse auf die Einstellung und/oder Nutzungsabsicht wurde bisher in unterschiedlichen Konstellationen bzw. Kontexten untersucht (s. z. B. Poushneh & Vasquez-Parraga, 2017; Shobeiri et al., 2018). Diese Untersuchungen lassen die 4. Annahme zu, dass die Akzeptanz als Zielgröße der Kundenerlebnisse geeignet ist.

Hergeleitet von den vier Annahmen werden die zu überprüfenden Hypothesen unter Einbeziehung aller dargestellten Erlebnis- und Innovationsarten ausformuliert. Folgende Hypothesen repräsentieren die gesamten 39 Hypothesen exemplarisch:

- Die wahrgenommene Nützlichkeit (mitsamt der Benutzerfreundlichkeit) mediiert den positiven Einfluss der sensorischen Kundenerlebnisse auf die Einstellung gegenüber der Nutzung einer dynamisch-kontinuierlichen digitalen Innovation.
- Die wahrgenommene Nützlichkeit (mitsamt der Benutzerfreundlichkeit) mediiert den positiven Einfluss der sensorischen Kundenerlebnisse auf die Absicht der Nutzung einer dynamisch-kontinuierlichen digitalen Innovation.
- Die Einstellung gegenüber der Nutzung einer dynamisch-kontinuierlichen digitalen Innovation übt einen positiven Einfluss auf die Absicht der Nutzung dieser Innovation aus.

Das Hypothesenmodell (s. Abb. 10.3) veranschaulicht die Hypothesen in grafischer Form. Damit endet die Konzeptualisierung. Darauf aufbauend erfolgt der zweite Schritt der Modellentwicklung, die Operationalisierung.

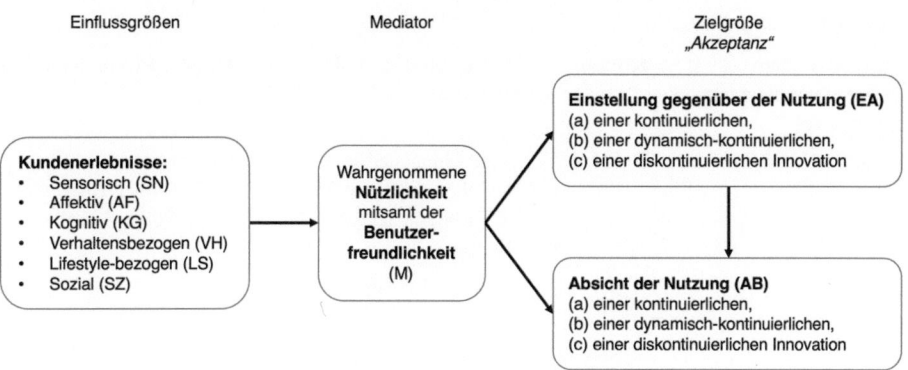

Abb. 10.3 Hypothesenmodell

10.3 Operationalisierung des Hypothesenmodells

Das Ziel der Operationalisierung besteht darin, die adäquaten Methoden a) zur Messung der zuvor konzeptualisierten Größen „Kundenerlebnisse", „Mediator" und „Akzeptanz" und b) zur Überprüfung der Hypothesen zu bestimmen.

Da es sich bei den zu messenden Größen um latente Variablen handelt, ist deren Operationalisierung mittels der Messindikatoren vorzunehmen (vgl. Döring & Bortz, 2016, S. 224, 228). In Anlehnung an Schierz und Wirtz (2009, S. 579, 586–589) erfolgt hier die Messung reflektiv. Die eingesetzten Messindikatoren (s. Tab. 10.1) werden zudem an die Beschaffenheit des jeweiligen Innovationsbeispiels (s. Abschn. 10.4.1) angepasst und in Anlehnung an Brakus et al. (2009, S. 58–59) mittels der Likert-Skala gemessen, das heißt, die Messindikatoren werden als Aussagen formuliert, deren Zustimmungsgrad auf der Skala mit sieben steigenden Stufen eingeschätzt wird (von „1 = stimme gar nicht zu", „4 = teils, teils" bis „7 = stimme völlig zu").

Die Überprüfung der aus dem Hypothesenmodell ersichtlichen Mediationsbeziehungen muss die Mediatoranalyse durchlaufen. Dafür finden in dieser Untersuchung die weitverbreiteten Causal-Steps-Methoden von Baron und Kenny Anwendung, die mittels der Regressionsanalyse in vier Schritten durchzuführen sind (vgl. Müller, 2009, S. 245–247). Für die Überprüfung der angenommenen direkten Zusammenhänge zwischen der Einstellung und Nutzungsabsicht eignet sich die Regressionsanalyse ebenfalls gut (vgl. Kuß et al., 2018, S. 279). Hiermit kann das Hypothesenmodell überprüft werden.

10.4 Überprüfung des Hypothesenmodells

Die quantitative Überprüfung des Hypothesenmodells mittels der Untersuchung in China und Deutschland stellt den dritten Entwicklungsschritt des geplanten länderspezifischen Akzeptanzmodells dar. Es werden zuerst das Untersuchungsdesign, die Datenerhebung

Tab. 10.1 Messindikatoren

Einflussgrößen „6 Arten von Kundenerlebnissen"	Kürzel	Messindikatoren als Aussagen	Quelle: In Anlehnung an
Sensorische Erlebnisse	E_SN_1	… hat ein ästhetisches Aussehen, z. B. die Form, die Farbe, das Design, das Material.	Gentile et al. (2007, S. 406–408); Brakus et al. (2009, S. 60)
	E_SN_2	… bietet eine hervorragende Bildqualität.	
	E_SN_3	Eine ausgezeichnete Tonqualität bietet … auch.	
	E_SN_4	In der Hand fühlt sich … angenehm an.	
	E_SN_5	… regt meine Sinne (sehen, hören und anfassen) an.	
Affektive Erlebnisse	E_AF_1	… bereitet mir Freude.	Bosch et al. (2006, S. 113)
	E_AF_2	Ich kann mich auf … verlassen.	
	E_AF_3	Durch die Nutzung von … erlebe ich positive Überraschungen.	
	E_AF_4	… zu besitzen, ist schon immer mein Wunsch.	
	E_AF_5	Es macht mich stolz, … zu besitzen.	
	E_AF_6	Ich liebe …, wie manche ihre Autos lieben.	
Kognitive Erlebnisse	E_KG_1	Es ist möglich, … auf meine eigene, kreative Art zu nutzen.	Gentile et al. (2007, S. 406–408); Brakus et al. (2009, S. 60)
	E_KG_2	… regt meine Neugier oder meinen Willen zur Problemlösung an.	
	E_KG_3	… regt mich an, Kundenrezensionen zu schreiben oder anderen Nutzer/-innen mit meinem Wissen zu helfen.	
	E_KG_4	… regt mich an, Vorschläge zu ihrer/seiner Weiterentwicklung zu machen.	

(Fortsetzung)

Tab. 10.1 (Fortsetzung)

Einflussgrößen „6 Arten von Kundenerlebnissen"	Kürzel	Messindikatoren als Aussagen	Quelle: In Anlehnung an
Verhaltensbezogene Erlebnisse	E_VH_1	Die Bedienung von … ist einfach und bequem.	Gentile et al. (2007, S. 406–408); Brakus et al. (2009, S. 60)
	E_VH_2	… verfügt über außergewöhnliche Funktionen, die ich gerne nutze.	
	E_VH_3	Die Nutzung solcher Funktionen stellt eine neue Art von Erlebnissen dar.	
	E_VH_4	Die Nutzung solcher Funktionen verändert meine Verhaltensweise oder sogar meinen Lebensstil.	
Lifestylebezogene Erlebnisse	E_LS_1	… entspricht meinen Werten und Überzeugungen.	Gentile et al. (2007, S. 406–408); Schierz et al. (2010, S. 213)
	E_LS_2	… passt gut zu meiner Art und Weise, Smartphones zu nutzen.	
	E_LS_3	Auch zu meinem Lebensstil passt … gut.	
	E_LS_4	… /die Marke ist berühmt und hat ein positives Image.	
Soziale Erlebnisse	E_SZ_1	… ermöglicht mir, andere Nutzer/-innen kennenzulernen oder meine Nutzungserfahrungen mit ihnen zu teilen.	Gentile et al. (2007, S. 406–408)
	E_SZ_2	Es ist möglich, ein Teil der Fangemeinde von … zu sein.	
	E_SZ_3	In einer solchen Fangemeinde kann ich mich dazugehörig fühlen.	
	E_SZ_4	Es ist möglich, mein soziales Umfeld mit … zu begeistern.	
Mediator „Nützlichkeit mitsamt Benutzerfreundlichkeit"	Kürzel	Messindikatoren als Aussagen	Quelle: In Anlehnung an

(Fortsetzung)

Tab. 10.1 (Fortsetzung)

Einflussgrößen „6 Arten von Kundenerlebnissen"	Kürzel	Messindikatoren als Aussagen	Quelle: In Anlehnung an
Nützlichkeit	M_NK_1	Die Nutzung von … verbessert meine Produktivität im Alltag.	Schierz und Wirtz (2009, S. 585–587); Ginner (2018, S. 329)
	M_NK_2	Auch meine Effektivität im Alltag verbessert sich.	
	M_NK_3	… ermöglicht mir, verschiedene mobile Anwendungen schnell und sogar gleichzeitig zu nutzen, z. B.	
	M_NK_4	Im Großen und Ganzen finde ich … nützlich.	
Benutzerfreundlichkeit	M_BF_1	Das Erlernen der Bedienung von … ist für mich leicht und erfordert nur kurze Zeit.	Schierz und Wirtz (2009, S. 585–587)
	M_BF_2	Die Bedienung von … ist für mich intuitiv, z. B.	
	M_BF_3	Es ist für mich einfach, die Funktionen von … zu nutzen, z. B.	
	M_BF_4	Alles in allem finde ich … benutzerfreundlich.	
Zielgröße „Akzeptanz"	**Kürzel**	**Messindikatoren als Aussagen**	**Quelle:** In Anlehnung an
Einstellung	Z_EA_1	Ich denke, dass die Nutzung von … alles in allem eine gute Sache ist.	Schierz und Wirtz (2009, S. 585–587)
	Z_EA_2	Ich bin der Meinung, dass die Nutzung von … klug ist.	
	Z_EA_3	Ich denke, dass die Nutzung von … im Großen und Ganzen vorteilhaft ist.	
	Z_EA_4	Ich bin der Meinung, dass die Nutzung von … interessant ist.	

(Fortsetzung)

Tab. 10.1 (Fortsetzung)

Einflussgrößen „6 Arten von Kundenerlebnissen"	Kürzel	Messindikatoren als Aussagen	**Quelle:** In Anlehnung an
Nutzungsabsicht	Z_AB_1	Wenn ich die Möglichkeit dazu habe, werde ich … nutzen.	Schierz und Wirtz (2009, S. 585–587)
	Z_AB_2	Es ist wahrscheinlich, dass ich in naher Zukunft … nutzen werde.	
	Z_AB_3	Ich bin bereit, … in naher Zukunft zu nutzen.	
	Z_AB_4	Voraussichtlich werde ich bei entsprechender Gelegenheit … nutzen.	

Anmerkungen:
1. Leitfrage: Inwieweit stimmen Sie den Aussagen zu?
2. Im Fragebogen werden Platzhalter „…" durch das konkrete Innovationsbeispiel ersetzt.

und Güteprüfung beschrieben (Abschn. 10.4.1). Anschließend werden die Ergebnisse vorgestellt (Abschn. 10.4.2). Wie eingangs erwähnt, liegt der Fokus dieses Beitrags lediglich auf der mittleren digitalen Innovationsart in China.

10.4.1 Untersuchungsdesign, Datenerhebung und Güteprüfung

Für diese Untersuchung war die Primärerhebung adäquater Querschnittdaten aus den beiden Ländern erforderlich. Aus forschungsökonomischen Gründen wurden dafür zwei standardisierte Online-Befragungen mithilfe des elektronischen Fragebogens durchgeführt. Die Gewinnung von Befragten erfolgte über verschiedene soziale Medien durch Zufallsauswahl.

In dem Fragebogen wurden drei konkrete digitale Innovationsbeispiele mitsamt ihren Beschreibungen und Fotos zur Veranschaulichung der drei Innovationsarten herangezogen. Als Ausgangsprodukt der drei Innovationsbeispiele, die einige Zukunftstrends der technologischen Entwicklung widerspiegeln, diente das Smartphone. Als Beispiel für die mittlere digitale Innovationsart „dynamisch-kontinuierliche Innovationen" wurde eine AR-Datenbrille (vergleichbar mit Google Glass) eingesetzt. Diese AR-Datenbrille ist eine Innovation mit folgender Charakteristik (vgl. WearVision, o. J.): Die neuartige AR-Datenbrille bietet den identischen Funktionsumfang eines gängigen Smartphones, dessen Bedienung jedoch per Stimme, Kopfbewegung oder durch Berührung des Touchpads erfolgt. Visuelle Inhalte werden über das Prisma direkt ins Blickfeld projiziert, sodass die natürliche Sicht überlagert und erweitert wird. Auditive Inhalte werden über die Knochenleitung (durch Vibrationen am Schädelknochen) direkt ins Ohr übertragen. Als Beispiel für die kontinuierlichen Innovationen fungierte ein Smartphone mit ausrollbarem Display. Beispiel für die diskontinuierlichen Innovationen war ein fiktives gedankengesteuertes Smartphone als Mini-Implantat im Nacken (Neurochips mit Gehirn-Computer-Schnittstellen).

Nach dem Pretest wurde der finale chinesische Onlinefragebogen zur Datenerhebung vom 27.01.2021 bis 27.03.2021 veröffentlicht. Dieser Fragebogen wurde insgesamt 871-mal angeklickt und davon 331-mal vollständig beantwortet. Nach der Datenaufbereitung stand die endgültige chinesische Stichprobe von n = 312 für weitere Analysen zur Verfügung, wobei die meisten männlich (n = 170; 54,5 %) und zwischen 30 und 39 Jahre alt (n = 183; 58,6 %) waren.

Die Ergebnisse der Güteprüfung bezüglich der dynamisch-kontinuierlichen digitalen Innovationen in China zeigen, dass jede Variable mindestens von drei Indikatoren gemessen wurde. Zudem erzielten die verbliebenen Indikatoren zufriedenstellende Werte sowohl bei Cronbachs Alpha ($\geq 0,5$) als auch bei der Faktorenanalyse (Faktorladung: $\geq 0,4$; Erklärte Varianz: ≥ 50 %). Anhand der aufbereiteten Messindikatoren wurde die geplante Regressionsanalyse vorgenommen.

10.4.2 Ergebnisse

Aus den Ergebnissen der Regressionsanalyse bei der chinesischen Stichprobe geht hervor, dass keine der 36 Hypothesen, die die vermuteten Mediationsbeziehungen beinhalten, abzulehnen ist (Sig. $p < 0,05$). Dies gilt auch für die drei Hypothesen zu den direkten Zusammenhängen zwischen der Einstellung und Nutzungsabsicht. Tab. 10.2 fasst die Ergebnisse bezüglich der dynamisch-kontinuierlichen digitalen Innovationen zusammen. Dort ist zu entnehmen, dass die totale Mediationsbeziehung, bei der die wahrgenommene Nützlichkeit und Benutzerfreundlichkeit zusammen als Mediator die direkte positive Wirkung der Kundenerlebnisse auf die Einstellung und Nutzungsabsicht vollständig unterbrechen können, ist jedoch nur bei einer Hypothese festzustellen: Die wahrgenommene Nützlichkeit (mitsamt der Benutzerfreundlichkeit) mediiert den Einfluss der verhaltensbezogenen Erlebnisse auf die Absicht der Nutzung einer dynamisch-kontinuierlichen Innovation (H_VH_2). Die anderen Mediationsbeziehungen hingegen erweisen sich nur als partiell, das heißt, der Mediator wirkt zwar, kann aber keine Unterbrechung, sondern lediglich den Rückgang der direkten positiven Wirkung der Kundenerlebnisse auf die Einstellung und Nutzungsabsicht hervorrufen. Das Bestimmtheitsmaß ($R^2_{adj.}$) der gesamten Mediationsbeziehungen liegt zwischen 0,26 (H_VH_2) und 0,61 (H_AF_1 und H_VH_1). Der Wert 0,61 hier besagt, dass z. B. die affektiven Erlebnisse und der Mediator gemeinsam in der Lage sind, die Einstellung gegenüber der Nutzung einer dynamisch-kontinuierlichen digitalen Innovation zu 61 % zu erklären. Überdies kann bestätigt werden (Sig. $p < 0,05$), dass die Einstellung einen positiven Einfluss auf die Absicht der Nutzung dieser Innovationsart ausübt. (H_EA: Beta $\beta = 0,56$; $R^2_{adj.} = 0,32$).

Tab. 10.2 Ergebnisse der Hypothesenüberprüfung

Hypothese	Mediationsbeziehung	Hypothese bestätigt?	R^2_{adj}
H_SN_1: Sensorisch → Mediator → Einstellung	Partiell	Teilweise	0,58
H_SN_2: Sensorisch → Mediator → Nutzungsabsicht	Partiell	Teilweise	0,27
H_AF_1: Affektiv → Mediator → Einstellung	Partiell	Teilweise	0,61
H_AF_2: Affektiv → Mediator → Nutzungsabsicht	Partiell	Teilweise	0,34
H_KG_1: Kognitiv → Mediator → Einstellung	Partiell	Teilweise	0,57
H_KG_2: Kognitiv → Mediator → Nutzungsabsicht	Partiell	Teilweise	0,28
H_VH_1: Verhaltensbezogen → Mediator → Einstellung	Partiell	Teilweise	0,61
H_VH_2: Verhaltensbezogen → Mediator → Nutzungsabsicht	Total	Ja	0,26
H_LS_1: Lifestylebezogen → Mediator → Einstellung	Partiell	Teilweise	0,58
H_LS_2: Lifestylebezogen → Mediator → Nutzungsabsicht	Partiell	Teilweise	0,34
H_SZ_1: Sozial → Mediator → Einstellung	Partiell	Teilweise	0,56
H_SZ_2: Sozial → Mediator → Nutzungsabsicht	Partiell	Teilweise	0,31

Hypothese	Beta β	Sig. p	Hypothese bestätigt?	R^2_{adj}
H_EA: Einstellung → Nutzungsabsicht	0,56	0,000	Ja	0,32

Tab. 10.3 Zusammenfassende Betrachtung der Einflussgrößen

Bestimmtheitsmaße für die Akzeptanz dynamisch-kontinuierlicher digitaler Innovationen (**Rangfolge** der Stärke in Klammern)							
Erlebnisart Land	Sensorisch (SN)	Affektiv (AF)	Kognitiv (KG)	Verhaltensbezogen (VH)	Lifestylebezogen (LS)	Sozial (SZ)	*im Durchschnitt*
China	0,43 (4)	0,48 (1)	0,43 (4)	0,44 (3)	0,46 (2)	0,44 (3)	*0,45*

Anzumerken ist, dass das Bestimmtheitsmaß auf die Erklärungskraft der Einflussgröße hinweist und somit ein relevantes Kriterium für die Bewertung der Wirkung der Einflussgröße auf die Zielgröße ist (vgl. Backhaus et al., 2018, S. 104). Aufgrund der hier festgestellten partiellen Mediationsbeziehungen stellen die Kundenerlebnisse gemeinsam mit dem Mediator als Mitentscheider in diesem Fall die Einflussgrößen dar. Die Zielgröße hierbei ist die Akzeptanz, die mittels der Einstellung und Nutzungsabsicht gemessen wurde. Da zwischen der Einstellung und Nutzungsabsicht ein direkter positiver Zusammenhang besteht, fungiert hier der Mittelwert des einstellungs- und nutzungsabsichtsbezogenen Bestimmtheitsmaßes als das Bestimmtheitsmaß für die Akzeptanz. In Tab. 10.3 findet sich eine zusammenfassende Betrachtung der Einflussgrößen anhand der Bestimmtheitsmaße für die Akzeptanz der dynamisch-kontinuierlichen digitalen Innovationen. Werden die Kundenerlebnisse als Ganzes betrachtet, das heißt ungeachtet ihrer Art, so kann festgestellt werden, dass die Kundenerlebnisse zusammen mit dem Mediator die Akzeptanz dieser Innovationsart im Durchschnitt zu 45 % ($R^2_{adj.} = 0,45$) erklären können. Dieser Wert kann als gut bezeichnet werden (vgl. Backhaus et al., 2018, S. 104), da in dieser Untersuchung nur die Kundenerlebnisse als Einflussfaktoren im Mittelpunkt stehen. Andere potenzielle Faktoren wurden daher nicht mit einbezogen.

Der dritte und somit auch der letzte Schritt der Modellentwicklung ist abgeschlossen. Basierend auf den hier gewonnenen Erkenntnissen wurde das geplante Akzeptanzmodell fertiggestellt.

10.5 Kundenerlebnisbasiertes Akzeptanzmodell für die digitalen Innovationen (KEADI) und Handlungsempfehlungen

Das hier erarbeitete Modell namens KEADI unterscheidet sich von den anderen Akzeptanzmodellen vor allem in folgenden Punkten:

1. Als Einflussfaktoren fungieren die sechs Arten der Kundenerlebnisse, wobei der Mediator, der die wahrgenommene Nützlichkeit und Benutzerfreundlichkeit umfasst, eine mitentscheidende Rolle spielt.

2. Zielgröße ist die Akzeptanz der digitalen Innovationen. Dabei werden die drei Arten der Innovationen separat betrachtet. Somit besteht das KEADI-Modell aus drei Teilmodellen.
3. Das KEADI-Modell ist auf die Besonderheiten Chinas und Deutschlands abgestimmt und liefert somit länderspezifische Empfehlungen für die Konzeption der nicht nur für das Marketing, sondern auch für die Innovationsentwicklung relevanten Maßnahmen, die zur Entstehung der ganzheitlichen akzeptanzfördernden Kundenerlebnisse führen.

Die Empfehlungen des KEADI-Modells entsprechen der Rangfolge, die aus der Sortierung der Einflussfaktoren nach der Stärke ihres jeweiligen Bestimmtheitsmaßes resultiert (s. die Zahlen in Klammern in Tab. 10.3). Abb. 10.4 zeigt das Teilmodell des KEADI für die mittlere digitale Innovationsart „dynamisch-kontinuierliche Innovationen" in China.

Aus Abb. 10.4 geht hervor, dass insbesondere die affektiven (AF) und lifestylebezogenen (LS) Kundenerlebnisse zur Akzeptanzförderung einzusetzen sind, da diese beiden Erlebnisarten die Akzeptanz der digitalen Innovationen mit einem mittleren Neuartigkeitsgrad am stärksten fördern. Etwas schwächer wirken sich die anderen Erlebnisarten (z. B. die sozialen Erlebnisse) auf diese Akzeptanz aus.

Die affektiven Erlebnisse, die bei den potenziellen Nutzern Emotionen wie Begehren oder Stolz hervorrufen, können bereits bei der Entwicklung solcher Innovationen berücksichtigt werden, z. B. von bedeutenden Persönlichkeiten entworfene Designs oder exklusive Funktionen. Für die Markteinführung von Innovationen dieser Art können jene Marketingmaßnahmen kreiert werden, die die Nutzung dieser Innovationen als Privileg hervorheben, z. B. exklusiver Vertrieb, eine limitierte Stückzahl oder VIP-Mitgliedschaft. Darüber hinaus können auch Freude und Überraschung als zwei weitere affektive Komponenten in die Marketingmaßnahmen eingearbeitet werden. Es können

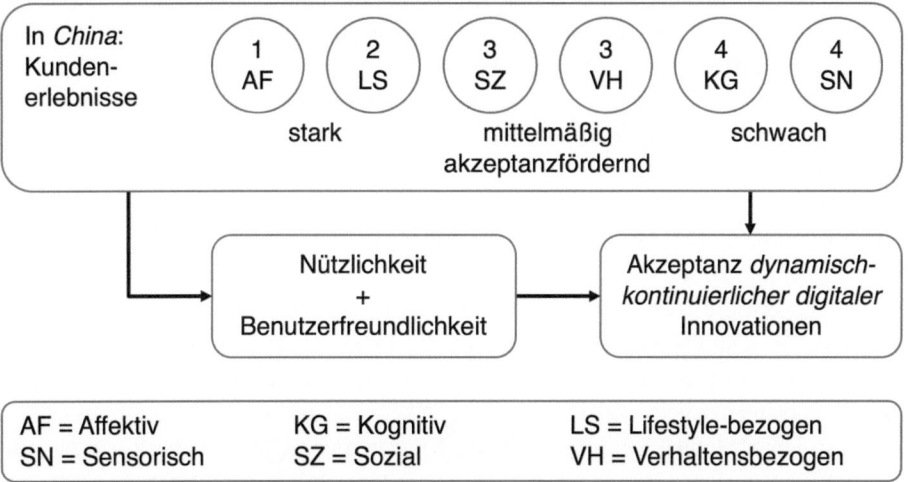

Abb. 10.4 KEADI-Teilmodell für dynamisch-kontinuierliche digitale Innovationen in China

z. B. außergewöhnliche Funktionen dieser Innovationen vorerst bei der Markteinführung geheim gehalten und später gezielt zur Freude und Überraschung der vorhandenen und potenziellen Nutzer freigeschaltet werden. Die lifestylebezogenen Erlebnisse setzen voraus, dass Erkenntnisse über die Werte und Überzeugungen der potenziellen Kundinnen und Kunden vorliegen, damit die Erlebnisse auf den Lebensstil der typischen Kundschaft abgestimmt und schließlich in die Entwicklung bzw. Markteinführung dieser Innovationen mit einbezogen werden können. Zusätzlich zu diesen kundenseitigen Komponenten spielen die unternehmensseitigen Komponenten wie die Berühmtheit und das Image der Innovation bzw. des Anbieters auch eine entscheidende Rolle bei der Akzeptanzförderung.

Obwohl sich die anderen Erlebnisarten auf die Akzeptanz der dynamisch-kontinuierlichen digitalen Innovationen schwächer auswirken als die affektiven und lifestylebezogenen Kundenerlebnisse, sind sie trotzdem in die Erzeugung positiver und einzigartiger Kundenerlebnisse als „Nebendarsteller" mit einzubeziehen, um die potenziellen Kundinnen und Kunden mittels aller sechs Erlebnisarten ganzheitlich bedienen zu können. Die sozialen (SZ) Erlebnisse sollen das Gefühl der Zugehörigkeit und Verbundenheit durch z. B. Interaktionen der Kundinnen und Kunden untereinander erzeugen. Dies geschieht beispielsweise durch Fan-Accessoires, Veranstaltungen oder Mitgliedschaften in Kundenclubs. Mittels der kognitiven (KG) Erlebnisse sollen die potenziellen Kundinnen und Kunden dazu angeregt werden, sich mit solchen Innovationen gedanklich intensiv und kreativ zu befassen. Die darauf abzielende Werbebotschaft kann z. B. lauten: Wer seinen Beitrag zur Weiterentwicklung dieser Innovationen leistet, der wird belohnt. Bei den sensorischen (SN) Erlebnissen geht es darum, die fünf Sinne der potenziellen Kundschaft durch bestimmte marketingtechnische Stimuli den Innovationseigenschaften entsprechend anzuregen. Auch die verhaltensbezogenen (VH) Erlebnisse eignen sich als akzeptanzfördernder Faktor. Dies bedeutet, dass die potenziellen Nutzerinnen und Nutzer eine Verhaltensänderung nicht scheuen, um Innovationen mit außergewöhnlichen Funktionen zu nutzen. Daher ist es unbedingt ratsam, die verhaltensbezogenen Erlebnisse bereits bei der Innovationsentwicklung zu berücksichtigen, sodass diese Innovationen entweder von vornherein mit den erlebnisorientierten Funktionen ausgestattet oder baldmöglichst mit solchen Funktionen nachgerüstet werden können. Dies verdeutlicht noch einmal, wie wichtig es ist, die akzeptanzfördernden Kundenerlebnisse in die Entwicklung von Innovationen dieser Art mit einzubeziehen, um den für die erlebnisorientierten Marketingmaßnahmen erforderlichen Spielraum zu schaffen.

Anzumerken gilt, dass es bei dem Mediator, der die wahrgenommene Nützlichkeit und Benutzerfreundlichkeit beinhaltet, um die innere, subjektive Einschätzung eines potenziellen Nutzenden handelt (s. Abschn. 10.2.2). Folglich lässt sich der Mediator wie die Akzeptanz nicht von außen „kreieren", sondern von außen beeinflussen, das heißt von jenen Maßnahmen, die nach den Kundenerlebnissen konzipiert worden sind. Insofern sind explizite Handlungsempfehlungen hinsichtlich des Mediators nicht zielführend.

10.6 Schlussbetrachtung

Zusammenfassend lässt sich festhalten, dass sich die Kundenerlebnisse als Einflussfaktoren auf die Akzeptanz der digitalen Innovationen eignen, denn alle sechs Erlebnisarten beeinflussen die Akzeptanz der drei digitalen Innovationsarten, wobei diese positiven Einflüsse a) je nach Erlebnis- und Innovationsart unterschiedlich stark sind und b) von der wahrgenommenen Nützlichkeit mitsamt der Benutzerfreundlichkeit größtenteils mitentschieden werden. Darin spiegeln sich auch die Unterschiede zwischen China und Deutschland wider. Beruhend auf solchen ländervergleichenden Erkenntnissen wurde das KEADI-Modell erarbeitet.

Trotz des beschriebenen Erkenntnisbeitrags stellt diese im Rahmen einer Masterarbeit durchgeführte Untersuchung einen Erstversuch in der hier bearbeiteten Thematik dar. Insofern dient diese Untersuchung als Denkanstoß z. B. für die Operationalisierung und Messung der hier behandelten Variablen in anderen Kontexten oder als Grundlage für die Weiterentwicklung bzw. Spezialisierung des KEADI-Modells auf bestimmte Branchen oder Leistungstypen, z. B. auf das Gesundheitswesen, die Freizeitbranche oder auf Sach- bzw. Dienstleistungen.

Allen Anbietern digitaler Innovationen, auch dem deutschen Mittelstand, kann das gesamte KEADI-Modell als erste Einschätzung bzw. Hilfestellung dienen. Dieses Modell liefert die für China und Deutschland spezifischen Empfehlungen, anhand deren jene Maßnahmen konzipiert werden können, die zur Entstehung der ganzheitlichen akzeptanzfördernden Kundenerlebnisse führen. Mit solchen Maßnahmen können nicht nur potenzielle Kundinnen und Kunden zur Nutzung der bereits auf dem Markt angebotenen digitalen Innovationen animiert werden, sondern auch die digitalen Innovationen schon vor ihrer Markteinführung akzeptanzfördernd entwickelt werden.

Literatur

Backhaus, K., Erichson, B., Plinke, W., & Weiber, R. (2018). *Multivariate Analysemethoden. Eine anwendungsorientierte Einführung* (15. Aufl.). Springer.

Bauer, H. H., Reichardt, T., & Neumann, M. M. (2004). *Bestimmungsfaktoren der Konsumentenakzeptanz von Mobile Marketing in Deutschland. Eine empirische Untersuchung*. Reihe: Wissenschaftliche Arbeitspapiere Nr.: W 076. Institut für Marktorientierte Unternehmensführung, Universität Mannheim.

Binsack, M. (2003). *Akzeptanz neuer Produkte. Vorwissen als Determinante des Innovationserfolgs*. Springer.

BMWi (Bundesministerium für Wirtschaft und Energie). (Hrsg.). (2020). *Entwicklung digitaler Technologien*. https://www.bmwi.de/Redaktion/DE/Publikationen/Technologie/entwicklung-konvergenter-ikt.pdf?__blob=publicationFile&v=27. Zugegriffen: 21. Mai 2021.

Bosch, C., Schiel, S., & Winder, T. (2006). *Emotionen im Marketing. Verstehen – Messen – Nutzen*. Deutscher Universitäts-Verlag/GWV.

Brakus, J. J., Schmitt, B. H., & Zarantonello, L. (2009). Brand experience: What is it? How is it measured? Does it affect loyalty? *Journal of Marketing, 73*(3), 52–68.

Bruhn, M., & Hadwich, K. (2012). Customer Experience. Eine Einführung in die theoretischen und praktischen Problemstellungen. In M. Bruhn & K. Hadwich (Hrsg.), *Customer Experience. Forum Dienstleistungsmanagement* (S. 3–36). Gabler/Springer.

Davis, F. D., Bagozzi, R. P., & Warshaw, P. R. (1989). User acceptance of computer technology: A comparison of two theoretical models. *Management Science, 35*(8), 982–1003.

Döring, N., & Bortz, J. (2016). *Forschungsmethoden und Evaluation in den Sozial- und Humanwissenschaften* (5. Aufl.). Springer.

Gentile, C., Spiller, N., & Noci, G. (2007). How to sustain the customer experience: An overview of experience components that co-create value with the customer. *European Management Journal, 25*(5), 395–410.

Ginner, M. (2018). *Akzeptanz von digitalen Zahlungsdienstleistungen. Eine empirische Untersuchung am Beispiel von Mobile Payment mittels Smartphone im stationären Handel.* Springer.

Götze, F. (2011). *Innovationsakzeptanz von Smartphones bei chinesischen Konsumenten. Eine Analyse der Einflussfaktoren.* Gabler/Springer.

Hoyer, W. D., MacInnis, D. J., & Pieters, R. (2013). *Consumer behavior* (6. Aufl.). South-Western, Cengage Learning.

Kollmann, T. (2019). *E-Business. Grundlagen elektronischer Geschäftsprozesse in der Digitalen Wirtschaft* (7. Aufl.). Springer.

Kornmeier, K. (2009). *Determinanten der Endkundenakzeptanz mobilkommunikationsbasierter Zahlungssysteme. Eine theoretische und empirische Analyse.* Dissertation. Universität Duisburg-Essen. https://nbn-resolving.org/urn:Nbn:De:Hbz:464-20090225-095528-1. Zugegriffen: 10. Febr. 2021.

Kuß, A., Wildner, R., & Kreis, H. (2018). *Marktforschung. Datenerhebung und Datenanalyse* (6. Aufl.). Springer.

Müller, D. (2009). Moderatoren und Mediatoren in Regressionen. In S. Albers, D. Klapper, U. Konradt, A. Walter, & J. Wolf (Hrsg.), *Methodik der empirischen Forschung* (3. Aufl., S. 237–252). Springer.

Poushneh, A., & Vasquez-Parraga, A. Z. (2017). Discernible impact of augmented reality on retail customer's experience, satisfaction and willingness to buy. *Journal of Retailing and Consumer Services, 34,* 229–234.

Scheuer, D. (2020). *Akzeptanz von Künstlicher Intelligenz. Grundlagen intelligenter KI-Assistenten und deren vertrauensvolle Nutzung.* Springer.

Schierz, P. G., Schilke, O., & Wirtz, B. W. (2010). Understanding consumer acceptance of mobile payment services: An empirical analysis. *Electronic Commerce Research and Applications, 9*(3), 209–216.

Schierz, P. G., & Wirtz, B. W. (2009). Akzeptanz mobiler Paymentsysteme. Eine empirische Analyse. *DBW (Die Betriebswirtschaft), 69*(5), 571–592.

Shobeiri, S., Mazaheri, E., & Laroche, M. (2018). Creating the right customer experience online: The influence of culture. *Journal of Marketing Communications, 24*(3), 270–290.

WearVision. (o. J.). *Was ist Google Glass und wie funktioniert die Datenbrille?* https://www.wearvision.de/googleglass/. Zugegriffen: 1. Apr. 2021.

Jun Huo absolvierte sein Studium an der FOM Hochschule in Betriebswirtschaft & Wirtschaftspsychologie (B.Sc.) und anschließend in Marketing & Communication (M.Sc.). Er engagiert sich für den wissenschaftlichen, wirtschaftlichen, aber auch kulturellen Austausch zwischen China und Deutschland. Dabei liegt sein Arbeitsschwerpunkt vor allem auf der vergleichenden Marktforschung, dem Social-Media-Marketing und dem Customer-Experience-Management.

Prof. Dr. Marcel Seidel lehrt seit März 2012 an der FOM Hochschule in den Themenfeldern Strategische Unternehmens- und Organisationsentwicklung, Human Resources und Marketing. In den letzten Jahren hat er außerdem regelmäßig Gastvorlesungen und Vorträge in China gehalten. Marcel Seidel ist gelernter Bankkaufmann und studierte Wirtschaftswissenschaften an der Universität Stuttgart. Nach mehreren beruflichen Stationen promovierte er 1996 zum Thema Fusionsmanagement in Banken. Er hat über 20 Jahre Erfahrung in der Organisations- und Strategieberatung. In dieser Zeit hat er zahlreiche Strategieprojekte erfolgreich begleitet. Seine Beratungsschwerpunkte sind Strategieentwicklung/Fusionsmanagement, Innovationsmanagement, strategisches Marketing und Veränderungsmanagement.

Teil III

Kultur

Aufbau und Pflege persönlicher Beziehungen – das unterschätzte Erfolgsrezept

11

Tina Paul

Inhaltsverzeichnis

11.1 Persönliche Beziehungen als Grundlage für eine gelingende Zusammenarbeit 172
    11.1.1 Guanxi („Beziehung") 174
    11.1.2 Mianzi („Gesicht") 175
11.2 Kommunikations- und Handlungsstrategien 177
11.3 Fazit 180

Zusammenfassung

„Da liegen Welten dazwischen!" Mit diesen Worten beschrieb der deutsche Projektleiter eines großen Technologietransferprojektes vor einigen Jahren in einem Interview die Zusammenarbeit mit den Mitarbeitenden des chinesischen Auftraggebers. Er schilderte zahlreiche Erlebnisse, die er auf die andere „Mentalität" der Chinesinnen und Chinesen zurückführte und die die Zusammenarbeit beider Seiten unnötig (und für den Projektleiter unerwartet) erschwerten. Der vorliegende Beitrag nimmt solche kulturellen Unterschiede zwischen Deutschen und Chinesen genauer in den Blick. Im Fokus steht dabei die enorme Bedeutung des Aufbaus und der Pflege zwischenmenschlicher Beziehungen in China. Viele Deutsche, die beruflich mit Chinesinnen und Chinesen interagieren, erleben das komplexe (und für sie oftmals völlig undurchschaubare) Beziehungsgeflecht, über das ein Großteil der privaten *und* beruf-

T. Paul (✉)
Westsächsische Hochschule Zwickau, Zwickau, Deutschland
E-Mail: tina.paul@fh-zwickau.de

© Der/die Autor(en), exklusiv lizenziert an Springer Fachmedien Wiesbaden GmbH, ein Teil von Springer Nature 2023
M. Seidel und J. Macht (Hrsg.), *China & Innovation,* FOM-Edition,
https://doi.org/10.1007/978-3-658-40440-6_11

lichen Kommunikation läuft, als sehr herausfordernd. Erschwerend kommt hinzu, dass die in China übliche indirekte Kommunikation sowie der Umgang mit dem chinesischen Phänomen „Gesicht" Deutschen oftmals nicht geläufig sind, das „Fettnäpfchen-Potenzial" im Hinblick auf die deutsch-chinesischen Beziehungen in diesen Bereichen jedoch besonders hoch ist.

11.1 Persönliche Beziehungen als Grundlage für eine gelingende Zusammenarbeit

Anders als in Deutschland, wo Geschäftliches und Privates in den meisten Fällen voneinander getrennt werden und Sachorientierung sowie das Außenvorlassen zwischenmenschlicher Befindlichkeiten und persönlicher Belange als Zeichen von Professionalität gelten, stellt China eine „Beziehungskultur" dar (vgl. Ma & Becker, 2015, S. 12), das heißt, „[d]ie Basis für eine gute Zusammenarbeit begründet sich in einer guten persönlichen Beziehung" (Fuchs, 2021, S. 198 f.). Persönliches Vertrauen spielt in diesem Zusammenhang eine erhebliche Rolle (vgl. Paul, 2020) – Posselt (2021) spricht diesbezüglich gar von der wichtigsten Rahmenbedingung deutsch-chinesischer Zusammenarbeit:

> „Vertrauen ist am Ende der Punkt, der (fast) alle Fehler auffangen kann, die man bei Gesprächen und Verhandlungen auf anderer Ebene gemacht hat. Wer eine schlechte Übersetzerin bzw. einen schlechten Übersetzer hat, immer der falschen Person die meiste Aufmerksamkeit schenkt und weder gerne Maotai trinkt noch gerne mit Stäbchen isst, kann durch das Vertrauen, das er gewinnt, diese Defizite ausgleichen. Und gerade als Verhandlungsführer muss man Vertrauen gewinnen. Um Vertrauen bei chinesischen Mandanten, Verhandlungspartnern oder Geschäftspartner zu gewinnen, bedarf es meist nur weniger Dinge: man muss offen und ehrlich sein, Respekt zeigen und Geduld haben. Das scheint manchem Europäer schwerer zu fallen als man meinen möchte" (Posselt, 2021, S. 207).

Entsprechend bedeutsam sind folglich der Aufbau und die Pflege zwischenmenschlicher Beziehungen (vgl. Fuchs, 2021; Grohs & Stechmann, 2020). Grohs und Stechmann betonen in diesem Zusammenhang vor allem das erste Kennenlernen und Small Talk, um nützliche Informationen über die chinesische Partnerin oder den chinesischen Partner zu gewinnen, aber auch um ihre bzw. seine hierarchische Stellung herauszufinden und sich diesbezüglich angemessen respektvoll zu verhalten (vgl. Grohs & Stechmann, 2020, S. 72). Hierarchie ist ein wichtiger Aspekt fast aller sozialen Beziehungen in China, wenngleich es dabei weniger um Unterordnung und Machtausübung geht, sondern vielmehr darum, Personen ihren Platz innerhalb des sozialen Gefüges zuzuweisen (vgl. Thomas & Schenk, 2001; Ma & Becker, 2015).

> „Hierarchie gründet sich auf Lebensalter, aber auch auf Bildung oder andere Statusindikatoren und bindet Personen in einer Beziehung, die Fürsorge und Schutz auf der einen Seite und Gehorsam, Loyalität und Gefolgschaft auf der anderen Seite vorsieht" (Weidemann & Tan, 2010, S. 148).

Diese Hierarchieorientierung wirkt sich auch auf geschäftliche Beziehungen aus. So gilt es beispielsweise als Zeichen des Respekts gegenüber höhergestellten Geschäftspartnerinnen und -partnern, dass man ihnen beim Essen die besten Sitzplätze zuweist (vgl. Grohs & Stechmann, 2020, S. 73), und ihnen bessere Geschenke überreicht als rangniedrigeren Personen (vgl. Vermeer, 2015, S. 73). In Gesprächs- oder Verhandlungssituationen gilt es als unhöflich, Statushöhere zu kritisieren (vgl. Dathe & Helmold, 2018, S. 41); überhaupt sollte man schon bei der Auswahl der deutschen Mitarbeitenden für eine Delegation nach China auch auf deren (möglichst hohen) Status achten, da gleichrangige Gesprächspartner in China eher akzeptiert werden (vgl. Ma & Becker, 2015, S. 7; Fuchs, 2021). Alternativ lohnt es sich, zumindest die Visitenkarten der Delegierten mit möglichst wichtig klingenden Titeln zu versehen (vgl. Vermeer, 2015, S. 76).

Um erfolgreich mit chinesischen Partnerinnen und Partnern zusammenzuarbeiten, kann es hilfreich sein, das in Deutschland gewohnte Geschäftsgebaren ein Stück weit abzulegen und sich auf chinesische Handlungsweisen einzulassen: „Deutsche Unternehmer steuern meist direkt auf das Ziel (,kaufen', ,verkaufen') zu, getreu dem Motto ,Zeit ist Geld'. Chinesische Unternehmen nehmen sich mehr Zeit für ein gegenseitiges Kennenlernen, auch persönlich – denn das fördert Vertrauen" (Posselt, 2021, S. 209). Dieses Kennenlernen beinhaltet in der Regel auch Fragen nach dem Privatleben (z. B. Partner oder Partnerin, Kinder, Wohnort, Ausbildung, Hobbys etc.), was Deutsche im Kontext geschäftlichen Handelns häufig als unangemessen und neugierig empfinden, aus chinesischer Sicht jedoch dazu dient, sich ein genaueres Bild über die *Person* des (potenziellen) Geschäftspartners zu machen und herauszufinden, ob man ihr oder ihm vertrauen kann. Daher empfiehlt es sich gerade im Hinblick auf die Anbahnung von Geschäftsbeziehungen, entsprechend viel Zeit für das persönliche Kennenlernen einzuplanen, sich auf die Beantwortung privater Fragen einzustellen und auch gern eigene Fragen an das chinesische Gegenüber zu richten. Gerade Letzteres zeugt vom eigenen Interesse an der Person der chinesischen Partnerin bzw. des chinesischen Partners und dem gemeinsamen Wunsch nach einer guten Arbeitsbeziehung.

Dass Beziehungsarbeit in China einen so hohen Stellenwert genießt, lässt sich in starkem Maße auf zwei Aspekte der chinesischen Kultur zurückführen, nämlich Guanxi („Beziehung") und Mianzi („Gesicht") (s. Abb. 11.1). Ein eingehendes Verständnis dieser beiden Phänomene kann grundlegend dazu beitragen, dass Deutsche ihre chinesischen Geschäftspartnerinnen und -partner nicht nur besser verstehen, sondern selbst auch erfolgreich(er) kommunizieren und handeln können.

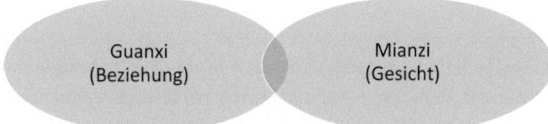

Abb. 11.1 Guanxi und Mianzi als zentrale Aspekte beziehungsorientierter Zusammenarbeit

11.1.1 Guanxi („Beziehung")

Guanxi wird in der chinabezogenen Literatur häufig mit „Beziehung" übersetzt, was jedoch im Hinblick auf die Bedeutung des Wortes zu kurz greift (vgl. Weidemann & Tan, 2010, S. 148; Grohs & Stechmann, 2020, S. 70). Guanxi bezieht sich auf soziale Beziehungen im *mittleren* Bekanntheitskreis[1], also beispielsweise Freunde, Bekannte, Kolleginnen und Kollegen, Nachbarinnen und Nachbarn oder Geschäftspartnerinnen und -partner und „impliziert Elemente der Gegenseitigkeit und Verpflichtung, die über den Bedeutungsgehalt des deutschen Begriffs ‚Beziehung' hinausgehen" (vgl. Weidemann & Tan, 2010, S. 148; Grohs & Stechmann, 2020, S. 70).

Auch im Berufsalltag spielen Guanxi eine bedeutsame Rolle, bei der Geschäftsanbahnung, wo es darum geht, vertrauensvolle und belastbare Beziehungen aufzubauen, gleichwie bei bestehenden Geschäftsbeziehungen: „Die Zufriedenheit von Kunden und Lieferanten wird erhöht, Transaktionskosten reduziert und Information werden offener geteilt. Entsprechend erhöht sich auch die Bereitschaft, Herausforderungen gemeinsam anzugehen" (Kern, 2021, S. 42). Nicht zuletzt helfen Guanxi bei der Informationsbeschaffung, da diese in China zu großen Teilen über informelle Wege geteilt werden (vgl. Kern, 2021; Reisach et al., 2007).

Ein Manager beschreibt die Bedeutung von Guanxi für seine Arbeit in einem Interview wie folgt:

> „Ich widme im Schnitt zwei Drittel meiner Arbeitszeit damit, Guanxi mit wichtigen Leuten, die ich treffe, aufzubauen. Zum Beispiel reisen wir jeden Monat in abgelegene Gebiete in der Provinz Yunnan, um Holz einzukaufen. Der Holzpreis variiert drastisch, je nachdem, ob man starkes Guanxi mit der lokalen Verwaltung hat. Der Regierung gehören das Land und der Wald, der Verkaufspreis liegt im Ermessen der lokalen Beamten. Je besser das Guanxi, desto billiger der Preis. Wenn ich dort hingehe, um sie zu treffen, spreche ich in den ersten Tagen nie über Geschäfte, auch wenn ich eigentlich den Deal schnell abschließen und nach Hause gehen möchte… Es ist einfach nicht die chinesische Art, Geschäfte zu machen. Stattdessen lade ich sie zum Abendessen ein, trinke mit ihnen, spiele mit ihren Kindern und unterhalte mich mit ihren Ehepartnern, um Freundschaft und Vertrauen aufzubauen. Wenn wir uns dann auf der persönlichen Ebene kennen, fühlen sie sich wohl genug, um mit mir über den Holzpreis und die Qualität zu sprechen" (Pearce & Robinson, 2000, zit. in Kern, 2021, S. 23 f.).

Ein Aspekt von Guanxi, der sich für Deutsche mitunter schwierig gestaltet, ist das Prinzip der Gegenseitigkeit: Zum einen, weil sie die Erfahrung machen, dass Freundschaften und Beziehungen nicht zweckfrei sind, zum anderen, weil die Gefälligkeiten der Beziehungspflege das in Deutschland übliche Maß in Menge und Wert oftmals übersteigen und

---

[1] Das bedeutet zugleich, dass für besonders nahestehende Personen (Familie, Partnerin/Partner) sowie für Personen, die man nicht persönlich kennt, das Konzept von Guanxi nicht greift (vgl. Weidemann & Tan, 2010, S. 148 f.; Ma & Becker, 2015, S. 14).

zum Teil schon als Korruption empfunden werden.[2] Aus chinesischer Perspektive stellt Guanxi in erster Linie eine „Zukunftsinvestition" (Tang & Reisch, 1996, S. 45) dar bzw. ein „Kapital", das einer monetären Einlage gleich bewertet wird (vgl. Vermeer, 2015, S. 71 f.; Gutting, 2016, S. 37): „Sie ist nicht unmittelbar Mittel zum Zweck – das wäre Bestechung, – sie ist aber auch nicht zweckfrei. Beziehungen und Verpflichtungen sind in China nahezu synonyme Begriffe, sie bedeuten dasselbe, nämlich ein Gegenseitigkeitsverhältnis. Moralisch gesehen ist dies nicht anrüchig, sondern Beweis gegenseitigen Vertrauens und wechselseitiger Loyalität" (Tang & Reisch, 1996, S. 45).

Vermeer (2015, S. 71 f.) betont in diesem Zusammenhang die Langfristigkeit von Guanxi: Die mit der Existenz dieses Beziehungsnetzwerkes verbundenen Verpflichtungen und Ansprüche verjähren nicht und können selbst nach langer Zeit noch geltend gemacht werden.

Für den Aufbau und die Pflege von Guanxi sind neben dem persönlichen Kennenlernen und Small Talk auch Geschenke und Einladungen sowie gemeinsame Unternehmungen und vor allem gemeinsames Essen besonders wichtig (vgl. Ma & Becker, 2015, S. 36):

> „Welche Bedeutung der Gastgeber dem Geschäftspartner beimisst, lässt sich bereits durch die Gestaltung des Essens erahnen. Indikatoren sind der Ort der Veranstaltung, Anzahl und Qualität der Gerichte, Teilnehmerkreis, Sitzordnung und eventuell die Kleidung der Beteiligten. [...] Solche Geschäftsessen werden meist mit Small Talk eröffnet, um Beziehungen aufzubauen, zu festigen und festgefahrene Verhandlungen neu aufzunehmen" (Grohs & Stechmann, 2020, S. 73).

Deutsche, die in China geschäftlich tätig sind, verkennen oft die Bedeutung von Guanxi für ihren Geschäftserfolg: Das gemeinsame Verbringen der Freizeit und das „ständige" gemeinsame Essen werden als „lästig" empfunden (vgl. Paul, 2020, S. 242 f.), sie stören die (für sie gewohnte) Trennung von Arbeit und Privatem.

11.1.2 Mianzi („Gesicht")

Auch im deutschen Sprachgebrauch sind Redewendungen wie „das Gesicht wahren" oder „das Gesicht verlieren" durchaus bekannt: „Gesicht" meint dabei den Status bzw. das Ansehen einer Person. Die Bedeutung von „Gesicht" in China geht jedoch weit über das westliche Verständnis hinaus (vgl. Weidemann & Tan, 2010, S. 150). Hwang beschreibt das chinesische Konzept von Gesicht als „an individual's social position or prestige, gained by successfully performing one or more specific social roles that are well recognized by others" (Hwang, 1987, S. 960). Wie gut oder schlecht das soziale Gesicht einer Person durch andere bewertet wird, hängt dabei vor allem ab von ihrer *moralischen Integrität* (z. B. Aufrichtigkeit, Sorge für die eigenen Eltern), ihren *Fähig-*

---

[2] Zu den Verflechtungen von Guanxi und Korruption: Kern (2021, S. 27 ff.).

keiten (z. B. Intelligenz, Sprachkenntnisse; aber auch der Erfolg der eigenen Kinder), ihrem *Status* sowie ihrer *Kultiviertheit* (z. B. Höflichkeit, Bescheidenheit, Kennerschaft von Kunst und Musik usw.) (vgl. Weidemann & Tan, 2010, S. 150 f.; Hsu, 1996). In der sozialen Interaktion ist es von enormer Bedeutung, nicht nur das Gesicht zu wahren (und zwar sowohl das eigene als auch das des Gegenübers), sondern auch anderen Gesicht zu geben bzw. damit umzugehen, dass andere einem Gesicht geben (vgl. Ma & Becker, 2015; Fuchs, 2021; Grohs & Stechmann, 2020; Weidemann & Tan, 2010). Anhand von einigen Beispielen soll illustriert werden, wie sich das Wahren bzw. Zuerkennen von Gesicht auf die soziale Interaktion auswirkt.

- *Wahren von Gesicht:* Direkte Kritik und Konfrontation werden vermieden (vgl. Ma & Becker, 2015; Fuchs, 2021). Das kann beispielsweise in einer Ausbildungssituation zur Folge haben, dass chinesische Teilnehmende auch bei etwaigen Unklarheiten nicht nachfragen, um sowohl das Gesicht des Ausbildenden als fähiger Lehrperson als auch ihr eigenes als intelligente Lernende zu wahren (vgl. Vermeer, 2015, S. 74). Ähnlich gilt auch für Meetings und Besprechungen, dass Aussagen von Vorgesetzten bzw. ranghöheren Personen nicht hinterfragt werden (vgl. Grohs & Stechmann, 2020, S. 79). Ein weiteres Beispiel ist das betriebliche Fehler- und Qualitätsmanagement, das in China eines besonderen Fingerspitzengefühls bedarf. Zweifellos erfordern bestimmte Situationen Korrektur oder Optimierung – es empfiehlt sich jedoch hier auf indirektere Formen der Kommunikation auszuweichen, um die Kritik für die Beteiligten möglichst gesichtsschonend anzubringen.[3]
- *Zuerkennen von Gesicht:* Gesicht gewinnt (und gibt) man vor allem „über soziale Beziehungen, formelle Positionen, Bildung, Reichtum und Tugend" (Ma & Becker, 2015, S. 14). Die Beachtung und Würdigung des Status der anderen Person, etwa in Form der höflichen Anrede (in der Regel mit Titel) (vgl. Vermeer, 2015, S. 73), aber auch über verschiedene Sprachroutinen[4], dient ebenso dem Zweck, Gesicht zu geben

---

[3] Darüber hinaus betonen Grohs und Stechmann, dass nicht nur Individuen, sondern auch Organisationen über ein soziales Gesicht verfügen, das sie wahren wollen, aber auch verlieren können: „Chinesische Unternehmen sind bestrebt ein positives Image aufrechtzuerhalten und gute Vorbilder zu sein" (Grohs & Stechmann, 2020, S. 78). Ähnlich fasst es Vermeer: „Wenn Ihr Unternehmen [über Gesicht] verfügt, werden Sie leichter Mitarbeiter erhalten, weniger Probleme im Umgang mit Behörden haben und damit letztlich leichter Geschäfte machen. In diesem Kontext entspricht Gesicht unserem ‚Image'" (Vermeer, 2015, S. 75).

[4] Sprachroutinen sind höfliche Redewendungen und Floskeln, die einerseits das Gegenüber loben (z. B. 您贵姓 *nin gui xing* – Ihr werter Name) und ihm so Gesicht geben, andererseits Bescheidenheit zum Ausdruck bringen, indem sie die eigene Person oder die eigenen Leistungen herabwürdigen (z. B. ein Lob ablehnen mit 您过奖了 *nin guojiang le* – Sie übertreiben sehr!) (vgl. Liang, 1996). Ma und Becker bringen das gut auf den Punkt: „Gekonnte und offensichtliche Selbstentwertung stärkt das Gesicht des Gegenübers und festigt die Beziehung" (Ma & Becker, 2015, S. 39).

wie das Loben und Verteilen von Komplimenten für die Verdienste und Leistungen der oder des anderen (vgl. Weidemann & Tan, 2010, S. 151; Ma & Becker, 2015). Eine besondere Rolle beim Zuerkennen von Gesicht spielen auch Einladungen[5] und Geschenke (vgl. Grohs & Stechmann, 2020; Ma & Becker, 2015; Weidemann & Tan, 2010), die nach Möglichkeit stets erwidert werden sollten (vgl. Ma & Becker, 2015, S. 15).

Deutsche agieren im Umgang mit chinesischen Partnern häufig so, wie sie es aus ihrem deutschen Unternehmen kennen und als „normal" empfinden (in der Regel sehr direkt und sachbezogen). Mit den chinesischen Regeln des Gesicht-Wahrens und -Gebens sind sie kaum bis gar nicht vertraut, weshalb sie leicht in Situationen kommen, die – für sie selbst und/oder für ihr chinesisches Gegenüber – zu einem Gesichtsverlust führen können. Weidemann und Tan weisen darauf hin, dass ein solcher Gesichtsverlust besonders schwer wiegt, „wenn er ältere, sozial und bildungsmäßig höhergestellte Personen betrifft", umso mehr, wenn er im Beisein von Zeugen erfolgt (vgl. Weidemann & Tan, 2010, S. 152). Entsprechend sei es gerade „für Deutsche in Führungsfunktionen absolut notwendig, ihr Gesicht zu wahren. Fachkenntnis, Erfahrung und hohe Motivation nützen nichts, wenn das Gesicht verloren und damit der Vorgesetzte aus chinesischer Sicht untragbar geworden ist" (Weidemann & Tan, 2010, S. 152). Die Folgen eines solchen Gesichtsverlustes beschreibt Vermeer wie folgt: Der betreffende Vorgesetzte „wird nicht ernst genommen, man vertraut ihm nicht und wird daher als Mitarbeiter nicht unbedingt mit ihm kooperieren. Informationen werden nicht übermittelt, Hilfestellung wird nicht gegeben" (Vermeer, 2015, S. 74 f.).

11.2 Kommunikations- und Handlungsstrategien

Wer in China geschäftlich tätig sein will, tut gut daran, sich mit kulturellen Besonderheiten wie Guanxi (Beziehung) und Mianzi (Gesicht) auseinanderzusetzen – schließlich sind kulturelle Unterschiede einer der Hauptgründe für geschäftliche Misserfolge (vgl. Dix & Zwiener, 2011, zit. in Fuchs, 2021, S. 191; Eutert et al., 2020, S. 124) und das Scheitern deutsch-chinesischer Verhandlungen (vgl. Grohs & Stechmann, 2020, S. 77; Micholka-Metsch & Metsch, 2015, S. 107 f.). Leider kommt eine Beschäftigung mit kulturellen Aspekten – sei es als individuelle Vorbereitung (z. B. durch die Lektüre geeigneter Literatur) oder auch als interkulturelles Training zur Sensibilisierung deutscher Fach- und Führungskräfte für die Zusammenarbeit mit chinesischen

---

[5] Im Zusammenhang mit Essenseinladungen weist Vermeer (2015, S. 75) auch auf die (von westlichen Geschäftsleuten jedoch oftmals unbemerkte) Bedeutung der Sitzordnung hin: So ist beispielsweise ein Sitzplatz neben der Gastgeberin oder dem Gastgeber ein besonderer Ausdruck der Wertschätzung und mehrt entsprechend das Gesicht des betreffenden Gastes.

Partnerinnen und Partnern – häufig zu kurz (vgl. El Bakbachi et al., 2020, S. 14), ebenso wie die Zeit, die (von deutscher Seite) für das gegenseitige Kennenlernen und den Aufbau persönlicher Beziehungen vorgesehen ist (vgl. El Bakbachi et al., 2020, S. 14).

Für eine erfolgreiche Zusammenarbeit mit chinesischen Partnerinnen und Partnern lohnt es sich – abgesehen von der eben beschriebenen Auseinandersetzung mit kulturellen Aspekten – die eigenen Kommunikations- und Handlungsweisen insbesondere in den zwei nachfolgend beschriebenen Punkten an die in China gebräuchlichen anzupassen. Dies kann nicht nur die beiderseitige Annäherung, sondern auch das Erreichen der eigenen Ziele sichtlich erleichtern (vgl. Weidemann & Tan, 2010; Fuchs, 2021).

Handlungsanweisung 1: Kommunizieren Sie indirekt!
Während es in Deutschland für gewöhnlich geschätzt und als Zeichen von Kompetenz gesehen wird, wenn man direkt und sachlich argumentiert, gilt es in China als Tugend, in Gesprächen die Harmonie zwischen den Kommunikationspartnerinnen und -partnern zu wahren und Konflikte nach Möglichkeit zu vermeiden (vgl. Fuchs, 2021, S. 196). Entsprechend wird der direkte Kommunikationsstil vieler Deutscher von Chinesinnen und Chinesen oft als unhöflich oder gar aggressiv empfunden (vgl. Weidemann & Tan, 2010, S. 156); auch führt direkte Kommunikation, gerade bei Ablehnungen, beim Anbringen von Kritik oder in Konfliktsituationen, leicht dazu, dass die Beteiligten ihr Gesicht verlieren (vgl. Grohs & Stechmann, 2020, S. 71).[6]

Konkret bedeutet das, dass Absagen aller Art nicht direkt kommuniziert werden, da ein „Nein" prinzipiell als unhöflich gilt (vgl. Ma & Becker, 2015; Weidemann & Tan, 2010). Ablehnungen wie beispielsweise das Ausschlagen von Einladungen oder Bitten erfolgt daher häufig in „Form einer ,ja, aber…'-Sequenz": „Deutsche, die daran gewöhnt sind, dass die wesentliche Botschaft zu Beginn eines Redebeitrags geäußert wird, hören oftmals nur diesem ersten Teil zu und bemerken daher unter Umständen nicht, dass ihr Gegenüber tatsächlich eine andere Meinung vertritt […]. Dass es sich lediglich um ein anderes Diskursformat handelt, das erst nach der Betonung von Übereinstimmung eine abweichende Aussage vorsieht, wird nicht bemerkt" (Weidemann & Tan, 2010, S. 154).

Da ein „Ja" in Deutschland Zustimmung bedeutet, in China jedoch weniger verbindlich verwendet wird (etwa im Sinne von „ja, ich verstehe") und zum Teil schlichtweg

---

[6]Vermeer (2015, S. 105) weist in diesem Zusammenhang auf mögliche generationsbedingte Unterschiede auf chinesischer Seite hin: „Während für die ältere Generation, die primär unter Mao Zedong aufwuchs, das eben Ausgeführte zutrifft, ist die mittlere Generation, die im Umbruch zur sozialistischen Marktwirtschaft groß wurde, bereits pragmatischer und eher bereit, auf den Ausländer zuzugehen. Die jüngste Generation schließlich, vielfach im Ausland ausgebildet, polyglott und karrierebewusst, diskutiert sehr offen und kritisch, hält nicht viel von Harmoniebedürfnis und Gesichtswahrung, sondern brüskiert ihrerseits oft die Ausländer durch ihre Direktheit. Dies ist wieder überraschend, aber doch leichter einzuordnen als die freundliche Unverbindlichkeit vieler älterer Gesprächspartner."

Ausdruck von Höflichkeit ist, sorgt häufig für Missverständnisse. Insofern empfiehlt es sich für Deutsche in solchen Situationen nicht nur auf das explizit Gesagte, sondern auch auf den Kontext zu achten. Ma und Becker verweisen hier unter anderem darauf, dass „[n]egative Punkte […] – wenn überhaupt – nur im kleinsten Rahmen und am besten als Nebensache vorsichtig angesprochen [werden]. Am Anfang werden immer positive Punkte betont und die Person gelobt, um Akzeptanz für die schwierigen Punkte zu gewährleisten. Schwierige Themen kommen immer zum Schluss und in einer angenehmen Atmosphäre. Man sollte Kritik sehr indirekt ausdrücken, z. B. als Zuversicht und Vertrauen in die zukünftige positive Entwicklung" (Ma & Becker, 2015, S. 28).

Weitere Formen, um Ablehnung oder fehlende Zustimmung indirekt zu kommunizieren, sind z. B. das Weglassen bestimmter Themen, oder auch das Einschalten eines „Boten", indem man etwa eine/n Gruppen- oder Abteilungsleiter/-in bitte[t], bestimmte Informationen an seine Teammitglieder weiterzuleiten (vgl. Vermeer, 2015, S. 104) – auf diese Weise kann gerade auch Kritik indirekt an die Adressaten weitergeleitet werden.

Handlungsanweisung 2: Investieren Sie Zeit in persönliche Beziehungen!
Gute persönliche Beziehungen sind in China die Grundlage jeglicher geschäftlichen Zusammenarbeit (vgl. Ma & Becker, 2015, S. 12; Grohs & Stechmann, 2020, S. 72; Fuchs, 2021, S. 197). Entsprechend wichtig – und zeitintensiv (vgl. Kern, 2021, S. 23) – sind der Aufbau und die Pflege von Guanxi. Hierbei spielen gemeinsame Aktivitäten wie Restaurantbesuche, Ausflüge oder Karaoke-Singen eine zentrale Rolle (vgl. Kern, 2021, S. 23). Da der Aufbau guter Guanxi ein längerfristiger Prozess ist, empfiehlt es sich, Mitarbeitende in Schnittstellenfunktionen wie Vertrieb oder Logistik, nicht allzu oft zu wechseln; auch sollten in solchen Bereichen entsprechende (finanzielle, zeitliche) Rahmenbedingungen vorhanden sein, damit die betreffenden Mitarbeitenden die nötigen Beziehungen aufbauen können (vgl. Kern, 2021, S. 42).

Für Deutsche, die eher sachorientiertes Arbeiten gewohnt sind, bedeutet die in China übliche Beziehungsorientierung, dass ihnen viel *Geduld* abverlangt wird: Zuerst muss eine persönliche Beziehung aufgebaut werden, ehe man auf geschäftliche Dinge zu sprechen kommt. Auch im Geschäftsalltag spielen persönliche Beziehungen und Kontakte eine wichtige Rolle, da wichtige Informationen häufiger über informelle Netzwerke geteilt werden. Dies kann z. B. dazu führen, „dass bei Problemen nicht die Zuständigen kontaktiert werden, sondern bekannte Personen in der Nähe des Zuständigen" (Grohs & Stechmann, 2020, S. 81) – ein Verhalten, das für Deutsche sehr undurchsichtig und kaum nachvollziehbar ist.

11.3 Fazit

Ein deutscher Ingenieur, der beruflich in ein Projekt für ein chinesisches Unternehmen involviert war, beschrieb in einem Interview, was ihm im Rahmen der Zusammenarbeit mit den Chinesen besonders aufgefallen ist:

> „Es gibt immer große offizielle Zeremonien und so. Das ist dort in China halt so üblich. Das wäre bei uns nicht so. Dass da immer die Stadtregierung was will und irgendwelche Stadtvertreter dort mit dabei sind und dass da immer große Essen und Veranstaltungen begleitend zu dem eigentlichen Projekt stattfinden – das war was Besonderes. Das ist immer so. Auch, dass immer darauf Wert gelegt wird, dass da entsprechend große Geschäftsessen stattfinden, auch bei Messen und so weiter – das würde man jetzt hier [in Deutschland] nicht unbedingt so machen. Hier laufen größere Projekte mit Projekttreffen – da geht's eigentlich eher sachlich zu. Da gibt's mal paar Brötchen oder so, aber das war's dann auch. Aber dass da ständig große Essen veranstaltet werden und große Aktivitäten, das ist eher nicht so. In China wird da viel Wert drauf gelegt. Wenn man mal zur Fachmesse dort ist, muss man dann immer an diesen Essen dort teilnehmen… man ist ständig an diesen Tischen dort [lacht]. Das ist dann schon manchmal etwas lästig [lacht], man hätte es lieber mal bisschen ruhiger gehabt. Jeden Tag wollte jemand was, Direktoren von irgendwelchen Organisationen, Leute von der Stadtregierung und vom Ministerium… und dann gab's eben jeden Mittag und jeden Abend entsprechendes Essen. Und das würde hier eben nicht so sein, das war schon sehr auffällig" (Interview I-11, persönliche Kommunikation, 04.12.2014).

Der Interviewte beschreibt ausführlich die deutlichen Unterschiede, die er bei der Arbeit in China und Deutschland beobachten konnte. Für ihn, der an „sachliche Projektbesprechungen mit ein paar Brötchen" gewöhnt ist, sind die „ständigen" Geschäftsessen in China eher anstrengend und „lästig". Dies lässt sich vor allem darauf zurückführen, dass ihm der eigentliche Zweck dieser Veranstaltungen nicht bewusst ist: Erstens dienen sie dazu, Beziehungen (Guanxi) zu knüpfen bzw. zu vertiefen, indem sie einen angenehmen Rahmen für Austausch und persönliches Kennenlernen bieten. Führt man sich vor Augen, wie wichtig persönliche Beziehungen auch für die Geschäftstätigkeit in China sind, so lassen sich solche gemeinsamen Mahlzeiten und Aktivitäten *außerhalb der Arbeitszeit* doch etwas anders sehen: Sie sind dann weniger eine Last als vielmehr eine (auf jeden Fall lohnende!) Investition in die künftige Zusammenarbeit. Zweitens lassen sich die zuvor erwähnten Geschäftsessen auch als Form des Gesicht-Gebens deuten: Indem man etwa Vertreter von Regierung, Ministerien oder anderen Organisationen einlädt (oder das Essen gar eigens zu ihren Ehren ausgerichtet wird), gibt man ihnen Gesicht (Mianzi) – was sich ebenfalls positiv auswirken kann, wenn man beispielsweise auf deren Wohlwollen und Unterstützung für berufliche Vorhaben angewiesen ist.

Für Deutsche, die beruflich in China tätig sind oder dies für die Zukunft planen, empfiehlt es sich also, bewusst in den Aufbau und die Pflege von guten persönlichen Beziehungen und Vertrauen zu ihren chinesischen Partnerinnen und Partnern zu investieren: „guanxi tends to open the door, but it is xinren [Vertrauen, Anm. d. A.] that helps make the deal" (Kriz & Fang, 2003, S. 8).

Literatur

Dathe, T., & Helmold, M. (2018). *Erfolgreich im Chinageschäft. Strategien und Handlungsempfehlungen für kleinere und mittlere Unternehmen (KMU)*. Springer Gabler.
Dix, T., & Zwiener, T. (2011). Transaktionen in den Schwellenländern China und Russland. In M. Schramm & E. Hansmeyer (Hrsg.), *Transaktionen erfolgreich managen. Ein M&A-Handbuch für die Praxis* (S. 466–503). Vahlen.
El Bakbachi, H., Knie, T., & Ziesel, S. O. (2020). Volkswirtschaftlicher Hintergrund. In D. Graewe (Hrsg.), *Deutsch-chinesische M&A Transaktionen im Mittelstand. Rahmenbedingungen, Erfolgsfaktoren, Umsetzung* (S. 3–28). Springer Gabler.
Eutert, F., Lührs, P., & Vorburg, F. (2020). Deutsch-chinesische Transaktionen. In D. Graewe (Hrsg.), *Deutsch-chinesische M&A Transaktionen im Mittelstand. Rahmenbedingungen, Erfolgsfaktoren, Umsetzung* (S. 111–130). Springer Gabler.
Fuchs, J. (2021). Die Bedeutung von Kultur – Grundlagen zur interkulturellen Zusammenarbeit zwischen China und Deutschland. In D. Graewe (Hrsg.), *Deutschland und China. Investorenbeziehungen unter komplexen Rahmenbedingungen* (S. 191–202). DeGruyter.
Grohs, A., & Stechmann, M. (2020). Kulturelle Analyse. In D. Graewe (Hrsg.), *Deutsch-chinesische M&A Transaktionen im Mittelstand. Rahmenbedingungen, Erfolgsfaktoren, Umsetzung* (S. 65–84). Springer Gabler.
Gutting, D. (2016). *Interkulturelles Management, Diversity und internationale Kooperation*. Kiehl.
Hsu, C. S. (1996). *Face: An ethnographic study of chinese social behaivour*. UMI.
Hwang, K.-K. (1987). Face and favor: The chinese power game. *American Journal of Sociology, 92*(4), 944–974.
Kern, J. (2021). *Guanxi im chinesischen Geschäftsleben. Erfolgreich verstehen und anwenden*. Springer Gabler.
Kriz, A., & Fang, T. (2003). Interpersonal trust in Chinese relational networks: Moving from Guanxi to Xinren. https://www.researchgate.net/publication/228781351_Interpersonal_trust_in_Chinese_relational_networks_Moving_from_Guanxi_to_Xinren. Zugegriffen: 1. März 2022.
Liang, Y. (1996). Sprachroutinen und Vermeidungsrituale im Chinesischen. In A. Thomas (Hrsg.), *Psychologie interkulturellen Handelns* (S. 247–268). Hogrefe.
Ma, X., & Becker, F. (2015). *Business-Kultur in China*. Springer Gabler.
Micholka-Metsch, J., & Metsch, M.-C. (2015). *Strategien für die deutsch-chinesische Geschäftsbeziehung. Erfolgreich verhandeln und Konflikte lösen*. Gabler.
Paul, T. (2020). *Vertrag(en) oder Vertrauen – Wie gelingt deutsch-chinesische Wissenschaftszusammenarbeit?* Dr. Kovac.
Pearce, J. A. & Robinson, R. B. (2000). Cultivating guanxi as a foreign investor strategy. *Business Horizons, 43*(1), 31–38.
Posselt, J.-C. (2021). Verhandlung und Verhandlungsführung. In D. Graewe (Hrsg.), *Deutschland und China. Investorenbeziehungen unter komplexen Rahmenbedingungen* (S. 203–214). DeGruyter.
Reisach, U., Tauber, T., & Yuan, X. (2007). *China – Wirtschaftspartner zwischen Wunsch und Wirklichkeit: Ein Handbuch für Praktiker* (4., aktual. und überarb. Aufl.). Redline Wirtschaft.
Tang, Z., & Reisch, B. (1996). *Erfolg im China-Geschäft*. Campus.
Thomas, A., & Schenk, E. (2001). *Beruflich in China. Trainingsprogramm für Manager, Fach- und Führungskräfte*. Vandenhoeck & Ruprecht.
Vermeer, M. (2015). *China.de. Was Sie wissen müssen, um mit China erfolgreich Geschäfte zu machen* (3. Aufl.). Springer Gabler.

Weidemann, D., & Tan, J. (2010). *Fit für Studium und Praktikum in China. Ein interkulturelles Trainingsprogramm.* Transcript.

Dr. Tina Paul ist Wirtschaftssinologin, sie lehrt, forscht und berät auf den Gebieten interkulturelle Kommunikation und deutsch-chinesische Wissenschaftskooperationen. Nach dem Studium der Wirtschaftssinologie in Deutschland und China war sie im internationalen Projektmanagement eines mittelständischen Maschinenbauunternehmens tätig. Anschließend promovierte sie an der Technischen Universität Chemnitz im Fach Interkulturelle Kommunikation.

Management-Mediation in China 12

Xiao Juan Ma

Inhaltsverzeichnis

12.1	Aktuelle Situation und Relevanz	184
12.2	Rahmenbedingungen für die transformative Mediation in China	185
12.3	Transformative Mediation als Instrument für das Konfliktmanagement im chinesischen Business-Kontext	187
	12.3.1 Herausforderungen für Mediation in China	189
	12.3.2 Voraussetzungen für erfolgreiche Mediation in China	190
	12.3.3 Mediation in China anhand des Modells von Dulabaum	191
12.4	Case Study	193
12.5	Erkenntnisse	197
12.6	Ausblick	198
Literatur		199

Zusammenfassung

China gewinnt für die deutsche Wirtschaft immer mehr an Bedeutung. Konfliktmanagement ist ein wichtiges Thema für die chinesische Wirtschaft. Dieser Beitrag konzentriert sich auf den Rahmen, die Herausforderung, die Voraussetzung und die Anwendbarkeit der transformativen Mediation als Instrument für das Konfliktmanagement in China. Eine detaillierte Diskussion der Merkmale der transformativen

---

X. J. Ma (✉)
FOM Hochschule für Oekonomie & Management, München, Deutschland
E-Mail: xiaojuan.ma-becker@fom.de

© Der/die Autor(en), exklusiv lizenziert an Springer Fachmedien Wiesbaden GmbH, ein Teil von Springer Nature 2023
M. Seidel und J. Macht (Hrsg.), *China & Innovation*, FOM-Edition,
https://doi.org/10.1007/978-3-658-40440-6_12

Mediation als effektives Instrument für Managementkonflikten im Unternehmenskontext in China statt. Anhand eines Fallbeispiels aus der Praxis verifiziert der Autor die Anwendbarkeit der transformativen Mediation in China. Deutsche Unternehmen und Führungskräfte können damit ein wirksames Instrument für sich gewinnen und auf Konfliktsituationen anwenden.

12.1 Aktuelle Situation und Relevanz

China ist Deutschlands wichtigster Handelspartner. Deutsche Unternehmen haben im Jahr 2019 89 Mrd. EUR in China direkt investiert. Aus China stehen dem 4 Mrd. EUR Investitionen in Deutschland gegenüber. Deutsche Investitionen in China betragen bisher insgesamt 1,372 Billionen EUR, chinesische Investitionen in Deutschland belaufen sich auf 556 Mrd. EUR (vgl. Deutsche Bundesbank, Zahlen für 2019). Deutsche Autobauer verkaufen mehr als jedes dritte Fahrzeug in China, fast jeder zweite Industriebetrieb braucht Zulieferungen aus China (vgl. Höltschi & Rasch, 2022). Im Jahr 2017 arbeiteten 801.000 Beschäftigte in chinesischen Tochtergesellschaften deutscher Unternehmen in China. Die deutschen Tochtergesellschaften chinesischer Unternehmen beschäftigen 57.000 Menschen in Deutschland (vgl. Dürr et al., 2020). Diese Zahlen zeigen die Wichtigkeit von China für Deutschland.

Chinas Wirtschaft entwickelt sich rasch, seit über 30 Jahren. Immer mehr Chinesinnen und Chinesen übernehmen hohe Positionen auf Management-Level. Das erfordert Managementfähigkeiten auf internationalem Standard. Es gibt das Paradox zwischen einer hohen Anforderung nach Qualität und Kompetenz in den Managementteams und der aktuell geringen Ausprägung von Managementkompetenz in China. Konfliktmanagement ist nicht zuletzt deshalb seit 30 Jahren ein wichtiges Thema für ausländische Investoren. Zahlreiche Publikationen (vgl. Chen & Starosta, 1997; Chen & Ma, 2002; Chen et al., 2005; Deutsch et al., 2011; Ding, 1996; Kirkbride et al., 1991) beschäftigen sich mit dem Thema „Konflikt-Management in China". Jedoch konzentrieren sich diese Forschungen auf die Unterschiede im Konfliktverhalten und Ansätzen zwischen China und dem Westen. Sie bieten einen guten Überblick des chinesischen Konfliktverhaltens und dessen Einflussfaktoren. Es fehlt jedoch Forschung zur Konfliktlösung, welche Mediationsprozesse zum Konfliktverhalten der Chinesinnen und Chinesen im chinesischen Kontext passen, wie Implementierung gelingt.

Diese Arbeit konzentriert sich auf Rahmenbedingungen und Einsatzbarkeit der transformativen Mediation als Instrument für Managementkonflikt in China. Zunächst findet eine ausführliche Diskussion der Besonderheiten der transformativen Mediation als wirksames Instrument für Managementkonflikte im Business-Kontext in China statt. Danach folgt eine Case-Study aus der Praxis der transformativen Mediation.

Deutsche Unternehmen und Führungskräfte können dadurch ein wirksames Instrument für sich gewinnen und auf Konfliktsituationen anwenden.

Abgrenzung

Das Ziel von Management-Mediation ist Konsensgespräche zwischen den Konfliktparteien (Manager) im Business-Kontext zu gestalten. Andere Konfliktbehandlungsmöglichkeiten sind dem gegenüber tendenziell unterlegen, da diese keinen Konsens als Basis herstellen. Dazu zählen Supervisionsmediation, therapeutische Mediation, klassische Mediation, Machtmediation, Gerichtsmediation (vgl. Du, 2019) wie Rechtsentscheidung, Verwaltungsentscheidung, Gesetzesentscheidung sowie die aufgezwungene Entscheidung durch Vorgesetzte (vgl. Proksch, 1999).

Der Artikel sieht die psychologische Gesprächsführung als eine wesentliche Kompetenz. So sind Zuhören, Strukturieren, Paraphrasieren, Verdoppeln und Spiegeln, Reframing, Dramatisieren, das Aufstellen und Verwenden von Bildern und Gegenständen Techniken, die eingesetzt werden sollten. Ein rechtlicher Klärungsversuch als Alternativmöglichkeit wurde vernachlässigt.

12.2 Rahmenbedingungen für die transformative Mediation in China

Zahlreiche Forschungsarbeiten (vgl. Chen & Starosta, 1997; Chen & Ma, 2002; Chen et al., 2005; Deutsch et al., 2011; Ding, 1996; Kirkbride et al., 1991; Nguyen & Yang, 2012; Ma, 2007; Tjosvold et al., 2006) haben bestätigt, dass unterschiedliche Werte zu unterschiedlichem Konfliktverhalten zwischen Chinesinnen und Chinesen und westlichen Menschen führen. Ma und Becker (2015) haben fünf zentrale Werte der Chinesinnen und Chinesen dargestellt: Hierarchieorientierung, Kollektivismus, Orientierung an sozialem Status (Gesichtsorientierung), Flexibilität und materialistische Orientierung. Diese Werte führen zu Phänomenen wie *High-Kontext-Sprache, Konfliktvermeidung, Machtorientierung, Harmonieorientierung und Gesichtsbewahrung* im Konfliktkontext in China (vgl. Chen & Starosta, 1997).

China hat eine ausgeprägte *High-Kontext-Sprache* (vgl. Hall, 1989). Hierarchieorientierung und Kollektivismus führen dazu, dass die Menschen sich in ihrem Kontext und Umgebung stark anpassen müssen. Bei der Kommunikation drücken die Menschen nur sehr limitierte Informationen durch verbale Kommunikation aus, um die Interessen von Machthabern nicht zu irritieren. Es wurde durch umfangreiche Forschung (vgl. Chua & Gudykunst, 1987; Ting-Toomey et al., 1991) bestätigt, dass es bei der Konfliktbewältigung/-Lösung Unterschiede zwischen Kulturen mit High-Kontext-Sprache und Low-Kontext-Sprache gibt. Menschen in Kulturen mit High-Kontext neigen dazu, in einen Konflikt einzutreten, wenn ihre kulturellen normativen Erwartungen verletzt werden. Sie neigen dazu, eine nicht-konfrontative und indirekte Haltung gegenüber Konflikten einzunehmen und einen affektiv-intuitiven Stil des Konfliktmanagements zu verwenden. Im Gegensatz dazu neigen Menschen in Low-Kontext-Kulturen dazu, in einen Konflikt verwickelt zu werden, wenn ihre persönlichen normativen Erwartungen verletzt werden. Sie tendieren dazu, eine konfrontative und direkte Haltung gegenüber

Konflikten einzunehmen und einen faktisch-induktiven Stil der Konfliktbewältigung zu verwenden. Menschen aus Kulturen mit direktem Kommunikationsstil legen Wert auf Selbstdarstellung, Sprachgewandtheit und eloquente Rede. Sie neigen dazu, ihr Gegenüber durch direkte Meinungsäußerung von ihren Standpunkten zu überzeugen. Im Gegensatz dazu tendieren Menschen mit indirektem Kommunikationsstil dazu, stiller zu sein und sich in Interaktionen zweideutig auszudrücken. Sie vermeiden es, anderen direkt „Nein" zu sagen, um eine harmonische Atmosphäre zu fördern oder zu erhalten (vgl. Chen & Starosta, 1997). Der Wissenschaftler Yu-Tang Ling erklärt dieses Kulturphänomen als Qu-Etikette (曲) (vgl. Ling, 1937). Die Qu-Etikette kann als umgehen, rund, Biegung, gebogen, verbogen, indirekt usw. übersetzt werden und es gibt ca. 3300 Verhaltensregel bei der sogenannten „曲-Etikette". Die Chinesen sagen: „Wir verrichten alles auf indirekte Weise. Wir versuchen einem Hindernis auszuweichen, eine Schwierigkeit zu umgehen und geben eine ausweichende Antwort (Ling, 1937)."

Chinesinnen und Chinesen legen großen Wert auf vertrauensvolle Beziehungen, sind aber konfliktscheu und setzen auf *Konfliktvermeidung* (vgl. Kirkbride et al., 1991; Triandis et al., 1990). Aufgrund der chinesischen traditionellen Werte und Philosophie werden die Konflikte kaum konstruktiv und ohne eine professionelle Unterstützung verarbeitet. Unterdrückte Konflikte bleiben, äußere Ordnung wird simuliert ohne inneren Frieden. Somit werden Konflikte versteckt und nicht rechtzeitig bearbeitet, schwelen als latente Konflikte weiter und brechen dann mitunter als persönliche Beziehungskonflikte aus.

Machtorientierung zeigt sich auch eindeutig in der Konfliktsituation. Im chinesischen Kontext haben die Höherrangigen mehr Berechtigungen als in anderen Kulturen. Jede Kritik (auch über offensichtliche Fehler) bei Höherrangigen ist unerwünscht (vgl. Ma & Becker, 2015). Topmanagerinnen und -manager werden kulturell als Entscheidungsträger und Problemlösende akzeptiert. Mit anderen Worten, in der chinesischen Gesellschaft werden Personen mit einem höheren Status in der partikularen Beziehungsstruktur als sachkundiger im Prozess der Problemlösung oder der Konfliktlösung angesehen. Nur die Höherrangigen dürfen Kritik nach unten äußern. Ein starkes Ungleichgewicht existiert daher von vornherein bei einer Konfliktsituation mit Beteiligten auf unterschiedlichen Rangstufen. Die Höherrangigen dürfen offen kritisieren, sogar die andere Seite bloßstellen. Die hierarchisch Untergebenen müssen dagegen die Entscheidung und Kritik akzeptieren.

Harmonieorientierung ist ein anderer wichtiger Punkt innerhalb der Konfliktbegegnung. Harmonie ist ein fundamentaler Wert im chinesischen Konfuzianismus. Chinesinnen und Chinesen glauben, nur wenn Harmonie erreicht ist und im Himmel und auf der Erde vorherrschen, können alle Dinge gedeihen (vgl. Vittinghoff, 2001). Um dies zu erreichen, streben sie tendenziell nach einer konfliktfreien zwischenmenschlichen Beziehung (vgl. Chen & Chung, 1994). Innerhalb der Konfliktsituation haben die Konfliktparteien eine Konzentration auf die Wünsche beider Parteien mit dem Ziel, die zwischenmenschliche Harmonie zu fördern. Schon in der alten chinesischen Philosophie wurden Diskussion und Auseinandersetzung als schlechtes Benehmen eingeordnet, weil das zu Zerstörung von Harmonie führt. Dieses Verhalten ist daher nicht gerne in der chinesischen Kultur gesehen.

Mit einer *Gesichtsbewahrung-Orientierung* (vgl. Ting-Toomey et al., 1991; Ma & Becker, 2015) sollte Konflikt nicht offen gezeigt werden. Offener Streit wird in China vermieden, das Heraustragen von Konflikten aus inneren Kreisen („Der Gestank der Familie bleibt im Haus!") wird gesellschaftlich mit Gesichtsverlust geahndet. Direktes und offenes Ausdrücken von Gefühlen wird als unreif und unüberlegt betrachtet. Ein altes chinesisches Sprichwort besagt: „Ausgesprochenes ist nicht mehr zurückzunehmen und wirkt daher zerstörerisch!" Man sollte daher lieber schweigen und das Gefühl verstecken. Jede bewusste Handlung, die dazu führt, dass andere ihr Gesicht verlieren, schadet dem eigenen Image (vgl. Chiao, 1988). Daher haben die Chinesinnen und Chinesen eine hohe Schmerzgrenze, um Konflikte zu verdrängen. Die traditionelle Handlungsorientierung zum Konflikt ist: Ein großes Problem verkleinern, ein kleines Problem ignorieren (Da Shi Hua Xiao, Xiao Shi Hua Liao大事化小, 小事化了).

Diese fünf Phänomene, *High-Kontext-Sprache, Konfliktvermeidung, Machtorientierung, Harmonieorientierung und Gesichtsbewahrung,* im Konfliktkontext in China führen zu einer besonderen Lage und Komplexität im Konfliktmanagement. Der bevorzugte Grundsatz nach altem Sprichwort wie „Einen Kampf des Verstandes und nicht der Gliedmaßen zu führen" im chinesischen Konfliktmanagement und der Konfliktlösung führen zu Missverständnissen und Fehlern auf der westlichen Seite. Häufig verschlechtert sich ein Konflikt schon massiv, bevor westliche Beobachtende diesen bemerken. Häufig müssen westliche Unternehmen dann ihre zerstrittenen chinesischen Mitarbeitenden mit einer externen Mediatorin bzw. einem externen Mediator unterstützen, ohne dass vorher die Konfliktparteien miteinander konstruktiv nach Lösungen gesucht haben.

Traditionell verlassen sich Chinesen auch bei der Lösung von Konflikten stark auf eine dritte Partei (SchuoHeRen 说和人: Frieden Sprecher & ZhongJieRen 中间人: Vermittler).

12.3 Transformative Mediation als Instrument für das Konfliktmanagement im chinesischen Business-Kontext

Professionelle Management-Mediation ist ein wirksames Instrument, um Konflikte zu verarbeiten. Im Mittelpunkt aller Mediationsansätze steht, dass eine dritte Partei den Streitparteien hilft, Konflikte zu lösen, indem sie die Parteien befähigt, ihre eigenen Lösungen zu finden (vgl. Bush & Folger, 2004; Picard, 2002).

Es handelt sich um einen unterstützten Verhandlungsprozess, bei dem die Mediatorin bzw. der Mediator keine Macht hat, Ergebnisse zu erzwingen. Stattdessen unterstützt er die Parteien dabei, die Probleme zu lösen und einen Konsens zu finden. Was sie dabei entdecken, sind neue Informationen übereinander und neue Sichtweisen auf das Problem und die andere Person. Die Konfliktparteien gehen aus dem Prozess mit neuen Möglichkeiten hervor, den Streit zwischen ihnen zu lösen und zusammenzuarbeiten. Nichts davon sollte aufgezwungen werden (vgl. Picard & Melchin, 2007).

Dabei scheint die transformative Mediation im Business-Kontext in China besonders effektiv zu sein. Die transformative Mediation konzentriert sich auf die Beziehungen und auf die Fähigkeit der Parteien, durch die Mediation ein Empowerment der eigenen Fähigkeit zu erreichen, eigene Entscheidungen zu treffen und Anerkennung zu der Fähigkeit und der Erfahrungen der anderen Partei zu realisieren. Es sieht in der Konfliktmediation eine Chance für moralisches Wachstum und Entwicklung der Teilnehmenden (vgl. Folger & Bush, 1996; Picard & Melchin, 2007).

Im Vergleich zur Facilitativen Mediation (auch interessenbasiertes Modell der Mediation) (vgl. Alexandra, 2008) sind transformative Modelle (vgl. Folger & Bush, 1996) der Ansicht, dass Konflikte und Lösungsprozesse den Menschen die Möglichkeit bieten, sich selbst zu erweitern, sich zu entwickeln und neue Beziehungen zu knüpfen, die auf der Entfaltung neu entdeckter Potenziale basieren (vgl. Picard & Melchin, 2007).

Die chinesische Version der dritten Partei (Frieden Sprecher „ShuoHeRen 说和人" und Vermittler „ZhongJieRen 中间人") unterscheidet sich von der transformativen Mediatorin bzw. vom transformativen Mediator (vgl. Zen, 2020). Ein ShuoHeRen oder ZhongJieRen muss einen eindeutig hohen sozialen Status (Seniorität und Autorität auf Basis von Alter, Hierarchie und Weisheit) haben. Sie fördern wie die Mediatorin bzw. der Mediator/Coach die weiteren Kommunikationsprozesse (indirekte statt direkte) zwischen den Parteien. Sie übersetzen die ausgesprochenen Informationen aus beiden Seiten zu einer positiven und lösungsorientierten Richtung. Sie führen ein paar Vorgespräche mit jeweiligen Beteiligten (Vorgespräche in der Management-Mediation), in denen sie zuhören, ohne zu paraphrasieren (im Vergleich zur Mediatorin bzw. zum Mediator/Coach). Sie schildern sowohl die positive als auch negative Konsequenz der aktuellen Situation, um die Akzeptanz der Konfliktparteien von der vorgeschlagenen Lösung zu erhöhen. Sie sind überzeugende Vermittelnde. Ein ShuoHeRen oder ZhongJieRen gestaltet eine Suche nach Gemeinsamkeiten unter Beibehaltung kleinerer Unterschiede (QiuDaTong, CunXiaoYi 求大同,存小异) (vgl. Zen, 2020). Aufgrund der Flexibilität der Chinesinnen und Chinesen (vgl. Ma & Becker, 2015) und dem hohen Status der ShuoHeRen können die Menschen einigermaßen die Lösung und Vorschläge von einem ShuoHeRen oder ZhongJieRen akzeptieren. Die Lösung und Vorschläge kommen aber vonseiten des ShuoHeRen oder ZhongJieRen, nachdem er die Konfliktparteien angehört und ein Urteil für sich gebildet hat. Die gemeinsame Reflektion und danach freiwillige gemeinsame Entwicklung einer fairen Lösung (wie in einer Mediation) sind im chinesischen Kontext unbekannt. Eine Nachhaltigkeit der Veränderung der direkten Kommunikation und des konstruktiven Verhaltens ist aufgrund des Mangels der Reflektion nicht gewährleistet. Die Änderung ist eher kurzfristig, weil sie rein auf externem Druck erfolgt. Der ShuoHeRen bzw. ZhongJieRen hat aufgrund seines hohen Status die Macht, die Lösung vorzuschlagen und teilweise die kurzfristige Akzeptanz zu erzwingen. Daher ist es wichtig, das Potenzial der transformativen Mediation im chinesischen Kontext zu erschließen.

12.3.1 Herausforderungen für Mediation in China

Es gibt zahlreiche Herausforderungen für Mediation in China. Die Wesentlichen behandelt dieser Abschnitt.

1. Es gibt einen Mangel an Bereitschaft für die Beteiligung in Mediationsprozessen aufgrund der Harmonieorientierung und Gesichtsbewahrung. Die Konfliktparteien haben Angst, einen offenen Konflikt miteinander zu haben. Daher ist eine starke Unterstützung aus dem Topmanagement sehr wichtig. Die klare Kommunikation der Erwartung zur Teilnahme an die Mediation ist als Basis entscheidend.
2. Die Konfliktparteien haben eine niedrige Eigenverantwortlichkeit innerhalb des Mediationsprozesses aufgrund fehlender Erfahrungen mit Mediation und Coaching. Im traditionellen Konfliktprozess hat der ShuoHeRen oder ZhongJieRen letztendlich die Verantwortung für die Konfliktlösung. Die Konfliktparteien sind nur mehr Entscheidungsempfänger. Sie haben die Lösungssuche nach außen delegiert.
3. Die Konfliktparteien haben einen Mangel an einer konstruktiven bzw. klaren direkten Kommunikation aufgrund der High-Kontext-Sprache. Viele Botschaften wurden indirekt formuliert. Dies erfordert eine hohe „Übersetzungskompetenz" des Mediators/Coaches. Dieser muss dann sowohl die Sprache negativ zu positiv und destruktiv zu konstruktiv umformulieren als auch unkonkret zu konkret übersetzen. Gleichzeitig sollte die Mediatorin bzw. der Mediator ihre bzw. seine Erwartung an eine konstruktive Kommunikation ständig betonen.
4. Die Konfliktparteien kommunizieren aufgrund der gesichtsbewahrenden Orientierung ungerne direkt über negatives Verhalten, welches Konflikt direkt verursacht. In China nimmt man eine direkte Kommunikation über negatives Verhalten von anderen bzw. Kritik zueinander als extrem unhöflich oder gar aggressiv wahr. Offene Kritik, ohne das Gesicht anderer zu berücksichtigen, wird als eine Kriegserklärung zwischen den Konfliktparteien wahrgenommen. Das Verhalten erschwert einen Mediationsprozess. Eine Mediatorin bzw. Mediator sollte über Ich-Botschaft-Regeln kommunizieren und über offene Kommunikation loben und motivieren.
5. Die Konfliktparteien haben einen Mangel an Auseinandersetzungsfähigkeit bei der Diskussion. Die Philosophie in China beurteilt die Diskussionsfähigkeit als unmoralisches Verhalten. Konfuzius sagt dazu „Ein Gentleman will im Stillen sprechen und mit Feingefühl handeln" (Jun Zi Yu Na Yu Yan Er Min Yu Xing 君子欲讷于言而敏于行; Chen, 2013). Konfuzius plädierte für weniger Reden und mehr Handeln und schätzte vor allem die sorgfältige Rede. Er lehnte neunmal-kluges Gerede ab. Um unpassende Rede zu vermeiden, fokussiert man sich lieber auf das Gemeinsame anstatt auf das Trennende. Der Raum für eine mögliche Vereinbarung über die verschiedenen Meinungen bleibt damit sehr klein. Eine Mediatorin bzw. Mediator sollte deswegen immer mit offenen und kraftvollen Fragen die Auseinandersetzungsfähigkeit mit der Lösung aktivieren und fördern.

6. Die bildliche chinesische Sprache spiegelt die nicht-linearen Denkmuster der Chinesinnen und Chinesen wider. Diese deduktive Denkweise (vgl. Kaplan, 1966) zeigt eine geringe Struktur und Logik der Darstellung. Die Mediatorin bzw. der Mediator sollte hier Struktur herstellen und rote Linien im Prozess vor Augen haben. Wenn die Konfliktparteien zu weit abweichen, sollte die Mediatorin bzw. der Mediator sie wieder zurückholen.

12.3.2 Voraussetzungen für erfolgreiche Mediation in China

Qualifikation der Mediatorinnen bzw. Mediatoren, eine besondere Vorbereitungsphase sowie ausreichend Zeit und Geduld sind wichtige Voraussetzungen für erfolgreiche Mediation in China.

1. Zuerst muss die Mediatorin bzw. der Mediator einige besondere Qualifikationen erfüllen:
   a) Ruf und sozialer Status der Mediatorinnen und Mediatoren (wie bei SchuoHeRen 说和人: Frieden Sprecher & ZhongJieRen 中间人: Vermittler) ist eine effektive Unterstützung, um die Akzeptanz zu erhöhen. Als Expertin oder Experte mit hohem Status und Bekanntheit (Expert Advisory Mediation) sollte die Mediatorin bzw. der Mediator den Parteien fachliche Beratung anbieten können (vgl. Alexander, 2008).
   b) Professionalität und reichhaltige Erfahrungen als Mediator und Coach bieten die notwendige Basis für die transformationale Mediation an. Rogers (1942) stellte drei Grundhaltungen für Mediatorinnen bzw. Mediatoren und Coaches dar: Kongruenz (Echtheit, Unverfälschtheit und Authentizität), bedingungslose positive Zuwendung (Akzeptanz, Wertschätzung) und einfühlsames Verstehen und Empathie.
   Aufgrund der weniger konstruktiven Kommunikationsfähigkeit der Chinesinnen und Chinesen benötigen die Mediatorinnen bzw. Mediatoren sehr gute Frage- und Zuhörfähigkeiten, um die breiteren und tieferen Dimensionen der Interaktion der Parteien zu erkennen. Durch den Einsatz dieser Kommunikationsfähigkeiten helfen sie, die Kommunikation zwischen den Streitparteien zu fördern, um die Ereignisse, Erfahrungen, Bedeutungen und Emotionen zu erforschen, die den Konflikt verursacht und aufrechterhalten haben (vgl. Picard & Melchin, 2007). Eine erfahrene Mediatorin bzw. ein erfahrender Mediator und Coach kann eine gute Struktur aufbauen und einem roten Faden folgen.
   c) Aufgrund der High-Kontext-Sprache und Gesichtsbewahrung bei der Kommunikation im Vergleich zu westlichen Kulturen sollte die Mediatorin bzw. der Mediator die chinesische Kultur gut kennen.

2. Besondere Vorbereitungsphase
   a) Eine längere Vorbereitungsphase ist notwendig aufgrund der versteckten Konflikte und ausgeprägten Gesichtsbewahrung. Zusätzlich gibt es aktuell ein generelles fehlendes menschliches Vertrauen in China.
   b) Die Vorbereitungsphase sind Interviews und Coachinggespräche One to One mit Konfliktparteien. Im Gespräch ist es wichtig, Geduld zu haben und sich Zeit für die Menschen zu nehmen. Die Mediatorin bzw. der Mediator und Coach erlaubt den Konfliktparteien, ihre Unzufriedenheit und emotionale Verletzung durch die Gespräche rauslassen zu können. Nachdem die Menschen ihre Emotion rausgelassen haben, können sie besser konstruktiv miteinander nach einer Lösung suchen.
   c) Wutmanagement: Um Wut und dadurch entstandene starke Ablehnung innerhalb des Prozesses zu vermeiden, sollte die Mediatorin bzw. der Mediator vor den gemeinsamen Sitzungen mit den Konfliktparteien mindestens drei Einzelgespräche mit den jeweiligen Konfliktparteien durchführen. In China, wenn Wut Face to Face hervortritt, kann man den dadurch verlorenen Gesichtsschaden sehr schwer reparieren.
3. Zeit und Geduld
   a) Chinesinnen und Chinesen sind konfliktscheu und kommunizieren ihren Konflikt nicht offen und direkt, um das Gesicht zu bewahren. Daher kann man nicht mit einem im Westen oft typischen zweitägigen Workshop die Mediationsprozesse erfolgreich durchführen. Je nach Konfliktarten und Konfliktstufen sollte die Mediatorin bzw. der Mediator ausreichende Zeit bekommen, um die Mediation durchzuführen.
   b) Innerhalb der Management-Mediation sind viele Konflikte auch mit Werteunterschieden verbunden. In einem interkulturellen Team bestehen immer relativ unterschiedliche Werte. Auch in einem rein chinesischen Managementteam gibt es natürlich unterschiedliche Werte – etwa aufgrund regionaler Unterschiede im Konfliktverhalten und Unterschieden zwischen Generationen oder Persönlichkeiten.
   c) High-Kontext-Sprache führt zu unklarem Ausdruck und Formulierung im Konflikt. Verallgemeinern, ungenaue, vage und abgeschwächte Formulierungen („vielleicht, ein wenig, es könnte sein" etc.) brauchen viel Zeit für die Übersetzung und Festlegung der konkreten Konfliktinhalte.

12.3.3 Mediation in China anhand des Modells von Dulabaum

Hier wird das Modell von Dulabaum (2009) im chinesischen Kontext vorgestellt.

- Schritt 1: Die wichtige Vorarbeit (Allparteilichkeit, Akzeptanz, Anerkennung, Bejahung).
  Akzeptanz und Freiwilligkeit aufseiten der Konfliktparteien ist eine Herausforderung. Die Topmanagerin bzw. der Topmanager muss hinter dem Projekt stehen und es stark unterstützen. Dadurch wird die Akzeptanz erhöht.
  Die Mediatorin bzw. der Mediator sollte Allparteilichkeit, Akzeptanz, Anerkennung und Bejahung als Haltung haben und die Konfliktparteien sollten in der Lage sein, diese zu vermitteln.
- Schritt 2: Herstellen einer konstruktiven Kommunikation in einem geschützten Raum.
  Die Spielregeln (z. B. keine Unterbrechung) müssen zu Beginn festgelegt und transparent kommuniziert werden. Auch innerhalb der Prozesse muss immer wieder nachgefragt werden. Aufgrund der hohen Hierarchieorientierung in China haben die Ranghöheren die Angewohnheit, sich ständig in die Erzählung des anderen einzumischen (pushing down) und in der Kommunikation zu dominieren. Dieses Verhalten sollte unterbrochen werden, damit auch die schwächere Partei ihre Meinungen und Interessen formulieren kann.
  Hier sollte ein Gleichgewicht zwischen der einen Seite, die die Hierarchie respektiert und das Gesicht wahrt, und der anderen Seite, die gleiche Rechte und Möglichkeiten hat, zwischen den beiden Parteien im Mediationsprozess bestehen. Der Grad der Konstruktivität und des Kompromisses hängt in China vom Unterschied der Hierarchiepositionen der Konfliktparteien ab. Dies verletzt die Gleichberechtigung und Chancengleichheit der Parteien. Daher sollte die Mediatorin bzw. der Mediator darauf achten, diese Regeln im Voraus festzulegen und klar und transparent zu kommunizieren, um das Gespräch von beiden Seiten konstruktiv zu gestalten.
- Schritt 3: Definieren und diskutieren: die Phasen des Mitteilens.
  In dieser Phase definieren die Konfliktparteien ihre Themen und legen gemeinsam die Reihenfolge fest, in der die Themen diskutiert werden sollen. Anschließend sollten die Themen entsprechend dieser Reihenfolge im Detail besprochen werden. Dabei sollte die Mediatorin bzw. der Mediator die geringe Diskussionsbereitschaft der Konfliktparteien in China berücksichtigen. Die Chinesinnen und Chinesen sind es gewohnt, bei Streitigkeiten eine „Überhören, Übersehen, Übergehen"-Strategie zu verfolgen. Dies führt zu Schwierigkeiten bei einer konstruktiven Diskussion. Deshalb sollte die Mediatorin bzw. der Mediator die beiden Seiten zum Dialog einladen und immer wieder kleine, konkrete Fragen stellen. In diesem Schritt sollte ein Perspektivwechsel stattfinden. Aufgrund der kollektivistischen Kultur sind diese Pläne leicht zu verwirklichen.
- Schritt 4: Zusammenfassen, Nachfragen und Klären.
  Diese Aktivitäten sind teilweise mit Schritt 3 vermischt. Die Mediatorin bzw. der Mediator fasst ständig zusammen, paraphrasiert, fragt nach und lässt die Konfliktparteien sprechen. Es wird sowohl in kleinen als auch in großen Punkten zusammengefasst. Hier sollte beiden Seiten ausreichend Zeit und Raum gegeben werden. Dieser Schritt ist wegen der kontextbezogenen Sprache und der Hierarchieorientierung sehr wichtig, um ihn richtig durchzuführen. Die Fragen sollten sehr konkret formuliert

werden. Die Konfliktparteien sollten den Menschen und seine Hierarchiestufe respektieren und gleichzeitig sachlich gleichberechtigt sein.
- Schritt 5: Ideengewitter, Lösungen suchen und sammeln.

Der gesamte Prozess sollte lösungsorientiert sein. Nachdem die Konfliktparteien also einen ausreichenden Klärungsprozess hinter sich haben, sollte die Mediatorin bzw. der Mediator/Coach nun damit beginnen, Fragen zu stellen wie „Welche realistischen Lösungen können wir für dieses Problem finden?" oder „Was können wir tun, damit dieser Lösungsansatz umgesetzt werden kann?". Jede Art von Lösung ist erlaubt. In diesem Schritt ist es wichtig, die Kreativität beider Konfliktparteien zu fördern und jede Lösung unvoreingenommen zu betrachten. In einem interkulturellen Kontext ist es besonders wichtig, die chinesische Konfliktpartei gleich zu gewichten, da die Chinesinnen und Chinesen sehr zurückhaltend sind, ihre Meinung zu äußern. In einem rein chinesischen Kontext ist es wichtig, den Konfliktparteien auf verschiedenen Hierarchieebenen die gleichen Chancen einzuräumen, da die unteren Ränge nur sehr ungern ihre Meinung gegenüber höheren Rängen äußern.
- Schritt 6: Fertig? Einverstanden und Ausprobieren.

Aufgrund der Hierarchieorientierung in China setzt die ranghöhere Partei ihre Interessen durch, was zum Nachteil der rangniedrigeren Partei führt. Dies wiederum erschwert die Umsetzung der Vereinbarung in der späteren Phase. Die Mediatorin bzw. der Mediator hat in dieser Phase nicht nur die Rolle der bzw. des Prozessbegleitenden, sondern auch die der Managementexpertin bzw. des Managementexperten. Sie oder er muss in der Lage sein, ihre bzw. seine eigene Meinung zu äußern. Deshalb muss die Mediatorin bzw. der Mediator in einem solchen Fall das Thema mit sorgfältigen und angemessenen Fragen darstellen. So sind sich beide Parteien darüber im Klaren, was das Ergebnis für sie bedeutet. Daher sollte die Mediatorin bzw. der Mediator auch eine Managementexpertin bzw. ein Managementexperte sein, damit die Akzeptanz der Konfliktparteien gegeben ist. In China ergeben sich Seniorität und Autorität aus Alter, Hierarchie und Wissen. In diesem Schritt sollte die Mediatorin bzw. der Mediator seine Autorität zusammen mit seinem Wissen einsetzen, damit die Lösungen wirklich fair und nachhaltig umgesetzt werden können.
- Schritt 7: Fortsetzung oder Nachfolgetermin vereinbaren.

Ein Folgetermin sollte im Abstand von einer Woche stattfinden. So haben die Konfliktparteien ausreichend Zeit, die vereinbarte Lösung auszuprobieren und zu reflektieren.

12.4 Case Study

Anhand einer Fallstudie soll hier die Umsetzbarkeit der transformativen Mediation für Managementkonflikte in China dargestellt werden.

Hintergrund

In einer Tochtergesellschaft eines deutschen Unternehmens in China gibt es einen großen Konflikt innerhalb des Führungsteams. Die beiden Konfliktparteien (Einzelpersonen) sind sehr gestresst und zeigen daher auch eine deutliche Leistungsminderung und mangelnden Fokus auf die Aufgaben. Ein sehr erfahrener Mediator und Coach übernimmt und begleitet den Mediationsprozess.

Der Konflikt weist Kennzeichen auf, die ihn für transformative Mediation geeignet erscheinen lassen (vgl. Alexander, 2008):

- Der Streit war ein immer wiederkehrendes Symptom für einen zugrunde liegenden Konflikt. Die Konfliktparteien sprechen nicht mehr miteinander über den Konflikt. Sie sprechen nur noch mit der dritten Partei übereinander.
- Es gibt keine Zusammenarbeit mehr miteinander. Jede Konfliktpartei hat den Eindruck, dass die andere Seite sie loswerden will.
- Die Konfliktparteien sind bereit, dies mit einem Experten zu besprechen, bevor sie Entscheidungen über den Streit selbst treffen.
- Es handelt sich um einen Beziehungskonflikt, sowohl persönlich als auch geschäftlich.
- Es geht um erhebliche emotionale und verhaltensbezogene Fragen. Der Konflikt eskaliert im Laufe der Zeit sehr stark.
- Die Konfliktparteien streiten sich aufgrund des Generationenunterschieds (Generation X und Generation Y) über Werte und Prinzipien.
- Die Parteien können von einer transformativen Mediation für ihre persönliche Entwicklung profitieren. Dies ist das Ziel des Unternehmens.
- Der Konflikt hat die 6. Stufe von Glasl (1982, 2011) erreicht. Es ist also noch möglich, eine transformative Mediation durchzuführen.

Vorgehen

Das Sieben-Schritte-Modell von Dulabaum (2009) wurde modifiziert durchgeführt. Es wurden umfangreiche Vorbereitungsarbeiten durchgeführt. Der Mediator hat drei Vorgespräche mit beiden Parteien zu je zwei Stunden geführt. So haben beide Parteien die Möglichkeit, ihren Ärger, ihre Verletzlichkeit und sogar ihre Traurigkeit zum Ausdruck zu bringen.

Der Mediationsprozess wurde aufgrund der internationalen Entfernung und der Einschränkungen durch die Corona-Pandemie virtuell durchgeführt. Der Zeitrahmen war eine Sitzung pro Woche. Dies ermöglichte den Parteien, sich in dieser Zeit selbst zu reflektieren.

In der Vorbereitungsphase wurden drei Konflikttypen diagnostiziert: Persönliche Differenzen führen zu Beziehungskonflikten. Eigene Machtfragen führen zu Interessenkonflikten. Unklare Unternehmensregeln führen zu strukturellen Konflikten.

Für die beiden Konflikttypen wurden verschiedene Interventionstechniken eingesetzt. Aktives Zuhören war eine grundlegende Technik für den Umgang mit zwei Konflikttypen. Die emotionalen Reaktionen wurden so verstanden und akzeptiert.

Der Mediator stellte sechs angepasste Fragen (vgl. Algert, 2020) zur Sensibilisierung, um zunächst die Reflexion und die Bereitschaft zur Veränderung zu aktivieren.

- Wie sehr engagieren Sie sich für die Beziehung zwischen Ihnen beiden bei der Arbeit?
- Wie wichtig ist das vorherige Thema für Sie?
- Haben Sie die Energie, sich auf einen Konflikt einzulassen?
- Sind Sie sich der möglichen Folgen bewusst?
- Sind Sie bereit, mit diesen Konsequenzen umzugehen?
- Wie würde die Situation aussehen, wenn Sie sich nicht auf den Konflikt einlassen würden?

Wichtige Regeln für einen konstruktiven Kommunikationsrahmen wurden zu Beginn transparent kommuniziert: Reden lassen, Ich-Botschaft und konstruktive Diskussion, kein Unterbrechen, Beurteilen und Kritisieren der anderen ist erlaubt, jeder bekommt Zeit zum Nachdenken, Reflektieren und Suchen von Lösungen.

Die Parteien bestimmen gemeinsam die Themen und die Reihenfolge der Themen. Voraussetzung dafür ist die Bereitschaft zur Zusammenarbeit. So gab der Mediator den Konfliktparteien die erste Kooperationsaufgabe. Die Konfliktparteien trafen ihre Entscheidung sehr schnell gemeinsam.

Die den Themen zugrunde liegenden Bedürfnisse wurden besprochen. So konnten die Konfliktparteien sich selbst und einander besser kennenlernen. Gemeinsame Interessen und eine mögliche Win–Win-Situation als Ziel wurden gemeinsam entwickelt.

Beide Parteien arbeiten intensiv an den Themen. Der Mediator übersetzt ständig die Sätze, die nicht konstruktiv und lösungsorientiert kommuniziert wurden. Auch emotionale Äußerungen wurden mit der Ich-Botschaft übersetzt. Es wurden keine Fehler in der Vergangenheit benannt oder wer sie verursacht hat. Stattdessen tauschten die Konfliktparteien in der Interaktion ihre Erfahrungen und Wahrnehmungen aus.

Beide Konfliktparteien suchten gemeinsam nach Lösungen für die Probleme. Jede beschreibt ihre eigenen Meinungen und Lösungsvorschläge. Die andere stellt Fragen. Wenn beide keine gemeinsame Lösung gefunden haben, legte der Mediator den Punkt zur weiteren Bearbeitung beiseite. (Der Mediator teilte die Erfahrungen mit den Topmanagern der Muttergesellschaft und schlug eine Lösung vor. Chinesische Topmanagerinnen und Topmanager in der Tochtergesellschaft akzeptieren oft die Erfahrungen und das System der Muttergesellschaft ohne große Diskussion, weil sie von stärkeren und erfahrenen Leuten lernen wollen.) Die anderen offenen Fragen wurden bei der nächsten Sitzung weiter erörtert. Die Diskussionen wurden so lange geführt, bis beide Konfliktparteien mit der Lösung einverstanden waren.

Die Klärungen und Vereinbarungen wurden vom Mediator schriftlich zusammengefasst und nach den Sitzungen als Dokument an beide Konfliktparteien geschickt. Der Mediator gab beiden Parteien nach jeder Sitzung die gleiche Hausaufgabe. Diese Hausaufgabe sollte zur Reflexion über die gemeinsame Zusammenarbeit in der Arbeit führen und im Laufe der Zeit vertieft werden. Die Hausaufgaben wurden in der folgenden Sitzung ausgetauscht.

Der Mediator konnte den Plan für die Mediation im Laufe des Prozesses noch anpassen. Je nach Intensität und Ausdehnung der Themen arbeiteten die Konfliktparteien mit dem Mediator zusammen, um den Prozess anzupassen. So hatten beide Parteien ausreichend Zeit, ihre Anliegen und Probleme zu bearbeiten. Es fanden insgesamt acht Sitzungen statt. Jede Sitzung dauerte vier Stunden.

Ergebnisse

Nach Abschluss der Mediation lassen sich folgende Ergebnisse festhalten.

Es war eine sehr erfolgreiche Mediation. Durch Feedback der Parteien und Beobachtungen aus ihrem Umfeld erfuhr der Mediator diese Informationen.

- Das Vertrauen (zu sich selbst und zur anderen Partei) wurde durch die Mediation stark gestärkt. Die beiden Parteien können wieder im Interesse des Unternehmens zusammenarbeiten und gemeinsam professionell auf das Ziel des Unternehmens hinarbeiten.
- Veränderung der Denkweise:
  a) Emotionale Verletzungen wurden aufgearbeitet und ein gegenseitiges Verständnis und Akzeptanz wurde entwickelt. Sie haben die Kampfhaltung mental aufgegeben.
  b) Mit der Mediation haben sie die Transparenzorientierung als notwendige Haltung erkannt. Vorher hat jeder versucht, die wichtigen Informationen nicht rechtzeitig an die andere Seite weiterzugeben. Jetzt haben sie erkannt, dass der Mangel an Transparenz zu Missverständnissen und Nichtakzeptanz führt. Durch die Mediation haben sich beide darauf geeinigt, Transparenz als Grundprinzip für die zukünftige Kommunikation zu nehmen, ihre Zusammenarbeit und ihr Verhalten anzupassen.
- Verbesserung der Kompetenzen:
  a) Es zeigt sich eine Erweiterung der Fähigkeit, mit Konflikten umzugehen. Beide Konfliktparteien haben ihre Einstellung zum Konfliktmanagement erweitert. Sie haben in der Mediation den Mut entwickelt, ihre eigenen unterschiedlichen Meinungen und negativen Gefühle direkt miteinander auszutauschen.
  b) Aufbau von Problemlösungskapazitäten: Beide Parteien haben im Rahmen der Mediation gelernt, die Probleme lösungsorientiert zu besprechen. Die Bereitschaft und Akzeptanz, sich auf die Diskussion einzulassen, steigt. Damit haben sie für sich selbst eine Diskussions- und Konfliktlösungskompetenz entwickelt. Dies ist eine sehr wichtige Kompetenz für die zukünftige Zusammenarbeit.
  c) Entwicklung von sozialer Urteilsfähigkeit: Sie haben die Fähigkeit entwickelt, die Perspektive zu wechseln, andere und Situationen zu verstehen und sich flexibel zu

verhalten. Beide haben die andere Seite durch Zuhören und Reflektieren besser verstanden. Dadurch werden frühere Missverständnisse deutlich reduziert.
- Lernbereitschaft und Weiterentwicklungsbedarf:
  a) Sie haben in der Mediation festgestellt, dass sie sich vom Führungsstil und der Arbeitsweise sehr unterscheiden. Diese Unterschiede sind eher eine Stärke als eine Schwäche für das Team. Sie können viel voneinander lernen und nehmen die Unterschiede als Stärke für die Teamentwicklung wahr. Sie haben also ihre Lernbereitschaft entwickelt.
  b) Im Rahmen der Mediation haben sie auch das Motiv für ihre eigene persönliche Entwicklung entdeckt. So haben sie entsprechende Themen für das Management-Coaching entwickelt: z. B. Führungskompetenz, Konfliktmanagement, Kommunikationskompetenz.
- Um eine Nachhaltigkeit der Mediation zu erreichen, setzte das Unternehmen eine Prozessbegleitung (Supervision) als Add-on nach der Mediation ein. Für den Strukturkonflikt tauschten sich die Konfliktparteien innerhalb des Prozesses ausführlich über die Lösungsmöglichkeiten und das Verständnis des Systems und der Regeln aus. Eine anschließende Prozessbegleitung durch Beraterinnen und Berater bzw. Coaches kann die Wirkung langfristig sichern.

12.5 Erkenntnisse

Aus den Ergebnissen der Recherche und der Fallstudie lassen sich wichtige Erkenntnisse ableiten.

a) Eine starke Unterstützung durch die oberste Führungsebene ist unerlässlich. Bei der transformativen Mediation ist der Zeitaufwand sehr hoch und bedarf einer starken Unterstützung durch das Topmanagement. Die Konfliktparteien sollten eine klare Botschaft von der obersten Führungsebene erhalten: Sie müssen zusammenarbeiten. Dazu bietet die oberste Leitung die Management-Mediation als Unterstützung an. Wenn sich die Konfliktparteien nicht auf die Mediation einlassen, sollte auch eine angemessene Verwarnung oder Sanktion (z. B. Vertragskürzung, Bonuskürzung usw.) ausgesprochen werden, damit sie die Mediation einleiten können.
b) Vertrauen ist eine wesentliche Grundlage für die Zusammenarbeit des Managementteams. Vertrauen ist ein gemeinsames Thema bei der Mediation von Führungskräften. Die Konfliktparteien ab der fünften Ebene vertrauen einander in der Regel nicht. Um die Situation zu verbessern, sollte die Mediation mehrmals und mit einer Pause (eine Woche) dazwischen durchgeführt werden. So können die Parteien in der Pausenphase noch reflektieren. Durch einen zweitägigen Workshop kann keine nachhaltige Wirkung erzielt werden.
c) Die Vorbereitungsphase ist wesentlich. In der Vorbereitungsphase haben die Konfliktparteien das Gefühl, dass ihnen zugehört wird und sie alle Gedanken und Gefühle

äußern und mitteilen dürfen. Damit haben sie eine gute Basis für den Mediationsprozess geschaffen.
d) Chinesische Führungspersönlichkeiten können und müssen die Konfliktfähigkeit und die Argumentationsfähigkeit erwerben. Die alte chinesische Philosophie beurteilt die Diskussionsfähigkeit als moralisch schlechtes Verhalten. Aus der Tradition heraus schaden die Diskussion und der Streit dem Gesicht des anderen. Daher beschreiben sie die Konfliktsituation im Prozess gerne mit Metaphern und kommunizieren indirekt. Mit der Globalisierung sollten chinesische Führungskräfte ihre Führungsqualitäten internationalisieren.
e) Aufgrund der mangelnden konstruktiven Kommunikationsfähigkeit der Chinesinnen und Chinesen ist es sehr wichtig, hohe Kompetenz und Erfahrung von der Mediatorin bzw. dem Mediator zu erwarten. Die Mediatorin bzw. der Mediator muss ständig die Sprache der Konfliktparteien in konstruktive Sätze übersetzen und Fragen stellen.

12.6 Ausblick

Trotz aller positiven Ergebnisse gibt es natürlich Grenzen der Übertragbarkeit dieser Erkenntnisse. Es handelt sich hier um eine Fallstudie, die naturgemäß nicht zwingend auf andere Situationen übertragbar ist. Es bedarf weiterer Forschung mit größeren Fallzahlen an Konfliktmediationen. Qualitative Forschung mit halbstandardisierten Fragen und Interviews kann hier ein sinnvoller nächster Schritt sein.

Weitere Forschung kann auf die Suche nach Lösungen für die Zukunft ausgerichtet werden. Welche Instrumente können im chinesischen Kontext als effektiv eingesetzt werden, um die Konfliktsituation zu bewältigen?

Konfliktmanagement ist in China nach wie vor ein wichtiges Thema. Einer der wichtigsten Gründe dafür sind die relativ jungen Mitglieder des Managementteams. Für ausländische Investoren ist die Beherrschung von Fremdsprachen sehr wichtig. Die jüngere Generation kann die Fremdsprache besser beherrschen. Aufgrund der raschen wirtschaftlichen Entwicklung gibt es in China eine große Diskrepanz zwischen den Werten der Generation 70 und der Generation 80 (Generation X und Generation Y). Die Generation Y hat im Vergleich zu den anderen Generationen viele westliche Werte übernommen. Daher hat sie auch ein anderes Konfliktverhalten als andere Generationen. Zukünftige Forschung kann auf die jüngeren Zielgruppen ausgerichtet werden.

Transformative Mediation könnte möglicherweise auch in der Gruppenmediation in chinesischen Unternehmen eingesetzt werden. Es ist auch möglich, dass das Forschungswissen im interkulturellen Kontext erweitert werden kann.

Die Unterstützung und die Auswirkungen von Coaching als Technik der Management-Mediation können in Zukunft untersucht werden. In der Praxis entscheiden sich die Organisationen oft erst im Nachhinein für einen Coaching-Prozess, da die Konfliktparteien oft erst im Prozess ihren Bedarf an Weiterentwicklung und Coaching entdecken. Der Prozess sollte durch Theorien und Forschung begleitet und abgesichert werden.

Literatur

Alexander, N. M. (2008). The mediation metamodel: Understanding practice. *Conflict Resolution Quarterly, 26*(1), 97–123.

Algert, N. T. (2020). Conflict Management and Leadership Development Using Mediation. EBSCO Publishing: EBook Business Collection (EBSCOhost) – Printed on 11/18/2021 4:33 AM via FOM HOCHSCHULE FR OEKONOMIE & MANAGEMENT GEMEINNUETZIGE GESELLSCHAFT MBH, AN: 2682395. Account: Ns072003.main. https://eds.s.ebscohost.com/eds/detail/detail?vid=4&sid=9b02626a-0382-4158-ab8a-0fb5ab4c15d0%40redis&bdata=Jmxhbmc9ZGUmc2l0ZT1lZHMtbGl2ZSZzY29wZT1zaXRl#AN=2682395&db=e020mww.

Bush, R. A. B., & Folger, J. P. (2004). *The promise of mediation: The transformative approach to conflict*. Wiley.

Chen, X. Z. (2013). *Zhong Hua Wen Hua Ji Chu Jiao Cai (Shang)*. Zhong Hua Shu Ju.

Chen, G. M., & Chung, J. (1994). The impact of Confucianism on organizational communication. *Communication Quarterly, 42*(2), 93–105.

Chen, G. M., & Starosta, W. J. (1997). *Chinese conflict management and resolution: Overview and implications*. University of Rhode Island.

Chen, G. M., & Ma, R. (Hrsg.). (2002). *Chinese conflict management and resolution*. Greenwood Publishing Group.

Chen, G., Liu, C., & Tjosvold, D. (2005). Conflict management for effective top management teams and innovation in China. *Journal of Management Studies, 42*(2), 277–300.

Chiao, C. (1988). An establishment of a model of chinese strategic behaviors. *The psychology of Chinese people*, 431–446.

Chua, E. G., & Gudykunst, W. B. (1987). Conflict resolution styles in low-and high-context cultures. *Communication research reports, 4*(1).

Deutsch, M., Coleman, P. T., & Marcus, E. C. (Eds.). (2011). *The handbook of conflict resolution: Theory and practice*. Wiley.

Deutsche Bundesbank. (2019). Direktinvestitionsstatistiken. https://www.bundesbank.de/de/statistiken/aussenwirtschaft/direktinvestitionen/direktinvestitionsstatistiken-804078.

Ding, D. Z. (1996). Exploring chinese conflict management styles in joint ventures in the People's Republic of China. *Management Research News*.

Du, G. D. (2019). Die Zukunft der Mediation in China: Synergie zwischen Rechtsstreitigkeiten und Mediation. https://de.chinajusticeobserver.com/a/the-future-of-mediation-in-china-synergy-between-litigation-and-mediation.

Dulabaum, N. L. (2009). Mediation: Das ABC. *Die Kunst, in Konflikten erfolgreich zu vermitteln. 42003* (5. Überarbeitete und erweiterte Auflage). *Beltz*

Dürr, N. S., Rammer, C., & Böing, P. (2020). *Direktinvestitionen zwischen Deutschland und China aus einer innovationspolitischen Sicht: Studie im Auftrag der Expertenkommission Forschung und Innovation* (No. 8–2020). Studien zum deutschen Innovationssystem.

Folger, J. P., & Bush, R. A. B. (1996). Transformative mediation and third-party intervention: Ten hallmarks of a transformative approach to practice. *Mediation Quarterly, 13*(4), 263–278.

Glasl, F. (1982). The process of conflict escalation and roles of third parties. In *Conflict management and industrial relations* (S. 119–140). Dordrecht.

Glasl, F. (2011). *Konfliktmanagement: Ein Handbuch für Führungskräfte und Berater*. Haupt.

Hall, E. T. (1989). *Beyond culture*. Anchor.

Höltschi, R., & Rasch, M. (2022). Wie abhängig ist die deutsche Wirtschaft von China – Und wie gefährlich ist das? https://www.nzz.ch/wirtschaft/china-abhaengigkeit-wie-gefaehrdet-ist-die-deutsche-wirtschaft-ld.1682527.

Kaplan, R. B. (1966). Cultural thought patterns in inter-cultural education. *Language learning, 16*(1–2), 1–20.

Kirkbride, P. S., Tang, S. F. Y., & Westwood, R. I. (1991). Chinese conflict preferences and negotiating behaviour: Cultural and psychological influences. *Organization Studies, 12,* 365–386.

Ling, Y. T. (1937). *The Importance of Living*. Reynal & Hitchcock.

Ma, Z. (2007). Competing or accommodating? An empirical test of chinese conflict management styles. *Contemporary Management Research, 3*(1), 3–3.

Ma, X., & Becker, F. (2015). *Business-Kultur in China: China-Expertise in Werten, Kultur und Kommunikation*. Springer.

Nguyen, H. H. D., & Yang, J. (2012). Chinese employees' interpersonal conflict management strategies. *International Journal of Conflict Management*.

Picard, C. A. (2002). *Mediating interpersonal and small group conflict*. Dundurn.

Picard, C. A., & Melchin, K. R. (2007). Insight mediation: A learning-centered mediation model. *Negotiation Journal, 23*(1), 35–53.

Proksch, R. (1999). Curriculum einer Mediatorausbildung – Lehrbrief 2. *Zeitschrift für Mediation, 4,* 229–238.

Rogers, C. R. (1942). *Die nicht-direktive Beratung: Counseling and psychotherapy*. Kindler.

Ting-Toomey, S., Gao, G., Trubisky, P., Yang, Z., Soo Kim, H., Lin, S. L., & Nishida, T. (1991). Culture, face maintenance, and styles of handling interpersonal conflict: A study in five cultures. *International Journal of conflict management, 2*(4), 275–296.

Tjosvold, D., Law, K. S., & Sun, H. (2006). Effectiveness of Chinese teams: The role of conflict types and conflict management approaches. *Management and Organization Review, 2*(2), 231–252.

Triandis, H. C., McCusker, C., & Hui, C. H. (1990). Multimethod probes of individualism and collectivism. *Journal of Personality and Social Psychology, 59,* 1006–1020.

Vittinghoff, H. (2001). Chapter 2: Confucianism and confucian teachings. *Journal of Chinese Philosophy, 28*(1–2), 37–76.

Zen, X. Y. (2020). 关于中国传统调解制度的若干问题研究. (Eine Studie zu einigen Fragen des traditionellen chinesischen Mediationssystems) http://www.fxcxw.org.cn/dyna/content.php?id=14413.

Prof. Dr. Xiao Juan Ma ist Betriebswirtin und Expertin für China-Business. Dabei greift sie auf drei Studienabschlüsse (Rechtswissenschaften, Betriebswirtschaftslehre und Technologiemanagement) und ihre Promotion im Bereich Organisationspsychologie über die Führung von chinesischen Mitarbeiterinnen und Mitarbeitern zurück. In der Praxis hilft sie als Coach, Mediatorin, Trainerin und Beraterin seit mehr als 17 Jahren Klientinnen und Klienten, Lösungen für Herausforderungen in China zu entwickeln. Sie ist als Master Certified Coach des internationalen Coaching Verbandes ICF zertifiziert und besitzt Erfahrung aus über 3000 externen Coaching- & Mediation-Stunden mit internationalen Klientinnen und Klienten. Ihre mehrjährige internationale Erfahrung in der Industrie gibt sie als Professorin an der FOM München auch an Studierende weiter. Sie ist Geschäftsführerin von China-Expertise.

Mitarbeitermotivation im Vergleich zwischen deutschen und chinesischen mittelständischen Unternehmen

13

Jörg A. Macht und Yuanhao Chai

Inhaltsverzeichnis

13.1	Einführung	202
13.2	Möglichkeiten der Mitarbeitermotivation und Unterschiede beider Länder innerhalb der Mitarbeitermotivation	203
	13.2.1 Definition Mitarbeitermotivation	203
	13.2.2 Mitarbeitermotivation nach Zwei-Faktoren-Theorie von Herzberg und Maslow-Pyramide	204
	13.2.3 Entwicklung mittelständischer Unternehmen in Deutschland und China im Schwerpunkt Mitarbeitermotivation	208
	13.2.4 Kulturelle Unterschiede Deutschland und China	209
13.3	Transfer: Von Deutschland zu China	210
	13.3.1 Mitarbeitermotivation in China	211
	13.3.2 Mitarbeitermotivation in Deutschland	213
	13.3.3 Was deutsche Unternehmen von chinesischen Unternehmen lernen können	214
13.4	Fazit	215
Literatur		216

J. A. Macht
Rommerskirchen, Deutschland
E-Mail: macht@germaco.ag

Y. Chai (✉)
Essen, Deutschland

© Der/die Autor(en), exklusiv lizenziert an Springer Fachmedien Wiesbaden GmbH, ein Teil von Springer Nature 2023
M. Seidel und J. Macht (Hrsg.), *China & Innovation,* FOM-Edition,
https://doi.org/10.1007/978-3-658-40440-6_13

Zusammenfassung

Das richtige Personal in Unternehmen zu finden und zu binden, wird in Zukunft eine Schlüsselfunktion im Bereich des Unternehmenserfolges einnehmen. Um den damit verbundenen Wettbewerbsvorteil erfolgreich aus- und aufbauen zu können, lohnt es sich gerade in Zeiten zunehmender Globalisierung, auch auf Strategien und Motivationsfaktoren außerhalb von Deutschland zu schauen. In chinesischen Unternehmen gibt es eine völlig anders ausgeprägte Führungskultur, was sich auf die Motivation der Mitarbeiter auswirkt. Gerade in den Bereichen Akzeptanz von Führungsstilen, Reaktion auf Veränderungen im Unternehmen oder Wunsch nach Individualismus unterscheiden sich chinesische und deutsche Mitarbeiter sehr. In den Bereichen Rollenverständnis oder Werteverständnis wie Fleiß, Ausdauer und Pragmatismus können jedoch einige Überschneidungen festgestellt werden, welche der deutsche Mittelstand als mögliche Adaptionsvarianten aus chinesischen Unternehmen übernehmen kann. Gerade für Unternehmen mit internationaler Ausrichtung ergeben sich bei der Betrachtung internationaler Faktoren im Bereich Mitarbeitermotivation Vorteile, auf Dauer die besten Kräfte an sich zu binden.

13.1 Einführung

Mitarbeitende brauchen Führung und die Führung braucht Mitarbeitende, um die betrieblich notwendigen Ziele zu erreichen. Seit Beginn des neuen Jahrhunderts rücken Begriffe wie Controlling, Wertorientierung, nachhaltige Entwicklung und Mitarbeitermotivation immer mehr in den Fokus. Dabei werden Konzepte wie Führung, Management und Controlling immer weiterentwickelt. Der Fokus liegt darauf, wie ein Unternehmen erfolgreicher geführt werden und dabei zeitgleich Mitarbeitende an sich binden kann.

Die heutige Zeit wird immer schnelllebiger. Das Unternehmen und das Umfeld verändern sich in zunehmend kleineren Zyklen. Um in der unternehmerischen Praxis erfolgreicher agieren zu können, ist der Informationsaustausch sowie konkret vereinbarte Maßnahmen für Führungskräfte und Mitarbeitende unerlässlich (vgl. Hoffmann, 2015, S. 9).

Mit der fortschreitenden Globalisierung haben die Zunahme des Handels zwischen China und Deutschland sowie die Öffnung des internationalen Marktes für beide Länder immer mehr Möglichkeiten für Transaktionen geschaffen. Viele deutsche Unternehmen eröffnen Fabriken in China oder gründen Joint Venture mit chinesischen Unternehmen. Ebenso haben sich viele chinesische Unternehmen dazu entschieden, nach Europa zu expandieren und Niederlassungen bzw. Tochterunternehmen in Deutschland zu eröffnen. Die immer mehr werdenden gemeinsamen Interaktionen beider Länder haben nicht nur die wirtschaftliche Verbindung zwischen den beiden Ländern verstärkt, sondern auch das Verständnis der beiden unterschiedlichen Kulturen im Kontext der Globalisierung ermöglicht (vgl. Hasebrook et al., 2020).

Gute Mitarbeitende sind Teil des Unternehmenskapitals unter dem Hintergrund der Globalisierung: Sie arbeiten schneller, effizienter, können neue Ideen generieren und steigern so die Produktivität und den Gewinn des Unternehmens (vgl. Fajen, 2018, S. 8 f.). Daher ist es wichtig, geeignete Maßnahmen zu ergreifen, um Mitarbeitende zu motivieren und zu halten. Es gilt grundsätzlich Folgendes: Wenn einem Mitarbeitenden seine Arbeit gefällt und die Person sich damit identifizieren kann, wird sie sich bemühen, ihre Arbeit bestmöglich zu erledigen. Angenehme Rahmenbedingungen, angemessene Interaktionen und Incentives sind Beispiele für viele Möglichkeiten, um eine entspannte Arbeitsatmosphäre zu schaffen und gleichzeitig die Mitarbeitenden zu motivieren.

Die auf der einen Seite vorliegenden kulturellen Herausforderungen beider Länder schaffen aber auch Möglichkeiten, voneinander zu lernen und so einen Mehrwert sowohl für deutsche und chinesische Unternehmen zu schaffen.

13.2 Möglichkeiten der Mitarbeitermotivation und Unterschiede beider Länder innerhalb der Mitarbeitermotivation

13.2.1 Definition Mitarbeitermotivation

Motivation ist ein gerne genutztes Schlagwort. Motivation wird in der Regel als die Erklärung definiert, warum eine Person zu einem bestimmten Zeitpunkt nach einem gegebenen Bedürfnis ein bestimmtes Verhalten beginnt, dieses fortsetzt oder beendet.

Motivation kann intern sein, weil sie Spaß oder Lust macht, oder wenn das Ziel eine externe Belohnung ist, die sich von der Aktivität selbst unterscheidet, dann wird von einer externen Motivation gesprochen. Als Anreiz wird eine bestimmte Aktion durchgeführt, um den Mitarbeitenden zu motivieren (vgl. Heckhausen & Heckhausen, 2018, S. 121 f.). Bei der internen Motivation geht es um die innere Zufriedenheit des Individuums. Im Rahmen der externen Motivation wird der Anreiz durch externe Faktoren gesetzt (vgl. Hoffmann, 2015, S. 36). Motivation ist eng mit der praktischen Vernunft verbunden. Eine zentrale Idee in diesem Zusammenhang ist, dass Menschen motiviert werden sollten, Maßnahmen zu ergreifen, wenn sie der Meinung sind, dass Maßnahmen ergriffen werden sollten. Die Nichterfüllung dieser Anforderung kann dann zu einem unzufriedenen Gefühl führen, das bei intrinsischer Motivation durch fehlende Anerkennung oder bei extrinsischer Motivation z. B. durch weniger Besoldung erkennbar ist.

Motivationsforschung wird in verschiedenen Bereichen eingesetzt. Im wirtschaftlichen Bereich ist beispielsweise die Arbeitsmotivation ein Kernthema, die sich damit beschäftigt, mit welchen Maßnahmen Arbeitgeber die Arbeitnehmerinnen und Arbeitnehmer zur Arbeit motivieren können. Motivation ist auch ein besonderes Anliegen von Bildungspsychologen, denn sie spielt eine entscheidende Rolle beim Lernen der Schülerinnen und Schüler. Das besondere Interesse in diesem Bereich gilt dem Einfluss intrinsischer und extrinsische Motivationen.

13.2.2 Mitarbeitermotivation nach Zwei-Faktoren-Theorie von Herzberg und Maslow-Pyramide

Die Zwei-Faktoren-Theorie von Herzberg konzentriert sich wie die Theorie der Bedürfnishierarchie von Maslow darauf, Mitarbeitende davon zu überzeugen, bestimmte arbeitsbezogene Leistungsgründe zu schätzen. Die Zwei Faktoren-Theorie nach Herzberg befasst sich mit zwei Faktoren. Erstens betont diese Theorie, dass einige Arbeitsfaktoren zu Zufriedenheit führen können, während andere die Unzufriedenheit nur verhindern können. Zweitens existieren Zufriedenheit und Unzufriedenheit mit der Arbeit nicht in einem einzigen Kontinuum, sondern können auch dezidiert betrachtet werden (vgl. Becker, 2019, S. 57 f.).

Durch die Untersuchung des Zusammenhangs zwischen der Arbeitszufriedenheit und Produktivität einer Gruppe von Buchhalterinnen und Buchhaltern sowie Ingenieurinnen und Ingenieuren und durch halborganisierte Interviews hat Herzberg Informationen über verschiedene Faktoren gesammelt, die die Einstellung der Mitarbeitenden zu ihrer Arbeit beeinflussen. Diese Daten zeigen, dass es zwei Eigenschaften gibt.

Die erste Kategorie von Faktoren sind Motivationsfaktoren, also die Motivatoren, einschließlich der Stelle selbst, sowie Anerkennung, Leistung und Verantwortung. Diese Faktoren beinhalten positive Gefühle für die berufliche Stelle und hängen mit dem Inhalt der Stelle selbst zusammen (vgl. Becker, 2019, S. 58). Diese positiven Gefühle beziehen sich auf persönliche Leistungen in der Vergangenheit, Anerkennung und Verantwortung. Die Grundlage sind dauerhafte und nicht kurzfristige Leistungen im Arbeitsumfeld. Wenn Motivationsfaktoren als Mitarbeitermotivationsfaktoren diskutiert werden, stellt dies eine kontinuierliche Beurteilung und Unterstützung positiver Faktoren basierend auf der subjektiven Bereitschaft des Mitarbeitenden dar.

Die zweite Kategorie von Faktoren sind Hygienefaktoren, einschließlich der Unternehmenspolitik und des Managements, der technischen Aufsicht, des Gehalts, der Arbeitsbedingungen und der zwischenmenschlichen Beziehungen (vgl. Becker, 2019, S. 58). Diese Faktoren beziehen sich auf die negativen Faktoren der Arbeit, aber auch auf das Arbeitsklima und die Umgebung. Mit anderen Worten heißt das, dass diese Faktoren externe Faktoren sind, während motivierende Faktoren interne oder mit der Arbeit verbundene interne Faktoren sind.

Im Zwei-Faktoren-Modell von Herzberg kann festgehalten werden, dass Hygienefaktoren und Motivatoren in unterschiedlichen Situationen zu unterschiedlichen Ergebnissen führen. Wenn Hygienefaktoren erfüllt sind, bringen die Faktoren keine Unzufriedenheit, und wenn Hygienefaktoren nicht erfüllt sind, bringen sie Unzufriedenheit. Entsprechend bringen die Motivatoren, wenn diese Faktoren erfüllt sind, Zufriedenheit, ansonsten nicht.

Aus einer anderen Perspektive hängen externe Faktoren hauptsächlich von der formalen Organisation wie Gehalt, Unternehmensrichtlinien und -systemen ab. Sie sind nur dann eine entsprechende Belohnung, wenn das Unternehmen die Leistungen anerkennt. Intrinsische Faktoren, wie z. B. das Erfolgserlebnis bei der guten Erledigung von Aufgaben, sind größtenteils persönliche innere Motivatoren, organisatorische Richtlinien können nur indirekte Auswirkungen haben. Nur durch die Festlegung von Kriterien für herausragende Leistungen kann eine Organisation beispielsweise die oder den Einzelnen beeinflussen und ihr oder ihm das Gefühl geben, dass die Person ihre Aufgaben erfolgreich erfüllt hat.

Obwohl Motivationsfaktoren normalerweise mit positiven Gefühlen bezüglich der Arbeit verbunden sind, beinhalten sie auch negative Gefühle. Gesundheitsfaktoren haben beispielsweise fast nichts mit positiven Gefühlen zu tun und führen nur zu Ergebnissen wie Depression, Trennung von der Organisation und Abwesenheit von der Arbeit.

Tab. 13.1 zeigt die Zwei-Faktoren-Theorie nach Herzberg. Aus dieser Tabelle wird ersichtlich, dass Zufriedenheit und Unzufriedenheit nicht in einem einzigen Kontinuum nebeneinander existieren, sondern vollständig getrennt sind. Dieses Doppelkontinuum bedeutet, dass eine Person gleichzeitig zufrieden und unzufrieden sein kann, was auch die Arbeit impliziert. Das Gehalt hat keinen Einfluss auf den Grad der Arbeitszufriedenheit, sondern nur auf den Grad der Unzufriedenheit mit der Arbeit.

Jeder Mensch hat die abgebildeten fünf unterschiedlichen Bedürfnisse, aber die Dringlichkeit der Bedürfnisse ist bei verschiedenen Individuen unterschiedlich. Das dringendste Bedürfnis der Menschen ist das Hauptbedürfnis und die Motivation, Menschen zum Handeln zu inspirieren (vgl. Maslow, 1954, S. 78). Menschliche Bedürfnisse sind die Transformation von äußerer Befriedigung zu innerer Befriedigung.

Nachdem die grundlegenden Bedürfnisse grundsätzlich befriedigt sind, nimmt ihre Motivationswirkung ab, ihre dominante Stellung wird nicht mehr aufrechterhalten, das heißt, die Wachstumsfaktoren lösen diese ab und werden zum Hauptgrund der Verhaltensförderung. Sobald Bedürfnisse befriedigt sind, können sie nicht mehr die Ursache für das Verhalten der Menschen sein, das heißt, sie werden durch andere Bedürfnisse ersetzt.

Wachstumsbedürfnisse haben einen höheren Motivationswert als Defizitbedürfnisse. Motivation und Begeisterung wird durch Wachstumsbedürfnisse maßgeblicher

Tab. 13.1 Zwei-Faktoren-Modell von Herzberg. (Quelle: In Anlehnung an Becker, 2019, S. 57 f.)

	Hygienefaktoren	Motivatoren (Motivationsfaktoren)
Beispiele	Gehalt, Sicherheiten etc.	
Wenn vorhanden	Keine Unzufriedenheit	Zufriedenheit
Wenn nicht vorhanden	Unzufriedenheit	Keine Zufriedenheit

beeinflusst. Das höchste Wachstumsbedürfnis des Menschen, die Selbstverwirklichung, besteht darin, sein eigenes Potenzial auf die effektivste und vollständige Art und Weise zum Ausdruck zu bringen. Wachstumsbedürfnisse können jedoch nur erreicht werden, wenn die Defizitbedürfnisse erfolgreich befriedigt wurden.

Die fünf Grundbedürfnisse des Menschen sind bei Menschen oft unbewusst. Daher sind für den Einzelnen unbewusste Motive wichtiger als bewusste. Unter gewissen Umständen lassen sich mit geeigneten Techniken unbewusste Bedürfnisse in bewusste Bedürfnisse umwandeln.

Maslow stellte die Hierarchie der Bedürfnisse in seinem 1943 veröffentlichten Buch „A Theory of Human Motivation Psychological Review" vor. In der Bedürfnispyramide (vgl. Abb. 13.1) sind die grundlegenden Bedeutungen der Bedürfnisse auf jeder Ebene wie folgt:

1. Grund- und Existenzbedürfnisse (physiologische Bedürfnisse)
   Dies ist die grundlegendste Voraussetzung für den Menschen, um sein eigenes Überleben zu sichern, einschließlich des Bedarfs an Hunger, Durst, Kleidung, Unterkunft und Transport. Körperliche Bedürfnisse sind der stärkste Antrieb für das Handeln des Menschen.

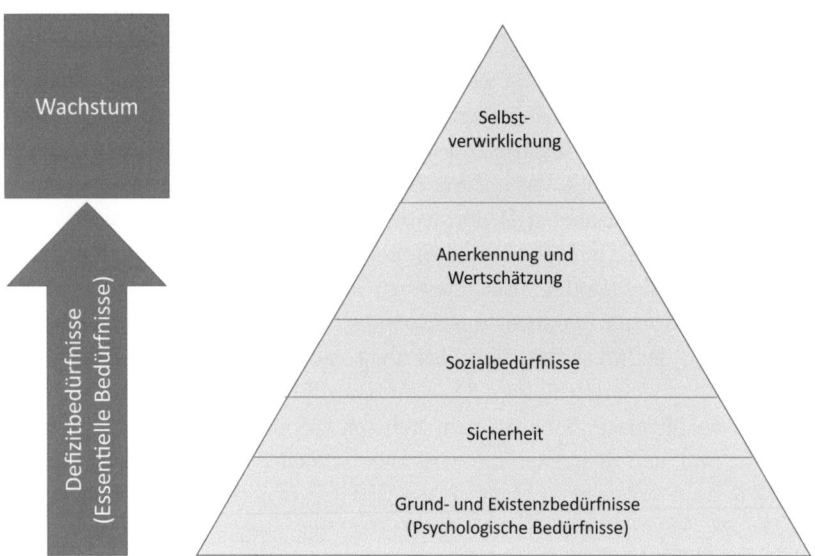

Abb. 13.1 Maslow'sche Bedürfnispyramide. (Quelle: In Anlehnung an Wannenwetsch, 2010, S. 497)

2. Das Bedürfnis nach Sicherheit
   Für den Menschen besteht die Notwendigkeit, seine eigene Sicherheit zu gewährleisten, drohende Karriere- und Vermögensverluste zu beseitigen und z. B. Berufskrankheiten zu vermeiden.
3. Sozialbedürfnis (emotionale Bedürfnisse)
   Der Bedarf auf dieser Ebene umfasst zwei Aspekte. Ein Aspekt ist das Bedürfnis nach Freundschaft, das heißt eine harmonische Beziehung oder Freundschaft sowie Loyalität zwischen Partnerinnen bzw. Partnern und Kolleginnen und Kollegen. Liebe und Freundschaft sind weitere Aspekte der emotionalen Bedürfnisse. Der zweite Aspekt ist das Bedürfnis nach Zugehörigkeit, das heißt, das Gefühl, zu einer Gruppe dazu zu gehören bzw. ein Mitglied einer Gruppe zu werden. Emotionale Bedürfnisse sind detaillierter als körperliche Bedürfnisse und beziehen sich auf die Eigenschaften, Erfahrungen, Bildung und religiösen Überzeugungen einer Person.
4. Das Bedürfnis nach Anerkennung und Wertschätzung
   Jeder hofft auf Anerkennung und Wertschätzung sowie, dass seine Fähigkeiten und Leistungen von der Gesellschaft anerkannt werden (vgl. Kleinaltenkamp et al., 2013, S. 255). Das Bedürfnis nach Respekt kann in internen Respekt und externen Respekt unterteilt werden. Interner Respekt bezieht sich auf den Wunsch einer Person, in verschiedenen Situationen Stärke, Kompetenz, Vertrauen und Unabhängigkeit auszustrahlen – vereinfacht dargestellt, innerer Respekt ist das menschliche Selbstwertgefühl. Externer Respekt bedeutet, dass eine Person Status und Prestige darstellen kann und von anderen respektiert und wertgeschätzt wird. Viele Menschen suchen daher z. B. auch Arbeit, um nicht nur einfach Geld zu verdienen, sondern auch, um den sozialen Status des Berufes zu berücksichtigen und respektiert zu werden.
5. Das Bedürfnis nach Selbstverwirklichung
   Dies ist die höchste Anforderungsstufe und bezieht sich auf die Notwendigkeit, persönliche Ideale und Ambitionen zu verwirklichen, persönliche Fähigkeiten zu maximieren und alles zu erreichen, was den eigenen Fähigkeiten entspricht. Maslow ging davon aus, dass der Ansatz zur Befriedigung des Bedürfnisses nach Selbstverwirklichung von Person zu Person unterschiedlich ist. Das Bedürfnis nach Selbstverwirklichung besteht darin, sein Potenzial zu erkennen und immer mehr zu der Person zu werden, die man sich innerlich vorstellt/wünscht.

Nach der theoretischen Analyse des Zwei-Faktoren-Modells und der Maslow'schen Bedürfnispyramide wurden viele praktische Mitarbeiterbedürfnisse entdeckt, analysiert und diskutiert. Bei dem Vergleich der Zwei-Faktoren-Theorie und der Bedürfnispyramide nach Maslow lässt sich – wie in Abb. 13.2 ersichtlich – eine direkte Zuordnung zwischen der Bedürfnispyramide und dem Zwei-Faktoren-Modell ermöglichen. Grund- oder Existenz-Bedürfnis, Sicherheit und Sozialbedürfnis können mit Hygienefaktoren kombiniert werden. Die Bedürfnisse nach Anerkennung, Wertschätzung und Selbstverwirklichung werden mit Motivatoren kombiniert.

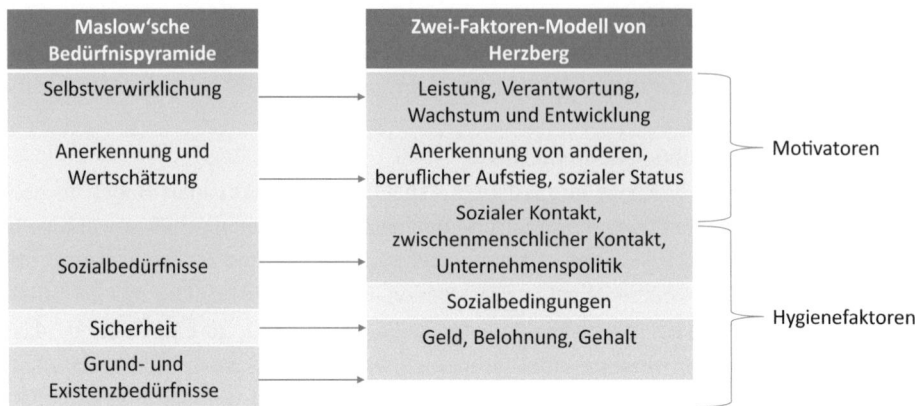

Abb. 13.2 Theoretische Kombination von zwei Modellen. (Quelle: In Anlehnung an Wien & Franzke, 2014, S. 64)

13.2.3 Entwicklung mittelständischer Unternehmen in Deutschland und China im Schwerpunkt Mitarbeitermotivation

China hat sich in den letzten 30 Jahren nach der Reform und Öffnung grundlegend anders entwickelt als Deutschland. In den 1980er-Jahren, nach der Reform und Öffnung, trat China allmählich in den Trend der globalisierten Wirtschaft ein. Nach mehr als 30 Jahren wirtschaftlicher Entwicklung ist China nach und nach zu einem wesentlichen Bestandteil der Weltwirtschaft geworden. Aufgrund der schnellen Entwicklung der chinesischen Wirtschaft sind viele Chinesinnen und Chinesen Unternehmerinnen und Unternehmer geworden und immer noch ist die Zahl der Start-ups innerhalb der chinesischen Wirtschaft sehr groß. Der schnelle Wandel führt zu positiven Veränderungen, aber auch zu Verlusten. Dies gilt unter anderem für die sich sehr stark verändernde chinesische Kultur. Während viele ältere Chinesinnen und Chinesen an den alten Traditionen festhalten, versucht die junge Generation, neue Ideen und Denkweisen auszuprobieren. Gleiches gilt für chinesische Unternehmen. Viele Unternehmen in China versuchen ständig sich weiterzuentwickeln und positive Aspekte aus allen Kulturen und Weltwirtschaften für sich zu adaptieren.

Für die chinesische Wirtschaft ist das Konzept der Mitarbeitermotivation im Vergleich zu Deutschland eine noch sehr junge Disziplin. Ein gutes Mitarbeitermotivationssystem im eigenen Unternehmen aufzubauen, ist für die meisten chinesischen Unternehmen immer noch eine sehr herausfordernde Aufgabe. Beeinflusst von der traditionellen chinesischen Kultur steckt die Mitarbeitermotivation in China noch in den Anfängen.

Unternehmen in Deutschland blicken auf eine längere Erfahrung im Bereich Mitarbeitermotivation zurück. Gleiches gilt für die Entwicklung und Förderung kleiner und mittelständischer Unternehmen.

13.2.4 Kulturelle Unterschiede Deutschland und China

Als typischer Vertreter der westlichen Kultur ist die deutsche Kultur offener als die chinesische. Die direkte Kommunikation gilt als die effektivste Art der Kommunikation in Deutschland (vgl. Papageorgiou, 2013, S. 252 f.). Beeinflusst von jahrhundertelanger philosophischer Kultur sind die Deutschen pragmatischer als andere westeuropäische Länder und denken gleichzeitig rationaler und kritischer. Aus diesem Grund achten deutsche Arbeitnehmerinnen und Arbeitnehmer im Vergleich zu chinesischen Arbeitnehmerinnen und Arbeitnehmern stärker auf die Verbesserung der persönlichen Fähigkeiten und ihrer Weiterentwicklung. Führungskräfte und Mitarbeitende sind in Deutschland unabhängiger, denn in einer individualistischen Gesellschaft sind alle gleichberechtigt. Beeinflusst von der Geschichte sind die Deutschen zunehmend bemüht, Unsicherheiten und Risiken zu vermeiden. Im Bereich der Mitarbeitermotivation schätzen Deutsche eine direkte Kommunikation. Eine direkte Kommunikation lässt die Ideen deutscher Mitarbeitenden am besten verstehen. Wie in China erlauben die kulturellen Besonderheiten einer höheren Toleranz den meisten deutschen Mitarbeitenden, ihre Ideen offen zu äußern (vgl. Miebach, 2017, S. 304).

Die chinesische Kultur respektiert Traditionen und misst dem kulturellen Erbe einen hohen Stellenwert zu. Daher kann die chinesische Kultur als eine „High Context"-Kultur verstanden werden, also eine Kultur, bei dem man viele Informationen benötigt, um zu kommunizieren. Ein Faktor, der auch die Wirtschaft maßgeblich beeinflusst. Danach befolgen in den meisten chinesischen Unternehmen die Mitarbeitenden nur die Anweisungen der Führungskräfte. In der Konsequenz haben Arbeitsgeber chinesischer Unternehmen in den meisten Fällen ein ausgeprägtes Rede- und Kontrollrecht (vgl. Sun, 2006, S. 9). Dieser Führungsstil brachte der Entwicklung chinesischer Unternehmen in den vergangenen Jahrzehnten einige Vorteile. Zunächst einmal ist der Zeitaufwand für die Entscheidungsfindung im Vergleich zu anderen Führungsformen deutlich geringer. Als Nachteil kann festgehalten werden, dass die Mitarbeitenden weniger über getroffene Entscheidungen nachdenken und diese reflektieren. Im Rahmen dieser Personalführung müssen die Führungskräfte darauf achten, dass die Mitarbeitenden ihre Stärke auch an ihrem jeweiligen Arbeitsplatz ausleben, da aufgrund der Vorgaben des Unternehmens eine Berücksichtigung individueller Stärken und Schwächen nur bedingt stattfinden kann (vgl. Wien & Franzke, 2014, S. 19). Als weiterer Nachteil kann festgehalten werden, dass die Mitarbeitenden sich kaum weiterentwickeln können, da ausschließlich Anweisungen befolgt werden müssen. Auch Erfahrungen der Mitarbeitenden z. B. zur Risikoreduzierung werden nur bedingt analysiert, da Feedback im Arbeitsprozess häufig nicht vorgesehen ist.

Unter dem Einfluss von Harmonie, Toleranz und Hierarchie hat China seine eigenen kulturellen Besonderheiten weiterentwickelt. In der Geschäftsführung und beim Controlling achten die Führungskräfte/Managerinnen und Manager stärker auf das Verhältnis zu ihren Vorgesetzten und die persönliche Reputation. Als kollektivistische

Gesellschaft soll Fleiß und Pragmatismus den Unternehmen Vorteile bringen. Chinesische Mitarbeitende haben sehr geringe Erwartungen an persönliche Bedürfnisse und tolerieren viel Druck vonseiten des Managements. Ein gutes Beziehungsnetz unter den Mitarbeitenden ist in chinesischen Unternehmen sehr wichtig. Ebenso ist es für chinesische Führungskräfte schwierig, geeignete Methoden zur Mitarbeitermotivation zu finden. Direkte Anfragen erhalten in der Regel keine positiveren Rückmeldungen. Im Gegenteil dazu, dient ein anonymer Fragebogen dazu, die Anforderungen chinesischer Mitarbeitender genauer zu erfassen.

13.3 Transfer: Von Deutschland zu China

Um die Unterschiede zwischen der chinesischen und deutschen Kultur sowie der sozialen Unterschiede besser herauszustellen, wurden die sechs verschiedenen Dimensionen von Hofstede herangezogen. Gemäß der sechsdimensionalen Kulturmatrix von Hofstede umfassen die Merkmale jeder Kultur sechs verschiedene Dimensionen. Hofstede glaubt, dass die Kultur ein psychologisches Programm ist, das von Menschen in einer Umgebung geteilt wird, die eine Gruppe von Menschen von anderen unterscheiden kann (vgl. Ternès & Towers, 2017). Durch Recherchen fasste er die Unterschiede zwischen verschiedenen Kulturen in sechs grundlegende Dimensionen kultureller Werte zusammen. Unterschiedliche Kulturen haben unterschiedliche Werte in unterschiedlichen Dimensionen (vgl. Festing et al., 2011). Das Niveau dieser Werte repräsentiert den Wertetrend oder den sozialen Charakter der Gesellschaft in verschiedenen Aspekten. Diese sechs Werte wurden in direktem Vergleich von Deutschland und China gegenübergestellt.

- Machtdistanz (Powerdistance): Die Machtdistanz ist höher, wenn z. B. ein eher autoritärer Führungsstil gewählt und akzeptiert wird, wie es im Vergleich z. B. bei einem Kollektiv der Fall ist.
- Kulturdimension und Individualismus (Individualism): Kulturen, bei denen eine eher kollektive Gesellschaft vorzufinden ist, verringern den individualistischen Ansatz innerhalb der Auswertung.
- Maskulinität und Feminität (Masculinity): Betrachtet wird innerhalb dieser Rubrik, wie sehr sich Geschlechterrollen unterscheiden. In einer eher maskulinen Gesellschaft hat der Mann die Vorrangstellung und es findet sich somit eine größere Ausprägung in der Analyse wieder. Bei einer niedrigen Ausprägung finden sich beide Geschlechter in der Rollenverteilung gleich wieder.
- Ungewissheitsvermeidung (Uncertaintry Avoidance): Fühlt sich die oder der Mitarbeitende bzw. der Mensch eher durch neue Situationen bedroht oder nicht.
- Lang- oder kurzfristige Ausrichtung (Long Term Orientation): Ist eine Kultur eher langfristig ausgerichtet, zählen Werte wie Fleiß, Ausdauer und Pragmatismus. Inner-

halb der kurzfristigen Betrachtung ist die Gesellschaft/die oder der Mitarbeitende eher an kurzfristigen Erfolgen interessiert.
- Genuss (Indulgence): Werden in einer Kultur Randgruppen und Menschen außerhalb der gesellschaftlichen Masse akzeptiert bzw. wird innerhalb der Kultur die Selbstverwirklichung von Individuen akzeptiert. Wenn dies der Fall ist, liegt eine hohe Ausprägung vor.

Wie in einem Ländervergleich zwischen Deutschland und China in Abb. 13.3 ersichtlich ist, gibt es einige Gemeinsamkeiten wie aber auch einige gravierend Abweichungen aus der Betrachtungsweise des Forschungsansatzes nach Hofstede.

13.3.1 Mitarbeitermotivation in China

Die chinesische Kultur haben Tausende von Jahren historischer Ereignisse und die Ansammlung kultureller Gewohnheiten viele Chinesen glauben lassen, dass ihre Gewohnheiten/Traditionen immer richtig sind. Doch nach mehr als 30 Jahren kultureller Integration vor dem Hintergrund der Globalisierung hat sich Chinas traditionelle Kultur unter anderem durch die heranwachsende Generation allmählich verändert (vgl. Abb. 13.4). Chinesische Mitarbeitende haben im Vergleich zu deutschen Mitarbeitenden weniger hohe Anforderungen an die Motivation und sind leichter zufriedenzustellen.

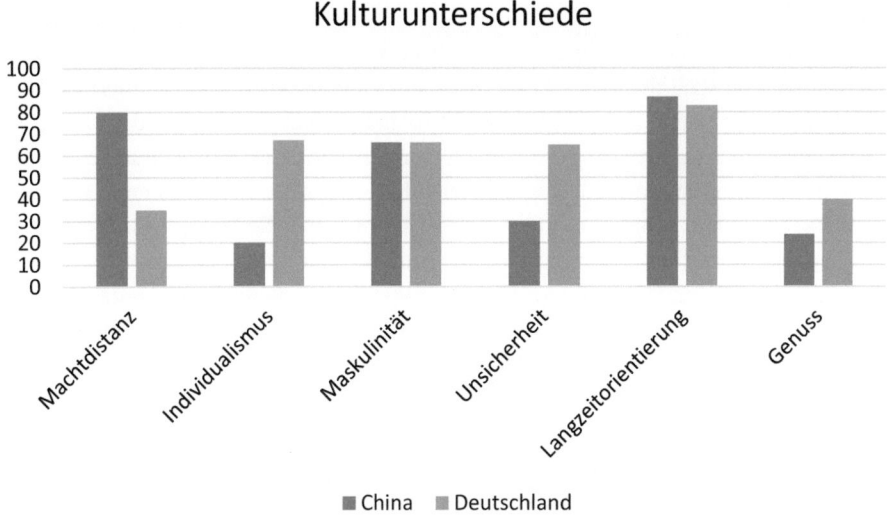

Abb. 13.3 Sechs Kulturdimensionen von Hofstede. (Quelle: In Anlehnung an Hofstede Insights, 2021)

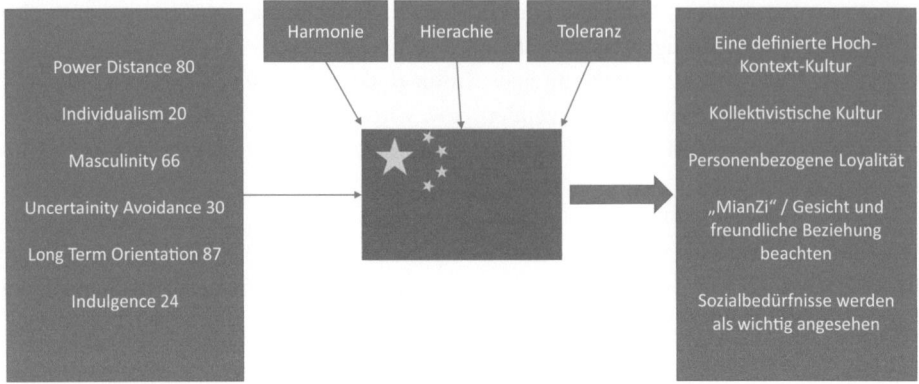

Abb. 13.4 Kulturelle Analyse Chinas bezüglich der Mitarbeitermotivation

- Einrichtung eines guten Belohnungsmechanismus:
  Besseres Einkommen bedeutet für Chinesinnen und Chinesen oft auch ein besseres Leben. Mehr Gehalt bedeutet oft für die Mitarbeitenden mehr Arbeitsfreude (vgl. Sass, 2019, S. 32). Verglichen mit dem Bedürfnis deutscher Arbeitnehmerinnen und Arbeitnehmer nach Anerkennung und Respekt schätzen chinesische Arbeitnehmerinnen und Arbeitnehmer die Befriedigung dieses Bedürfnisses eher als Motivatoren und ein gutes Gehalt als Hygienefaktoren ein (vgl. Meier, 2020, S. 24). Ein guter Belohnungsmechanismus in Kombination z. B. mit einem Anwesenheits-/Bewertungsmechanismus kann es chinesischen Mitarbeitenden ermöglichen, die Kulturmerkmale zu berücksichtigen, ohne die Belohnung des Gehaltes manipulativ zu nutzen.
- Einrichtung eines guten Informationsfeedback-Kanals:
  Informationsaustausch ist der beste Weg, um eine Aufgabe klar definiert zu lassen (vgl. Kleinaltenkamp et al., 2013, S. 285). Die Erfahrungen und historische Entwicklung der kritischen Hinterfragung innerhalb der deutschen Kultur zeigen, dass ein gutes Informationsfeedback ein wichtiges Mittel ist, um Herausforderungen zu lösen. Zudem trägt ein gutes Informations- und Feedback-Management zur Mitarbeitermotivation bei. Unter dem Einfluss der von „Harmonie" geprägten chinesischen Kultur wird direktes Feedback von Mitarbeitenden manchmal als unhöflich empfunden. Dann wird ein indirekter Informationsfeedback-Kanal benötigt, der für das traditionelle chinesische Management akzeptabler ist.
- Schaffung eines gutes Arbeitsklimas bzw. einer guten Arbeitsatmosphäre:
  Bessere Stühle oder ein besserer Bürocomputer, eine vernünftige Aufteilung des persönlichen Büroraums, eine Klimaanlage im Sommer und eine Büroküche sind direkte Mittel, um die Motivation der chinesischen Mitarbeitenden zu steigern (vgl. Hasebrook et al., 2020, S. 256). Chinesische Mitarbeitende, die sich schon immer auf zwischenmenschliche Beziehungen konzentriert haben, neigen eher dazu, sich auf

die Beziehung zu ihren Kollegen zu konzentrieren. Die Geschäftsführung sollte zu gegebener Zeit eine gewisse Wertschätzung und Anerkennung aussprechen und in der Pause kurze Gespräche mit ihren direkten Mitarbeitenden führen können. Dies kann die Beziehung zwischen ihnen fördern.

13.3.2 Mitarbeitermotivation in Deutschland

Deutschland hat eine starke philosophische Geschichte und eine westliche, fortschrittliche Wissenschaftskultur als kulturellen Hintergrund. Kritisches Denken und Individualismus sind Merkmale der deutschen Kultur. Die Orientierung an den persönlichen Fähigkeiten als Führungsposition führt dazu, dass deutsche Arbeitnehmerinnen und Arbeitnehmer mehr auf die Verbesserung der eigenen Fähigkeiten und die Einschätzung von Führungsfähigkeiten achten als auf rein „freundschaftliche Beziehungen". Im Vergleich zu den Bedürfnissen der chinesischen Arbeitnehmerinnen und Arbeitnehmer sind die Bedürfnisse deutscher Arbeitnehmerinnen und Arbeitnehmer eher Aspekte wie „Leistungsgefühl", „Identifikation" und „Respekt". Gleichzeitig haben die Deutschen eine risikoreiche Planungspsychologie. Eine Übersicht der Kulturanalyse unter Berücksichtigung des Ansatzes nach Hofstede und deren Ergebnis auf die kulturellen Ausprägungen lassen sich in Abb. 13.5 abbilden.

- Ausdrücken von Wertschätzung:
  Die Bedürfnisse nach Anerkennung sind bei deutschen Arbeitnehmerinnen und Arbeitnehmern stärker ausgeprägt als bei chinesischen. Anerkennung ist aber nicht immer Lob. Obwohl Lob z. B. auch als lässiges Schulterklopfen ausgedrückt werden kann, ist die Anerkennung die Würdigung und Akzeptanz des Handelns. Wertschätzung zeigt eine grundlegende und langfristige Auswirkung auf die Motivation

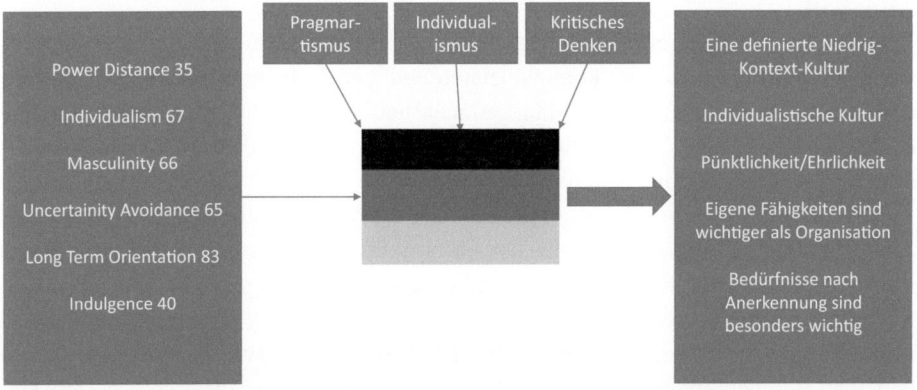

Abb. 13.5 Kulturelle Analyse Deutschlands bezüglich der Mitarbeitermotivation

der Mitarbeitenden (vgl. Keuper & Schunk, 2011, S. 88). Wertschätzung und Anerkennung können auch in Form von Verantwortung für bestimmte Projekte oder Aufgaben zum Ausdruck kommen.
- Definition klarer Aufgaben und Ziele:
Klare Ziele sind wichtig, damit die Mitarbeitenden wissen, was von ihnen erwartet wird, denn nur wer das Ziel kennt, kann den Weg wählen. Dies bedeutet jedoch nicht, dass das Management alles genau spezifizieren sollte. In der Theorie der Autonomie sollte eine gute Managerin bzw. ein guter Manager die Aufgabenteilung verdeutlichen (vgl. Keuper & Schunk, 2011, S. 79). Während das Management versucht, strategische Ziele zu verfolgen, können Mitarbeitende in einzelnen Bereichen versuchen, operative Ziele zu verfolgen, welche transparent und realistisch formuliert wurden. Dadurch werden nicht nur die Mitarbeitenden motiviert und ihre Begeisterung gesteigert, sondern auch ein besseres Arbeitsklima geschaffen.
- Interesse an der Arbeit und dem Menschen:
Das Management sollte zeitnah signalisieren, dass es ein wirkliches Interesse an den Mitarbeitenden selbst sowie deren Gesundheit und Arbeit hat (vgl. Festing, 2011, S. 167). Die direkte Kommunikation kann deutschen Vorgesetzten z. B. die Unzufriedenheit zu einer Sache in Bezug auf ihren Mitarbeitenden spüren lassen. Beispielsweise können Vorgesetzte nach einer Routinebesprechung die Mitarbeitenden angemessen nach ihren aktuellen Lebensumständen und ihrer körperlichen Gesundheit befragen.

13.3.3 Was deutsche Unternehmen von chinesischen Unternehmen lernen können

Insgesamt liegt der Hauptgrund für die unterschiedlichen Führungsstile zwischen China und Deutschland nach wie vor im unterschiedlichen Umgang und Verständnis individueller Eigenständigkeit zwischen den beiden Kulturen (vgl. Wien & Franzke, 2014, S. 2).

Deutsche Managerinnen und Manager neigen unter dem Einfluss der Niedrig-Kontext-Kultur eher dazu, zu kommunizieren und Sachverhalte direkt zu erklären bzw. auch zu klären. Für chinesische Managerinnen und Manager führt eine Hoch-Kontext-Kultur dazu, dass diese mehr auf das „Gesicht" und die geordnete Zusammenarbeit zwischen Vorgesetzten und Mitarbeitenden achten.

Wenn der chinesische Führungsstil mehr auf die Gefühle aller eingehen kann, wird das Unternehmen effizient sein und der Enthusiasmus jedes einzelnen Mitarbeitenden wird positive Folgen haben. Die Einrichtung eines geeigneten Informationsfeedback-Systems kann viele Probleme lösen, die durch das „Gesicht" verursacht werden. Die meisten chinesischen Angestellten zeichnen sich durch Maslows Nachfragetheorie aus und ihre Beschäftigungen sind mehr auf Realität und Materialisierung ausgerichtet. Chinesische Mitarbeitende und Führungskräfte sollen von der deutschen Kultur die

Vorteile der Deutschen im logischen Denken lernen, wie beispielsweise kritisches Denken und eine gesteigerte Konzentration auf die persönlichen Bedürfnisse.

Wenn der deutsche Führungsstil es jeder bzw. jedem ermöglicht, sich besser in die Gruppe und das Kollektiv zu integrieren, steigt auch die Effizienz des gesamten Unternehmens. Deutsche Managerinnen und Manager sollten versuchen, die Auswirkungen der „Harmonie" zu verstehen, die die chinesische Kultur fördert. In einem multikulturellen Umfeld kann der Versuch einer sanfteren Kommunikation oder einer klareren Aufgaben-/Zielzuordnung die Motivation deutscher Mitarbeitenden besser fördern.

Keine Kultur ist besser als eine andere und nur durch die ständige Bündelung der Stärken der jeweiligen Kultur und den Versuch, die eigenen Schwächen zu beseitigen, können im Zuge der Globalisierung die Mitarbeitenden besser motiviert werden.

13.4 Fazit

Unterschiedliche Kulturen haben die Motivation der Mitarbeitenden in beiden Ländern tiefgreifend beeinflusst. Obwohl nicht alle Unternehmen sich in eine Einteilung der Kulturdimensionen nach Hofstede einteilen lassen, ist es möglich, mithilfe z. B. der Kulturdimensionstheorien von Hofstede die Besonderheiten und Schwerpunkte der Mitarbeiterführung sowie Mitarbeitermotivation in deutsch-chinesischen Unternehmen zu analysieren (vgl. Gasteiger et al., 2015, S. 7 f.). China ist ein Land mit einem hohen Hang zum Kollektivismus, daher sind für chinesische Unternehmen der Aufbau einer „Harmonie" im Unternehmen sowie das soziale Verantwortungsbewusstsein sehr wichtig. Im Bereich der Mitarbeitermotivation gibt es einige Gemeinsamkeiten, aber auch einige Unterschiede zwischen chinesischen und deutschen Unternehmen. Das Verständnis und die Erkenntnis der Unternehmen, die Motivationspunkte der jeweiligen Kulturen anzuerkennen, ermöglicht es deutschen und chinesischen Unternehmen, die jeweiligen Motivatoren zu adaptieren und in die eigene Kultur ganz oder teilweise zu übertragen. Ziel sollte es sein, eigene Anreizmechanismen für Mitarbeitende zu etablieren und zu implementieren. In Bezug auf Gemeinsamkeiten ist der Innovationsgeist nicht nur Teil des traditionellen chinesischen Kulturgedankens, sondern auch ein lebendiger Ausdruck „kontinuierlicher Innovation" in der deutschen Unternehmenskultur (vgl. Leifels, 2019, S. 238). Unterschiedliche Länder haben unterschiedliche traditionelle Kulturen. Dies erfordert eine Einordnung und einen Vergleich zwischen der chinesischen und der deutschen Unternehmenskultur. Dies basiert nicht nur auf der Voraussetzung des kulturellen Hintergrunds, sondern ist auch eine Möglichkeit zur Lösung tatsächlicher interkultureller Widersprüche und praktischer Probleme im gemeinsamen Miteinander.

Literatur

Becker, F. (2019). *Mitarbeiter wirksam motivieren – Mitarbeitermotivationen mit der Macht der Psychologie*. Springer.

Fajen, A. (2018). *Erfolgreiche Führung multikultureller virtueller Teams – Wie Führungskräfte neuartige Herausforderungen meistern*. Springer Fachmedien.

Festing, M., Dowling, P., & Weber, W. (2011). *Internationales Personalmanagement*. Springer Fachmedien.

Gasteiger, R., Kaschube, J., & Rathjen, P. (2015). *Interkulturelle Führung in Organisationen – Menschen im globalen Kontext effektiv führen*. Springer Fachmedien Wiesbaden.

Hasebrook, J., Hackl, B., & Rodde, S. (2020). *Team-Mind und Teamleistung – Teamarbeit zwischen Managementmärchen und Arbeitswirklichkeit*. Springer.

Heckhausen, J., & Heckhausen, H. (2018). *Motivation und Handeln* (5. Aufl.). Springer.

Hoffmann, T. (2015). *Motivation im Führungskontext von Sozialunternehmen*. Springer Fachmedien Wiesbaden.

Hofstede Insights. (2021). Country Comparison between China and Germany. https://www.hofstede-insights.com/country-comparison/china,germany/. Zugegriffen: 28. Okt. 2021.

Keuper, F., & Schunk, H. A. (Hrsg.). (2011). *Internationalisierung deutscher Unternehmen – Strategien, Instrumente und Konzepte für den Mittelstand*. Springer Fachmedien.

Kleinaltenkamp, M., Plinke, W., & Geiger, I. (2013). *Auftrags- und Projektmanagement – Mastering Business Markets*. Springer Fachmedien Wiesbaden.

Leifels, K. (2019). *Stressoren und Ressourcen in der interkulturellen Teamarbeit*. Springer Fachmedien.

Maslow, A. (1954). *Motivation and personality*. Harper.

Miebach, B. (2017). *Handbuch Human Resource Management – Das Individuum und seine Potentiale für die Organisation*. Springer Fachmedien.

Papageorgiou, P. (2013). *Interkulturelle Wirtschaftskommunikation – Internationale Wachstumsmärkte wie Mexiko und Brasilien erfolgreich generieren*. Springer Fachmedien Wiesbaden.

Sass, E. (2019). *Mitarbeitermotivation, Mitarbeiterbindung – Was erwarten Arbeitnehmer?* Springer Fachmedien.

Sun, H. (2006). *Kulturmanagement und Unternehmenserfolg. Zur Bedeutung der Kultur in deutsch-chinesischen Jointventures*. Deutscher Universitäts-Verlag.

Ternès, A., & Towers, I. (2017). *Interkulturelle Kommunikation. Länderporträts – Kulturunterschiede – Unternehmensbeispiele*. Springer Fachmedien.

Wannenwetsch, H. (2010). *Integrierte Materialwirtschaft und Logistik*. Springer.

Wien, A., & Franzke, N. (2014). *Unternehmenskultur – Zielorientierte Unternehmensethik als entscheidender Erfolgsfaktor*. Springer Fachmedien.

Jörg A. Macht (Dipl.-Kfm., FH) ist Vorstandsvorsitzender der Germaco AG und Dozent an der FOM Hochschule in Deutschland und China. Er lehrt an den Standorten Köln, Düsseldorf, Neuss, Essen sowie an den chinesischen Standorten in Taian und Taiyuan Finanzierung und Investition, Investment und Investor Relations, Kosten- und Leistungsrechnung sowie Controlling.

Yuanhao Chai begann nach dem Bachelor-Studium an der Shandong Agricultural University in Taian und der FOM sein Master-Studium ebenfalls an der FOM im Schwerpunkt Accounting & Financial Management. Während seines Master-Studiums hat er sowohl als Lehrassistent an der Shandong Agricultural University gearbeitet, als auch Praktika in deutschen sowie in chinesischen Unternehmen absolviert.

Kulturelle Neurowissenschaft für die Mitarbeiterführung

14

Argang Ghadiri und Theo Peters

Inhaltsverzeichnis

14.1	Einleitung	220
14.2	Das menschliche Gehirn	220
14.3	Neuroleadership mit SCOAP	223
14.4	Kulturelle Neurowissenschaft	224
14.5	Fazit	227
Literatur		227

Zusammenfassung

Die Wirtschaftsbeziehungen zwischen Deutschland und China sind derzeit intensiver als je zuvor. Im Jahr 2019 lag das bilaterale Handelsvolumen bei rund 206 Mrd. EUR, wovon 96 Mrd. EUR auf deutsche Exporte nach China entfielen sowie 110 Mrd. EUR auf chinesische Exporte nach Deutschland. Ferner existieren enge Beziehungen zwischen den beiden Ländern, wie z. B. in wichtigen Wirtschafts- und Industriebereichen, in der Wissenschaft und der Ausbildung von Fachkräften. Um diese Beziehungen hinsichtlich der Mitarbeiterführung genauer zu durchleuchten, soll mit Neuroleadership ein Ansatz präsentiert werden, bei dem neurowissenschaftliche Erkenntnisse für die Führungsarbeit eingesetzt

---

A. Ghadiri (✉) · T. Peters
Hochschule Bonn-Rhein-Sieg, Sankt Augustin, Deutschland
E-Mail: argang.ghadiri@h-brs.de

T. Peters
E-Mail: theo.peters@h-brs.de

© Der/die Autor(en), exklusiv lizenziert an Springer Fachmedien Wiesbaden GmbH, ein Teil von Springer Nature 2023
M. Seidel und J. Macht (Hrsg.), *China & Innovation,* FOM-Edition,
https://doi.org/10.1007/978-3-658-40440-6_14

werden. Neuroleadership bietet in diesem Zusammenhang die Grundlage dafür, die kulturellen Besonderheiten – basierend auf Studien der Hirnforschung – besser zu verstehen.

14.1 Einleitung

Wirtschafts- und Handelsbeziehungen zwischen verschiedenen Kulturen erfordern im Kontext der Führungsarbeit besondere Aufmerksamkeit (vgl. Peters & Ghadiri, 2013). Die kulturelle Neurowissenschaft kombiniert die Theorien und Methoden der Kulturpsychologie mit den Neurowissenschaften, um das menschliche Verhalten und dessen Besonderheiten besser zu verstehen (vgl. Ames & Fiske, 2010). Hierbei bereichern neurowissenschaftliche Studien das Verständnis der Kulturpsychologie insofern, dass neuronal verankerte und unbewusste Prozesse unterschiedliche Handlungsweisen bei Menschen aus verschiedenen Kulturen auslösen können. Insofern eignen sich diese Erkenntnisse ebenfalls für die Führungsarbeit mit Neuroleadership – einem Führungsansatz basierend auf neurowissenschaftlichen Erkenntnissen, um zum einen neuronal verankerte Bedürfnisse (SCOAP) der Mitarbeitenden zu erfüllen und zum anderen positiv auf die Motivation und mentale Gesundheit einzuwirken. Daher werden im Folgenden Grundlagen des menschlichen Gehirns skizziert, um darauf aufbauend Neuroleadership als Ansatz für die Mitarbeiterführung darzustellen. Anschließend zeigen ausgewählte Studien der kulturellen Neurowissenschaft die Besonderheiten zwischen verschiedenen Kulturen auf und wie sie im Kontext der Führung von Relevanz sein können.

14.2 Das menschliche Gehirn

Das menschliche Gehirn ist das Zentrum sämtlicher Sinnesempfindungen und verarbeitet alle Informationen, die auf den Organismus einwirken. Es besitzt eine komplexe und in hohem Maße miteinander verwobene Struktur, die eine klare Grenzziehung zwischen den einzelnen Arealen und Funktionen kaum zulässt. Dennoch eignet sich das anschauliche Schichtenmodell nach MacLean (1990, S. 336 f.) für eine erste Annäherung, um den Aufbau des menschlichen Gehirns besser zu verstehen. In diesem Modell wird das menschliche Gehirn in die Schichten 1) Stammhirn, 2) limbisches System und 3) Großhirnrinde eingeteilt (vgl. Abb. 14.1).

Das *Stammhirn* besteht aus dem verlängerten Rückenmark, Kleinhirn und Hinterhirn (sogenannte Brücke), Mittelhirn sowie Zwischenhirn. Aus evolutionärer Sicht stellt es den ältesten Teil des Gehirns dar und wird daher auch als „Reptilienhirn" bezeichnet. Im Stammhirn werden die ankommenden Informationen verarbeitet, um sofortige und elementare Reflexe auszulösen. In diesem Teil werden die zentralen Körperfunktionen, wie z. B. Atmung, Blutkreislauf und Reflexe sowie Instinkte gesteuert. Der Thalamus,

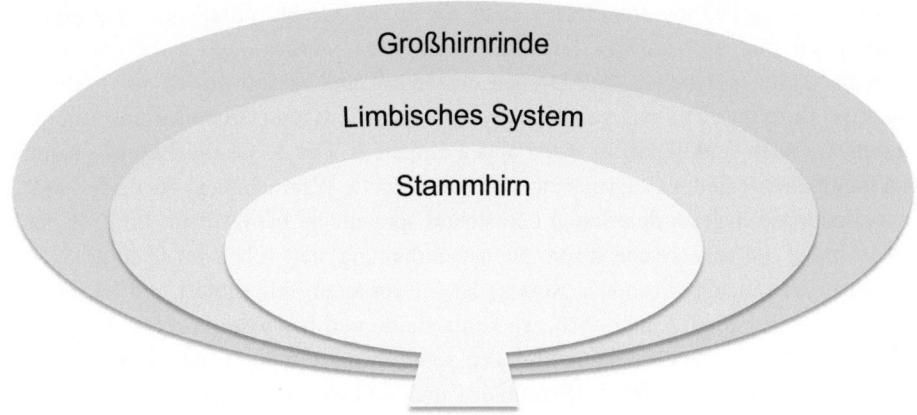

Abb. 14.1 Schichtenmodell des menschlichen Gehirns. (Quelle: Peters & Ghadiri, 2013, S. 27)

Bestandteil des Zwischenhirns, fungiert als sogenanntes „Tor zum Bewusstsein" und hat somit eine wesentliche Bedeutung für die ankommende Informationen aus dem Körper und den Sinnesorganen. Im Thalamus werden diese Signale gefiltert und klassifiziert, je nachdem welche Bedeutung sie für den Organismus haben (z. B. Gefahr, Wohlbefinden), um zur weiteren Verarbeitung an die entsprechenden Gehirnareale weitergeleitet zu werden.

Das limbische System ist aus evolutionärer Sicht das zweitälteste Gehirnareal. Es agiert als emotionales Zentrum und als eine Art Alarmsystem, indem es den Fokus auf das lenkt, was die meiste Aufmerksamkeit verdient. Stammhirn und limbisches System stehen in engem Kontakt über den Hypothalamus, wodurch eine Überführung von Emotionen in Körpergefühle erfolgen kann. Ein weiterer wichtiger Bestandteil ist die Amygdala (für griechisch „Mandelkern"; im Plural Amygdalae), die auch als Körpergedächtnis bezeichnet wird. Hier werden Ereignisse mit Emotionen verknüpft und abgespeichert, sodass bei neuen Situationen im Hinblick auf Gefahr, Schmerz oder ähnlichen Zuständen eine bestimmte Reaktion abgerufen werden kann. So kann auf Notfallreaktionen zurückgegriffen werden, wenn Trigger-Erfahrungen erlebt werden. Der Hippocampus speichert ebenfalls Informationen, hauptsächlich Erinnerungen, ab. Er verarbeitet die unterschiedlichen Informationen und leitet sie an die Großhirnrinde weiter. Ein weiteres Element stellt der Nucleus accumbens dar, der als sogenanntes Belohnungssystem bezeichnet wird. Es umfasst mehrere Gehirnareale, auch Bereiche der Großhirnrinde werden hierzugezählt, und ruft die meisten Formen von einer subjektiv empfundenen Belohnung hervor, die mit der Ausschüttung bestimmter Neurotransmitter einhergehen (beispielsweise das sogenannte Glückshormon „Dopamin" oder das Vertrauenshormon „Oxytocin").

Den jüngsten Teil des menschlichen Gehirns stellt die Großhirnrinde (oder Kortex) dar und ist nur wenige Millimeter dick. Hier findet die differenzierteste Form der

Informationsverarbeitung im Gehirn statt, da in der Großhirnrinde die motorischen, sensorischen und assoziativen Funktionen gesteuert werden. Die Großhirnrinde ist für willentliche und bewusste Aktionen zuständig und verantwortlich für komplexe, kognitive Prozesse. Für ein genaueres Verständnis wird die Großhirnrinde (morphologisch wie auch funktional) in vier Lappen aufgeteilt. Der 1) Okzipitallappen befindet sich im hinteren Teil des Gehirns und ist für die visuelle Wahrnehmung zuständig. Der 2) Temporallappen liegt an den Seiten und steuert sprachliche Fähigkeiten. Im 3) Parietallappen findet die sensorische Informationsverarbeitung statt (oben im Gehirn). Der 4) Frontallappen (auch präfrontaler Kortex) ist im vorderen Teil situiert und ist der Sitz höherer und exekutiver Funktionen, wo kontrollierte und bewusste Prozesse stattfinden. Körperliche und geistige Funktionen finden somit in der Großhirnrinde statt, indem die innenliegenden Gehirnbereiche (Stammhirn und limbisches System) miteinander verbunden werden.

Neben den grundlegenden Ausführungen zum menschlichen Gehirn sollen nachfolgend zwei wichtige Erkenntnisse der Neurowissenschaften dargestellt werden, die insbesondere im Kontext der Führung von großer Bedeutung sind (vgl. Peters & Ghadiri, 2013). Dabei handelt es sich zum einen um das Belohnungssystem (Nucleus accumbens) und die Neuroplastizität.

Das Belohnungssystem stellt eine Art Mechanismus oder Schaltkreis dar, der zwischen dem limbischen System und der Großhirnrinde situiert ist. Wird eine belohnende Situation wahrgenommen, so wird das Belohnungssystem aktiviert, wodurch die Ausschüttung von Dopamin aktiviert wird, und rauschartige Glücksgefühle entstehen. Erste Hinweise wurden bei Nagetieren gewonnen, indem implantierte Nadelelektronen im Gehirn mit einer Reizung versehen wurden. Die Versuchstiere versuchten so oft wie nur möglich, die Reizung des Belohnungssystems vorzunehmen (vgl. Olds & Milner, 1954). Ähnliche Studien bei Menschen bestätigten die Erkenntnisse, dass die Aktivierung von Neuronen mit dem Botenstoff Dopamin ebenfalls zu angenehm empfundenen Zuständen führten (vgl. Kirsch & Gruppe, 2007; Heath, 1963). Die Aktivierung des Belohnungssystems ist auf natürlichem Wege komplexer. Individuelle Erfahrungen prägen das subjektive Erleben von Situationen, ebenso ist diese automatische Kategorisierung des Gehirns von Situationen in „Gut" und „Schlecht" abhängig vom Sozialisationsprozess. Erfolgreich bewältigte Herausforderungen sind unter anderem eine Möglichkeit, um die Aktivierung des Belohnungssystems auf natürlichem Wege herbeizuführen. Die damit gemachten positiven Erfahrungen bestärken auch das Erlernen neuer Handlungs- und Verhaltensweisen. Damit geht auch die Neuroplastizität einher. Es bezeichnet die Fähigkeit des Gehirns, lebenslang auf neue Verschaltungen einzugehen. Das Gehirn ist somit in der Lage, sich zu verändern (entgegen dem Sprichwort und ggf. Auffassung im Volksmund: „Was Hänschen nicht lernt, lernt Hans nimmermehr."). Aufgrund der Plastizität des Gehirns ist es also möglich, dass verschiedene Gehirnareale durch spezifische Beanspruchung neu wachsen und sich verändern können, indem Gehirnzellen neu „trainiert" werden. In Abb. 14.2 werden vier Stufen dargestellt, die verdeutlichen, wie sich aus bestehenden Neuronen ohne Verschaltungen (Stufe

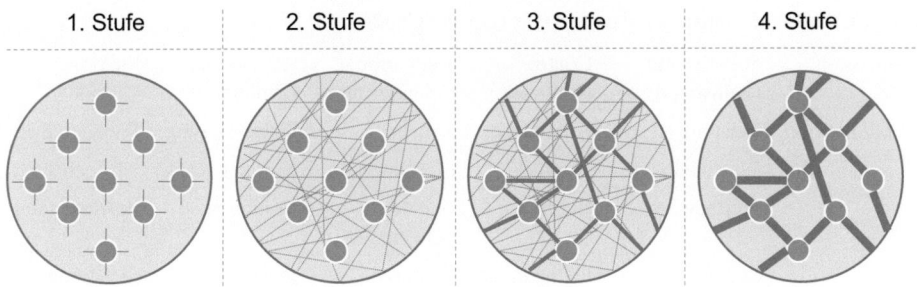

Abb. 14.2 Neuroplastizität

1) bestimmte Verschaltungsmuster ergeben können (Stufe 2), die je nach Benutzung gefestigt werden (Stufe 3). Je nach Aktivität und Nutzung führen diese Verschaltungen zu spezifischen und gefestigten Mustern (Stufe 4) (vgl. Hüther, 2009, 2010).

Die erörterten Erkenntnisse aus den Neurowissenschaften bieten eine gute Grundlage, um die Komplexität des menschlichen Verhaltens und die neuronal verankerten Prozesse besser zu verstehen. Für die Führungsarbeit können diese Erkenntnisse nur isoliert und in wenigen Teilaspekten angewandt werden, weshalb im nachfolgenden Abschn. 14.3, basierend auf dem konsistenztheoretischen Modell nach Grawe (2004), dargestellt werden.

14.3 Neuroleadership mit SCOAP

Unter Neuroleadership wird die Führung von Mitarbeitern anhand neurowissenschaftlicher Erkenntnisse verstanden mit dem Ziel, die Führungsarbeit hinsichtlich der Leistungsfähigkeit, Zufriedenheit und mentalen Gesundheit von Mitarbeitenden zu verbessern (vgl. Rock & Schwartz, 2006; Peters & Ghadiri, 2013; Reinhardt, 2015). Die vier neuronal verankerten Grundbedürfnisse nach 1) Bindung, 2) Orientierung und Kontrolle, 3) Selbstwerterhöhung und -schutz und 4) Lustgewinn und Unlustvermeidung aus der Konsistenztheorie nach Grawe (2004) übertragen Peters et al. auf die Mitarbeiterführung (vgl. Peters & Ghadiri, 2013; Ghadiri et al., 2012; Ghadiri, 2017; Habermacher et al., 2020). Sie entwickelten daraus die fünf Bedürfnisse 1) Self-Esteem, 2) Control, 3) Attachment, 4) Orientation und 5) Pleasure für den Organisationskontext, um die Bedürfnisse von Mitarbeitenden am Arbeitsplatz zu messen und für die Führungsarbeit nutzbar zu machen. Die Dimensionen sind in Tab. 14.1 mit ihren Subdimensionen zusammengefasst.

Der dafür entwickelte Fragebogen „SCOAP-Profile" besteht aus insgesamt 180 Items. Die fünf Bedürfnisse werden in weiter unterteilten Dimensionen gemessen und in Zusammenhang mit der Motivation zum Bedürfnis gesetzt. Dazu werden für jede Dimension die Erfüllung und Verletzung des Bedürfnisses abgefragt und der Motivation,

Tab. 14.1 Grundbedürfnisse nach SCOAP. (Quelle: Ghadiri, 2017)

Dimension	Self-Esteem (Selbstwert)	Control (Kontrolle)	Orientation (Orientierung)	Attachment (Bindung)	Pleasure (Freude)
Subdimension	Leistung	Autonomie	Lernen	Unterstützung	Freude haben
	Wertschätzung	Macht	Informationen	Sozialer Kreis	Abwechslung
	Wettbewerb	Einfluss	Richtung (persönlich)	Vertrauen	Zufriedenheit
	Status	Fähigkeiten	Richtung (Unternehmen)	Beziehung (Vorgesetzte/r)	Sicherheit
	Fairness	Autorität	Sinnhaftigkeit	Loyalität (Unternehmen)	Interessante Arbeit

das Bedürfnis aktiv zu erreichen oder zu beschützen, gegenübergestellt. Durch diese Gegenüberstellung wird eine Priorisierung der Bedürfnisse ermöglicht, denn die Ausprägungsformen sind bei jedem Mitarbeitenden unterschiedlich. Entspricht der gegenwärtige Grad der Bedürfniserfüllung dem Gewünschten, so besteht Kongruenz. Wenn der gegenwärtige Grad vom Gewünschten abweicht, wird dies als Inkongruenz bezeichnet. Die daraus resultierenden Handlungsmuster sind mit der emotionalen Bewertung der Items verknüpft und zeigen sich im Verhalten der Mitarbeitenden. Ziel ist es, anhand des Profils die individuellen Bedürfnisse der Mitarbeitenden in Erfahrung zu bringen, um geeignete Maßnahmen für die Führungsarbeit abzuleiten. In Tab. 14.2 werden exemplarische Maßnahmen auf Organisations- und Mitarbeiterebene skizziert, die mit geringen Mitteln unmittelbar umgesetzt werden können.

Es wird deutlich, dass bei Neuroleadership die individuellen Bedürfnisse der Mitarbeitenden im Vordergrund stehen, die Führungskräfte anhand der Dimensionen von SCOAP in Erfahrung bringen können. Denn eine dauerhafte Verletzung der menschlichen Grundbedürfnisse führt zu Beeinträchtigungen der mentalen Gesundheit, ebenso ein Umfeld, in dem die Grundbedürfnisse nicht erfüllt werden können (vgl. Grawe, 2004). So ist es von großer Bedeutung, die individuellen Motivationsstrukturen der Mitarbeitenden zu kennen und zu berücksichtigen. Dabei kann die kulturelle Neurowissenschaft einen wichtigen Beitrag leisten, um die Unterschiede und Gemeinsamkeiten zwischen den Kulturen zu berücksichtigen, die insbesondere für Führungskräfte in einem internationalen Umfeld von Relevanz sind.

14.4 Kulturelle Neurowissenschaft

Die kulturelle Neurowissenschaft erklärt anhand neurowissenschaftlicher, psychologischer und biologischer Forschung die Unterschiede und Gemeinsamkeiten von (Gehirnen aus verschiedenen) Kulturen (vgl. Ames & Fiske, 2010). Je nach Kultur lassen sich Besonderheiten in den neuronalen Strukturen und Aktivierungen im Gehirn

Tab. 14.2 Maßnahmen für SCOAP. (Quelle: Ghadiri, 2017)

	Organisationsebene	Mitarbeiterebene	Häufige Fehler (Beispiele)
Self-Esteem (Selbstwert)	Anreizsysteme Auszeichnungen Mitsprache	Individuelle Anerkennung Wertschätzung Positives Feedback	Subjektive Kritik Andere Meinungen ignorieren Nicht bedanken
Control (Kontrolle)	Hierarchische Strukturen Unternehmensleitlinien Einbezug	Freiheiten einräumen Verantwortung delegieren Leiten statt überwachen	Autoritär sein Keine Verantwortung abgeben Nicht zuhören
Orientation (Orientierung)	Interne Kommunikation Informationssysteme Transparenz	Informationsaustausch Persönliche Kommunikation Ehrlichkeit	Informationen vorenthalten Mitarbeitende nicht einbeziehen Unstrukturierte Kommunikation
Attachment (Bindung)	Unternehmenskultur Teamarbeit Unternehmenskantine	Authentizität Freundlichkeit Vertrauenswürdigkeit	Keine Ehrlichkeit Kein Respekt Vernachlässigung sozialer Aspekte
Pleasure (Freude)	Besondere Anlässe feiern Belohnungen Sicherheit	Anlässe feiern Traditionen Lob	Führung durch Angst Kritik Kein Lob aussprechen

wahrnehmen. Daher werden Erkenntnisse der Grundlagenforschung in diesem Themengebiet hinsichtlich 1) visueller Wahrnehmung, 2) Sprache und Rechenaufgaben, 3) Selbstwahrnehmung sowie 4) Gesichtsausdrücke und Emotionen näher betrachtet.

Chua et al. (2005) befassten sich mit der visuellen Wahrnehmung von Probandinnen und Probanden aus verschiedenen Kulturen, um zu untersuchen, wie visuelle Szenen dekodiert werden. Sie präsentierten Probandinnen und Probanden aus dem amerikanischen oder europäischen und aus dem ost-asiatischen Kulturkreis verschiedene Fotos von Naturszenen mit einem Objekt im Vordergrund der Szenerie. Mit einem Eyetracking-System wurden Augenbewegungen und Fixation der visuellen Betrachtungen gemessen und festgestellt, dass Probandinnen und Probanden aus asiatischen Ländern Fotos ganzheitlich wahrnehmen, wohingegen Probandinnen und Probanden aus westlichen Ländern eher das Objekt im Vordergrund betrachten. Diese Ergebnisse wurden durch eine neurowissenschaftliche Studie von Gutchess et al. (2006) bestätigt, bei der amerikanische sowie ost-asiatischen Probandinnen und Probanden in einem fMRT untersucht wurden. Dabei erfassten sie die Gehirnregionen, die bei der Betrachtung von verschiedenen Fotos aktiviert werden: 1) Objekt im Vordergrund ohne Hintergrundszene, 2) Hintergrundszene ohne Objekt im Vordergrund und 3) Objekt im

Vordergrund mit Hintergrundszene. Im Vergleich zu den asiatischen Probandinnen und Probanden zeigten die aus dem amerikanischen Kulturkreis eine stärke Aktivierung des okzipitalen Kortex, einer Gehirnregion, die für die Bildverarbeitung verantwortlich ist. Diese unterbewussten kognitiven Prozesse und neuronale Mechanismen zu kennen kann dabei hilfreich sein, um zum einen das Erlernen von neuen Informationen besser zu verstehen und zum anderen nachzuvollziehen, dass die Aufmerksamkeit einzelner Menschen unterschiedlich ausgestaltet ist.

In Bezug auf neurowissenschaftliche Unterschiede zwischen Kulturen untersuchten Tang et al. (2006) englische und chinesische Muttersprachlerinnen und Muttersprachler. Verschiedene Text-, Symbol- und Zahlenaufgaben wurden durchgeführt und mit fMRT-Untersuchungen ausgewertet. Auch in dieser Studie zeigte sich hinsichtlich der kognitiven Verarbeitungsprozesse, dass Unterschiede in den jeweiligen Bildungssystemen und Rechenstrategien neuronal verankert sind und je nach Kultur unterschiedlich starke Aktivierungen einzelner Gehirnregionen zu verzeichnen sind. Bei chinesischen Muttersprachlerinnen und Muttersprachlern ist bei der Durchführung der Aufgaben eine stärkere Aktivierung der Gehirnareale zu verzeichnen, die für die visuelle Wahrnehmung zuständig sind. So wird deutlich, dass Menschen aus unterschiedlichen Kulturen zwar denselben Input bekommen und denselben Output ausgeben (hier in Form von Zahlen), aber in ihrer kognitiven Verarbeitung unterschiedliche Prozesse aktiviert werden (vgl. Ames & Fiske, 2010).

Zhu et al. (2007) untersuchten Probandinnen und Probanden aus westlichen und chinesischen Kulturkreisen in einer fMRT-Studie hinsichtlich der Selbstwahrnehmung und mit engstehenden Verwandten. Die Aktivierungen der Gehirnareale wurden in Erfahrung gemessen und es stellte sich heraus, dass bei den chinesischen Probandinnen und Probanden bei der Selbstwahrnehmung und der Wahrnehmung der eigenen Mutter keine unterschiedlichen Gehirnareale aktiviert wurden, wohingegen bei den westlichen Probandinnen und Probanden unterschiedliche Aktivierungen stattfanden, wenn sie an sich selbst oder die eigene Mutter dachten. Erklärt wird dies dadurch, dass Ostasiatinnen und Ostasiaten nahestehende Menschen als ein Teil ihrer selbst wahrnehmen, wohingegen Westliche sich als eigenständiges Individuum betrachten (vgl. Ames & Fiske, 2010).

Aus der Grundlagenforschung im Bereich der kulturellen Neurowissenschaft geht auch eine bedeutende Studie von Chiao et al. (2008) hervor, in der in fMRT-Studien asiatische und amerikanische Probandinnen und Probanden daraufhin untersucht wurden, wie sie Emotionen erkennen. Es wurden Fotos von unter anderem wütenden, verängstigten, glücklichen und neutralen Gesichtern von asiatischen und amerikanischen Personen gezeigt. Aus den Ergebnissen geht hervor, dass ängstliche Gesichter die Amygdala der Probandinnen und Probanden stärker aktivieren, wenn das Gesicht der Person aus dem eigenen Kulturkreis stammt. Bei wütenden, glücklichen oder neutralen Gesichtern wurden jedoch keine Unterschiede hinsichtlich der Kultur ermittelt. Dies ist aus evolutionärer Sicht von großer Bedeutung für das Überleben, denn Angst bei Individuen aus der eigenen Gruppe schnell zu erkennen, ermöglicht es wiederum, Gruppenhandlungen zu koordinieren und Gefahren in der Gemeinschaft abzuwehren (vgl. Ames & Fiske, 2010).

14.5 Fazit

Die Ausführungen zeigen, dass unterschiedliche Kulturen zu verschiedenen neurowissenschaftlich verankerten Besonderheiten führen, die sich im Erleben und Verhalten von und in Situationen niederschlagen. Mit Neuroleadership nach SCOAP werden die individuellen Grundbedürfnisse des Menschen in den Vordergrund gestellt, die es durch entsprechende Instrumente der Personal- und Organisationsentwicklung zu erfüllen gilt. Diese Bedürfnisse sind bei jedem Menschen unterschiedlich ausgeprägt und werden ebenfalls unterschiedlich stark verfolgt – je nach Sozialisationsprozess. Dabei werden kulturellen Faktoren eine nicht unerhebliche Bedeutung zuteil, die bei der Führungsarbeit von großem Nutzen sein können. Diese Unterschiede zu kennen und bei der Mitarbeiterführung zu berücksichtigen, leistet einen erheblichen Beitrag zur Führung: „Studies in cultural neurosciences are crucial for the education and development of global leaders (Rockstuhl et al., 2010, S. 22)."

Literatur

Ames, D. L., & Fiske, S. T. (2010). Cultural neuroscience. *Asian Journal of Social Psychology, 13*, 72–82.

Chiao, J. Y., Iidaka, T., Gordon, H. L., Nogawa, J., Bar, M., Aminoff, E., Sadato, N., & Ambady, N. (2008). Cultural specificity in amygdala response to fear faces. *Journal of Cognitive Neuroscience, 20*(12), 2167–2174.

Chua, H. F., Boland, J. E., & Nisbett, R. E. (2005). Cultural variation in eye movements during scene perception. *Proceedings of the National Academy of Sciences of the United States of America, 102*(35), 12629–12633.

Ghadiri, A., Habermacher, A., & Peters, T. (2012). *Neuroleadership – A journey through the brain for business leaders*. Springer.

Ghadiri, A. (2017). Bedürfnisse messen – Eine empirische Studie im organisationalen Kontext. *Zeitschrift für Führung und Organisation (ZFO), 1*(86), 18–23.

Grawe, K. (2004). *Neuropsychotherapie*. Hogrefe.

Gutchess, A. H., Welsh, R. C., Boduroglu, A., & Park, D. C. (2006). Cultural differences in neural function associated with object processing. *Cognitive, Affective, & Behavioral Neuroscience, 6*(2), 102–109.

Habermacher, A., Ghadiri, A., & Peters, T. (2020). *Describing the elephant: A foundational model of human needs, motivation, behaviour, and wellbeing*. https://doi.org/10.31234/osf.io/dkbqa.

Heath, G. R. (1963). Electrical self stimulation of the brain in man. *The American Journal of Psychiatry, 120*, 571–577.

Hüther, G. (2009). Wie gehirngerechte Führung funktioniert – Neurobiologie für Manager. *Manager Seminare, 130*, 30–34.

Hüther, G. (2010). Neurobiologie: umdenken, umfühlen oder umhandeln? In A. Künzler, C. Böttcher, R. Hartmann, & M. H. Nussbaum (Hrsg.), *Körperzentrierte Psychotherapie im Dialog- Grundlagen, Anwendungen, Integration*. Springer.

Kirsch, P., & Gruppe, H. (2007). Neuromodulatorische Einflüsse auf das Wohlbefinden: Dopamin und Oxytocin. In R. Frank (Hrsg.), *Therapieziel Wohlbefinden-Ressourcen aktivieren in der Psychotherapie*. Springer.

MacLean, P. D. (1990). *The triune brain in evolution: Role in paleocerebral functions.* Springer.

Olds, J., & Milner, P. (1954). Positive Reinforcement produced by electrical stimulation of septal area and other areas of the brain. *Journal of Comparative and Physiological Psychology, 47,* 419–427.

Peters, T., & Ghadiri, A. (2013). *Neuroleadership – Grundlagen, Konzepte, Beispiele: Erkenntnisse der Neurowissenschaften für die Mitarbeiterführung* (2. Aufl.). Springer.

Reinhardt, R. (2015). Neuroleadership: Theoretische Grundlagen, empirische Befunde und kritische Perspektiven. *Wirtschaftspsychologie, 17*(3), 67–88.

Rockstuhl, T., Hong, Y. Y., Ng, K. Y., Ang, S., & Chiu, C. Y. (2010). The culturally intelligent brain: From detecting to bridging cultural differences. *Neuroleadership Journal, 3,* 22–36.

Rock, D., & Schwartz, J. (2006). The neuroscience of leadership. *Strategy+Business, 43,* 1–10.

Tang, T., Zhang, W., Chen, K., Feng, S., Ji, Y., Shen, J., Reiman, E. M., & LiY. (2006). Arithmetic processing in the brain shaped by cultures. *Proceedings of the National Academy of Sciences, 103*(28), 10775–10780.

Zhu, Y., Zhang, Li., Fan, J., & Han, S. (2007). Neural basis of cultural influence on self representation. *Neuroimage, 34,* 1310–1317.

Dr. Argang Ghadiri arbeitet in der Forschung und Lehre als wissenschaftlicher Mitarbeiter und ist als Dozent an verschiedenen Hochschulen tätig. Außerdem leitet er bei der brainLight GmbH seit 2021 die Abteilung Business Development. Argang Ghadiri studierte Betriebswirtschaftslehre in Sankt Augustin, St. Gallen, Duisburg und Helsinki. In seiner Promotion setzte er sich mit Gesundheit aus psychologischer, neurowissenschaftlicher und ökonomischer Sicht auseinander. Seine Arbeiten wurden mehrfach ausgezeichnet und durch Stipendien gefördert. Praktische Erfahrungen sammelt er seit 2015 als Auditor im Rahmen des Corporate Health Awards und auditiert Gesundheitsmanagementsysteme von Unternehmen in Deutschland.

Prof. Dr. Theo Peters ist Dozent am Fachbereich Wirtschaftswissenschaften an der Hochschule Bonn-Rhein-Sieg und Lehrbeauftragter an der FOM Hochschule. Er studierte Betriebswirtschaftslehre an der Rheinisch-Westfälischen Technischen Hochschule Aachen und anschließend Volkswirtschaftslehre an der Universität zu Köln, wo er seine Promotion ablegte. Zu seinen Forschungs- und Lehrgebieten gehören Neuroleadership, Betriebliches Gesundheitsmanagement sowie die gesunde Führung. Berufliche Erfahrungen sammelte er unter anderem bei der Ford Motor Company in England, am Forschungsinstitut für Rationalisierung (FIR) und als Berater bei der Gesellschaft für Betriebsorganisation und Rationalisierung (GEBRA).

Forschungsstark und praxisnah:
Deutschlands Hochschule für Berufstätige

Raphaela Schmaltz studiert den
berufsbegleitenden Master-Studiengang
Taxation am FOM Hochschulzentrum Köln.

Die FOM ist Deutschlands Hochschule für Berufstätige. Sie bietet über 40 Bachelor- und Master-Studiengänge, die im Tages- oder Abendstudium berufsbegleitend absolviert werden können und Studierende auf aktuelle und künftige Anforderungen der Arbeitswelt vorbereiten.

In einem großen Forschungsbereich mit hochschuleigenen Instituten und KompetenzCentren forschen Lehrende – auch mit ihren Studierenden – in den unterschiedlichen Themenfeldern der Hochschule, wie zum Beispiel Wirtschaft & Management, Wirtschaftspsychologie, IT-Management oder Gesundheit & Soziales. Sie entwickeln im Rahmen nationaler und internationaler Projekte gemeinsam mit Partnern aus Wissenschaft und Wirtschaft Lösungen für Problemstellungen der betrieblichen Praxis.

Damit ist die FOM eine der forschungsstärksten privaten Hochschulen Deutschlands. Mit ihren insgesamt über 2.000 Lehrenden bietet die FOM mit mehr als 50.000 Studierenden ein berufsbegleitendes Präsenzstudium im Hörsaal an einem der 36 FOM Hochschulzentren und ein digitales Live-Studium mit Vorlesungen aus den hochmodernen FOM Studios.

Alle Institute und KompetenzCentren unter
fom.de/forschung

**Die Hochschule.
Für Berufstätige.**

If you have any concerns about our products,
you can contact us on
ProductSafety@springernature.com

In case Publisher is established outside the EU,
the EU authorized representative is:
**Springer Nature Customer Service Center GmbH
Europaplatz 3, 69115 Heidelberg, Germany**

Printed by Libri Plureos GmbH
in Hamburg, Germany